AF625682

Auf Erfolg programmiert – Mentale Updates im Sport

Allgemeiner Hinweis

Aus Gründen der besseren Lesbarkeit haben wir uns entschlossen, durchgängig die männliche (neutrale) Anredeform zu nutzen, die selbstverständlich die weibliche mit einschließt.

Das vorliegende Buch wurde sorgfältig erarbeitet. Dennoch erfolgen alle Angaben ohne Gewähr. Weder der Autor noch der Verlag können für eventuelle Nachteile oder Schäden, die aus den im Buch vorgestellten Informationen resultieren, Haftung übernehmen.

Sollte diese Publikation Links auf Webseiten Dritter enthalten, so übernehmen wir für deren Inhalte keine Haftung, da wir uns diese nicht zu eigen machen, sondern lediglich auf deren Stand zum Zeitpunkt der Erstveröffentlichung verweisen.

DAVID BREUER

AUF ERFOLG PROGRAMMIERT

Mentale Updates im Sport

MEYER & MEYER VERLAG

Für alle, die bereit sind, die Person zu verändern, die sie sind.
Für die Person, die in ihnen steckt.

Auf Erfolg programmiert – Mentale Updates im Sport

Bibliografische Information der Deutschen Nationalbibliothek
Die Deutsche Nationalbibliothek verzeichnet diese Publikation in der Deutschen Nationalbibliografie; detaillierte bibliografische Details sind im Internet über <www.dnb.de> abrufbar.

2. Auflage 2025
Auckland, Beirut, Dubai, Hägendorf, Hongkong, Indianapolis, Kairo, Kapstadt, Manila, Maidenhead, Neu-Delhi, Singapur, Sydney, Teheran, Wien

Gesamtherstellung (Druck): Bookwire, Frankfurt, www.bookwire.de

MIX
Papier | Fördert gute Waldnutzung
FSC® C083411

Member of the World Sport Publishers' Association (WSPA)

ISBN 978-3-8403-7885-0
Hersteller im Sinne der GPSR:
Meyer & Meyer Fachverlag & Buchhandel GmbH
Von-Coels-Strase 390, 52080 Aachen
www.dersportverlag.de
E-Mail: kontakt@m-m-sports.com

INHALT

GELEITWORT VON LOTHAR LINZ

„Ich esse sehr gerne Teigwaren. Dazu gehört eine leckere Lasagne, für mich als Vegetarier dürfen es inzwischen auch fleischlose Varianten sein. Es gibt unzählige Rezepte für eine wirklich gute Lasagne. Jeder hat da seine persönliche Note. Gutes Kochen hat also viele Gesichter. Hauptsache es schmeckt am Ende. Aber es gibt ein paar Dinge, die in jede gute Lasagne gehören. Die unverzichtbar sind, damit das Essen am Ende Freude macht.

Ähnlich ist es mit dem Erfolg. Auch hier gibt es viele Wege, um zum Erfolg zu kommen. Wobei in Frage zu stellen ist, ob Erfolg überhaupt immer erstrebenswert ist. Sollte Erfolg aber IHR Ziel sein, in welchem Lebenszusammenhang auch immer, so benötigen Sie ebenfalls einige wichtige Zutaten. Die wichtigsten Zutaten lernen Sie in diesem Buch kennen. Was Sie brauchen und wie Sie die Dinge für sich konkret umsetzen können. Und zum Glück geschieht das in diesem Buch nicht im Sinne eines einfachen „Du kannst alles schaffen"-Geistes. Auch David Breuer betrachtet das Thema Erfolg differenziert.

Der Autor weiß, wovon er spricht. Ich habe David Breuer einige Jahre begleiten dürfen, in Korschenbroich in der 2. Handball-Bundesliga. David und sein Bruder Simon sind dabei immer sehr positiv aufgefallen. Auf den Punkt gebracht kann ich es nur so darstellen: In einem doch eher semi-professionellen Umfeld agierten die Beiden wirklich professionell. Sie wussten, was es brauchte, um einen Mehrwert zu erzielen. Einen Mehrwert für die eigene Entwicklung und einen Mehrwert für das Team. Auch davon erzählt dieses Buch. So wünsche ich Ihnen viel Freude im Teilen der Gedanken und der Erfahrungen von David Breuer und dass es Ihnen zu Nutzen kommen mag. Und David, dass er seinen Weg weiter geht wie bisher.

Herzlich, Lothar Linz

Leitender Sportpsychologe am Olympiastützpunkt Rheinland, Trainer-Mentor, Geschäftsführer der Coaching Competence Cooperation Rheinland | 5 Olympiasiege und über 70 Medaillen bei internationalen Meisterschaften sportpsychologisch begleitet.

VORWORT

Bei uns zu Hause wackeln die Wände. Schon wieder scheppert ein Ball gegen das Hochbett von meinem Bruder und mir. Es steht 17:17. Wir spielen Handball in unserem Zimmer. Von unseren Eltern ausdrücklich verboten. Wir halten uns mehr oder weniger an Regeln. An diese nicht. Wir spielen auch dieses Mal stundenlang. Die Faszination für den Handball ist einfach zu stark. Der Ehrgeiz, sich zu messen, einfach zu hoch. Der Antrieb, gewinnen zu wollen, einfach zu riesig.

Die Ablenkung durch Smartphones und Co. existiert noch nicht. Die einzige Ablenkung sind die Mahnungen unserer Eltern, nicht den Putz von den Wänden zu schießen. „Okay, wir hören auf." Sagen wir. Und denken: *„... aber nur fünf Minuten. Dann geht es weiter."*

Wir spielen Szenen aus der Bundesliga nach und sind nebenbei selbst die Reporter. „18:17 für den THW Kiel. Magnus Wislander trifft vom Kreis." Irgendwann sagt der Reporter unsere Namen. Wir spielen mit. Bei den besten Teams sind wir im Kader oder sogar mit unserem Heimatverein BTB Aachen in der Bundesliga. Wir simulieren ganze Saisons. Über Jahre träumen wir davon, Bundesligaprofis zu werden und tun schon mal so, als ob.

Unsere Eltern fördern uns. Auch mit dem Dulden unserer Zimmerwettkämpfe. Das Leben spielt sich überwiegend in der Sporthalle ab. Mit unserem Verein gewinnen wir in der Jugend ein paar Meisterschaften und müssen auch lernen, wie man mit Niederlagen umgeht. Und mit Rückschlägen. Ich mache persönlich zwar mit Leistungen bei Sichtungsmaßnahmen auf mich aufmerksam und schaffe es bis in den Kader der westdeutschen Auswahl. Später sogar in den Kader der Jugendnationalmannschaft.

Doch immer wieder kommt die Rückmeldung von Trainern, dass ich zu klein bin. Ich passe nicht ins Profil. Zu klein, heißt, nicht gut genug. Mein Vereinstrainer gibt es mir sogar schriftlich. In einem Einzel-Feedback, das er allen Spielern zum Stand ihrer Entwicklung und zur Prognose gibt, heißt es: „. . . In den höheren Spielklassen wird deine Zukunft wohl eher auf einer Außenposition liegen."

Er traut mir zwar den Sprung in die Bundesliga zu, aber mit einem Dämpfer. Meine Hauptposition ist nämlich Rückraum rechts. Später werde ich mit ausgewachsenen 1,80 Meter deutlich unter dem Schnitt von Bundesligaprofis auf dieser Position rangieren.

Mein Trainer gibt mir damit eine sehr realistische Einschätzung, weiß jedoch auch, dass er mich damit motiviert. Er weiß, dass Körpergröße nicht das entscheidende Kriterium ist. Er glaubt nicht an die Expertenmeinungen und Konventionen, sondern an meine Entwicklung. Fehlende Körperlänge kann man kompensieren oder sogar zum eigenen Vorteil machen. Ein kleiner, flinker Spieler flitzt durch die Lücken zwischen trägeren, großen Akteuren. Deswegen setzen wir auf das Training von Explosivität und Schnelligkeit.

Über die langen Kerle zu werfen, stellt eine zum Scheitern verurteilte Mission dar. Wir setzen auf sogenannte *verdeckte Würfe* und entwickeln ein Wurfrepertoire links und rechts an Abwehrspielern vorbei. Diese Würfe sind für den Torhüter erst spät zu sehen, weil ich als kleiner Spieler hinter den großen Spielern versteckt bin.

Das und einiges mehr trainieren wir jahrelang und der Bundesligatraum bleibt am Leben. Ich laufe in der Zweiten Bundesliga nicht nur mit, sondern werde zum Leistungsträger und Führungsspieler. Ich übertreffe die Erwartungen und setze mich auf Rückraum rechts durch. Mit meiner Schnelligkeit und meinem Wurfrepertoire werde ich zum besten Torschützen der Zweiten Bundesliga. Mit 317 Toren in einer Saison. Die meisten Tore aller Zeiten.

Ein paar Jahre später geht der Traum endgültig in Erfüllung: Ich spiele in *der stärksten Liga der Welt*. In der Handball-Bundesliga. Die Atmosphäre in den großen Arenen mit mehreren tausend Zuschauern sauge ich auf.

Ich darf mit den Besten der Besten mitmischen. Ich bin 30 Jahre alt und fühle mich lebendig und angekommen.

- **WIE WAR DAS MÖGLICH?**

Ich hatte kein übermäßiges Talent, war in manchen Bereichen sogar unterdurchschnittlich und vielfach wurde mir bescheinigt, dass ich eigentlich zu klein war. Die intensive Schulung handballerischer Fertigkeiten dürfen auch andere Spieler mit ähnlicher Körpergröße genießen. Die allein sind nicht der entscheidende Faktor.

- **WARUM HABE ICH DIE ERWARTUNGEN ÜBERTROFFEN?**
- **WER ODER WAS HAT DAFÜR GESORGT, DASS ICH ÜBER MICH HINAUSWACHSEN KONNTE?**

Mir wurde noch etwas Entscheidendes mitgegeben. Meine Eltern, Trainer und andere Förderer setzten in entscheidendem Maße auf die gesamte Persönlichkeitsentwicklung. Es wirkte sich nicht nur auf den Sport aus, sondern auch schulisch, beruflich, menschlich.

In diesem Buch werden wir uns intensiv mit Persönlichkeitswachstum befassen, ein Faktor für Erfolg und Erfüllung in vielen Lebensbereichen. Erfolgreiche Unternehmen erkennen, dass das Wachstum des Unternehmens einen Zusammenhang mit dem Persönlichkeitswachstum seiner Angestellten hat. Gute Arbeitgeber suchen Menschen, die performen und dabei nicht gestresst sind, sondern Freude empfinden. Sie sollten hart und smart arbeiten können, nicht abgelenkt sein, stattdessen einen klaren Fokus haben. Das alles gelingt Menschen besser, die Persönlichkeitskompetenzen besitzen. Erfolg durch Performance. Performance durch Persönlichkeit.

- **WAS IN UNTERNEHMEN *WEITERGEBILDET* WIRD, SOLLTE VORHER SCHON *AUSGEBILDET* WERDEN, ODER?**

Im Lehrplan von Schulen und Universitäten ist die Ausbildung sogenannter *Soft Skills* jedoch unterrepräsentiert bis gar nicht priorisiert. Vergleicht man erfolgreiche mit nicht erfolgreichen Laufbahnen, so tritt immer wieder etwas in den Vordergrund, was auch im Spitzensport das Rennen macht.

Es setzt sich durch, wer neben den fachlichen, sportartspezifischen und athletischen Fertigkeiten noch etwas hat: Persönlichkeitskompetenzen.

Durch die Augen eines Wettkampfsportlers wird Erfolg oft mit *Gewinnen* gleichgesetzt.

- **WAS BEDEUTET GEWINNEN?**
- **GEHT ES EHER DARUM, DER GEBORENE GEWINNER ZU SEIN ODER SICH IN EINEN LERNPROZESS ZU BEGEBEN?**

Wir werden uns damit befassen, wie aus Verlierern Gewinner werden können, wie aus erfolglosen Menschen erfolgreiche werden und aus Anfängern Profis. Wir gehen der Frage nach, welche Erfolgsfaktoren für deine persönliche Entwicklung bedeutsam sind.

Diese Faktoren sind ja heutzutage scheinbar leicht zu finden. Wir leben dank unseres technologischen Fortschritts in einem digitalen Informationszeitalter. Doch es entstehen nicht nur Vorteile, sondern es drohen auch *digitale Demenz* und Ablenkung. Kann man bei diesem Informationsüberfluss heute überhaupt noch konzentriert am Arbeitsplatz arbeiten, in der Schulklasse oder im Hörsaal lernen oder im Kinderzimmer für den Bundesligatraum trainieren? Viele Menschen können sich nicht für eine Richtung entscheiden, die zum Erfolg führt.

Wie selbstverständlich wird jedes Update für Geräte heruntergeladen, aber die *Festplatte zwischen unseren Ohren* wird vernachlässigt. Das verhindert in allen Lebensbereichen und Altersschichten eine erfolgreiche Persönlichkeitsentwicklung.

- **LEBEN WIR WIRKLICH IN EINEM STRAHLENDEN ZEITALTER ODER SIND WIR NUR GEBLENDET?**
- **HABEN WIR DIE RICHTIGE DOSIERUNG VON DIGITALEN UND MENTALEN UPDATES NOCH NICHT BEGRIFFEN?**
- **WENN ERFOLG IM GEHIRN BEGINNT, WELCHE UPDATES BRAUCHEN WIR DANN FÜR UNSEREN ERFOLG?**

Dieses Buch liefert dir daher *Erfolgsupdates für deinen Kopf*, um sich im digitalen Zeitalter mit mentalen Updates auf Erfolg zu programmieren.

In diesem Buch geht es *nicht* um die Vorteile der Digitalisierung und um den Nutzen von digitalen Tools. Der Erfolgsupdates-Ansatz soll vielmehr inspirierend und kreativ aufzeigen, wie man im digitalen Zeitalter durch Persönlichkeitsentwicklung seine Erfolgschancen signifikant steigert. Mentale Updates müssten dabei nicht im Widerspruch zu digitaler Technologie stehen.

- **WIE KANN AUS UNREFLEKTIERTEM DIGITALKONSUM EINE MASSVOLLE, GESUNDE UND DAMIT DEN ERFOLG STEIGERNDE DIGITALKULTUR ENTSTEHEN?**
- **WIE KANN DIE VOLLE ENTFALTUNG DES PERSÖNLICHEN POTENZIALS GELINGEN?**

Was es bedeutet, ein Gewinner zu sein und wie man die dafür nötigen Siege im Leben einfährt, klären wir im ersten Teil. Im zweiten Teil erhältst du in Form von Erfolgsupdates Impulse für dein persönliches Wachstum. Natürlich möchtest du die Updates auch nutzen. Daher wollen wir dich im dritten Teil in die Umsetzung bringen. Du bekommst eine Hilfestellung für einen erfolgreichen Start. Der Start ist tausend Mal wichtiger, als alles zu wissen, aber nichts anzuwenden.

Dieses Buch ist bewusst kompakt gehalten. Konzentriert auf wertvolle Inhalte, um ins Thema einzusteigen. Und um nicht von Tonnen an Informationen überladen zu werden. Wenn du die Umsetzungstipps konsequent anwendest, werden sich die nächsten Schritte von selbst ergeben. Sehr erfolgreiche Menschen werden sich in vielen Punkten bestätigt sehen. Für sie gilt, wie für Anfänger jedoch gleichermaßen:

- **WAS KANN ICH VON DEM MIR SCHON BEKANNTEN ERFOLGSWISSEN NOCH BESSER UMSETZEN?**

Als ehemaliger Profisportler durfte ich von den besten Trainern und Mitspielern lernen. Als Handballtrainer darf ich Sportler verschiedener Leistungsebenen ausbilden. Als Lehrer begleite ich Schullaufbahnen bis hin zu Abschlüssen. In meiner Tätigkeit als Redner und Coach gebe ich Menschen und Organisationen Impulse, um sich zu verbessern und ihre Erfolgschancen signifikant zu steigern.

Ich schaue vorwiegend durch die Brille des Spitzensports und der (Weiter-) Bildung. Es ist ein Transfer in Arbeitswelten und in viele andere Lebensbereiche möglich, wie du feststellen wirst. Denn: Gewinnen ist mehr als nur der Sieg in einem Wettkampf und Weiterbildung mehr als nur Wissensaneignung. Gewinnen bedeutet auch Gesundheit, Erfolg und Erfüllung.

Im Zentrum dieser Gewinndimensionen steht immer persönliches Wachstum, denn die Persönlichkeitsentwicklung ist ein entscheidender Baustein für dein persönliches Performancemanagement. Dieses Buch wird dich bei deiner persönlichen Transformation begleiten und unterstützen, deine Potenziale zu erkennen und zu entwickeln. Beruflich und privat. Persönlich und im Team.

Ich habe das Buch für alle geschrieben, die sich verbessern und ihre Erfolgschancen steigern wollen. Es ist auch für jene, die dies anderen beibringen wollen. Gebe weiter, was ich dir weitergeben darf. Die zeitgemäße Form von *Haben* ist *Teilen*. So geht das Buch an Athleten und Trainer, Coachees und Coaches, Jugendliche und Eltern, Schüler und Lehrkräfte, Auszubildende und Ausbilder, Studenten und Dozenten, Gründer und erfahrene Unternehmer, Berufseinsteiger und Führungskräfte. Im Grunde an alle Lernenden und Lehrenden. Sie sind und entwickeln unsere Zukunft.

Ich schreibe im generischen Maskulinum oder genderneutral. Du darfst dich angesprochen fühlen, wenn du weiblich, männlich oder divers bist. Das Buch ist für *dich*.

Alle gelungenen Inhalte sind den Menschen zuzuordnen, von denen ich lernen durfte. Alle Fehler und Unklarheiten sind mir zuzuschreiben.

Viel Erfolg dabei, ein (noch besserer) Gewinner zu werden. Du kannst jederzeit damit anfangen. Der beste Zeitpunkt ist jetzt. Viel Spaß beim Lesen.

Dein Persönlichkeits- und Mental Coach

David Breuer

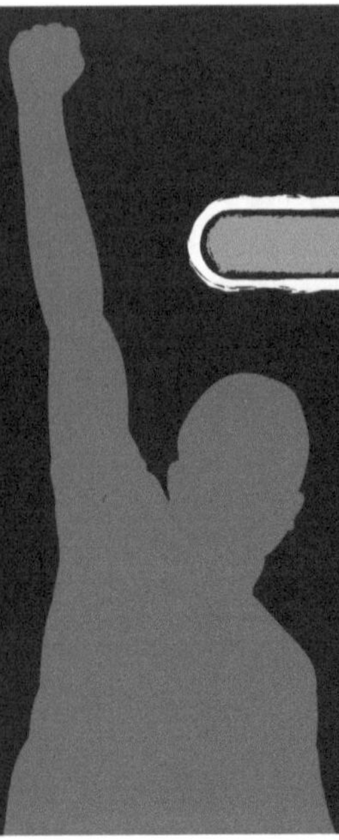

TEIL 1: WAS GEWINNEN BEDEUTET

• WAS VERSTEHEN WIR UNTER *GEWINNEN*?

Für ein Wörterbuch bedeutet Gewinnen „in einem Kampf, Wettstreit o. ä. Sieger[in] sein".[1] Doch Gewinnen ist mehr als nur der Sieg in einem Wettkampf. Selbst im Wörterbuch hat Gewinnen weitere Bedeutungsdimensionen. Unter anderem auch diese hier: sich zu seinem Vorteil verändern, durch eigene Anstrengung etwas Wünschenswertes erhalten, an etwas Erstrebtem zunehmen.

Für viele Menschen bedeutet es, Ziele erreichen, Erfolge erzielen, Erfüllung erleben. Gewinnen kann heißen, die Lebenszufriedenheit und die Lebensqualität zu steigern. Gewinnen ist ein großartiges Gefühl.

• WAS STECKT NOCH DAHINTER?

Gewinnen hat viele Facetten und zeigt sich in unterschiedlichen Lebenssituationen. Man kann Erkenntnis gewinnen, Freunde gewinnen, Zeit gewinnen. Es kann im Alltag viele kleine Siege geben. Die Lösung eines Problems. Der Lernfortschritt bei den Schulaufgaben. Die Verbesserung einer Bewegungsfertigkeit. Die Gehaltserhöhung. Der Aufstieg in einem Unternehmen. Das Erreichen eines gesteckten Ziels. Eine gute Nachricht. Ein glücklicher Moment mit der Familie. Nach einer Niederlage wieder aufstehen. Ein persönlicher Rekord.

Der spannendste Sieg ist der Sieg in letzter Sekunde. Die populärsten Siege sind Titel und Auszeichnungen. Der bedeutsamste Sieg ist der über sich selbst. Der Sieg über dein Verlierer-Ich. Ich finde es jedes Mal faszinierend, diesen inneren Sieg bei mir oder anderen zu beobachten.

Wenn ich im Handballtraining oder Sportunterricht nach Wettkampfsituationen eine Besprechung mache, beglückwünsche ich das Gewinnerteam und hebe die gute Leistung hervor. Mindestens genauso wichtig ist mir das Feedback für das Verliererteam. Oft sehe ich hängende Köpfe oder Frust. Ein Moment, begleitet von Niedergeschlagenheit und Selbstzweifeln. Nicht selten höre ich dann Aussagen wie:

- „War klar, dass wir verlieren. Wir sind ja auch schlechter."
- „Ich kann das nicht."
- „Das war doch unfair."

Es ist ein Moment, in dem ich eine Gewinnereinstellung vermitteln kann. Ich sage dann Folgendes: „Ihr habt verloren. Das heißt aber nicht, dass ihr Verlierer seid. Gewinnen fängt damit an, sein Bestes zu geben. Wer das beherzigt, steigert die Wahrscheinlichkeit, häufiger zu gewinnen." Außerdem korrigiere ich hin zu: „Ich kann das *noch* nicht". Das bedeutet, dass es möglich ist, besser zu werden.

Und den Gerechtigkeitsfanatikern gebe ich Folgendes mit: „Das Leben ist nicht gerecht. Bei mir kannst du lernen, wie man damit umgeht." Diese Herangehensweise entwickelt eine positive Haltung mit schwierigen oder stressigen Situationen.

Diese Einstellung habe ich von meinen Eltern, Lehrern und Trainern gelernt, die mir das Gewinnen beigebracht haben. Sie haben mir mitgegeben, wie ich dieses großartige Gefühl häufiger erleben kann. Und es ist mehr als nur ein Ergebnis nach einem sportlichen Wettkampf. Weit mehr. Möchtest du, dass ich dir dieses Wissen weitergebe? Lasse uns gemeinsam gewinnen. Denn das Gefühl ist noch besser.

In Teil 1 wird es um das Gewinnen gehen. Wir werden herausfinden, ob man das Gewinnen lernen kann. Wir machen uns auf die Suche nach Erfolgsmenschen und nach deinem Potenzial. Mithilfe des Erfolgsupdates-Ansatzes solltest du Letzteres unbedingt entwickeln, um ein Gewinner zu werden (oder zu bleiben).

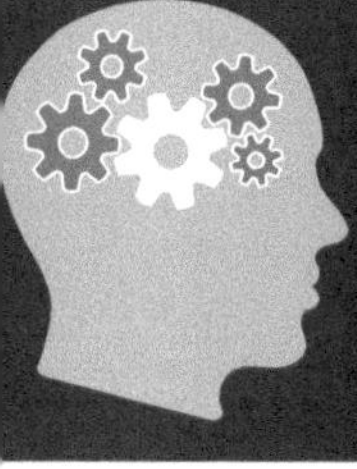

KAPITEL 1

GEWINNEN LERNEN – EIN LERNPROZESS ZU GESUNDHEIT, ERFOLG UND ERFÜLLUNG

Von klein auf haben mich sportliche Wettkämpfe fasziniert. Ich habe mir Europa- und Weltmeisterschaften angeschaut und mich oft gefragt, warum die Olympischen Spiele nur alle vier Jahre stattfinden. Zum Glück gibt es ja im Zwei-Jahres-Wechsel Sommer- und Winterspiele. Ein so inspirierendes Event, welches die ganze Welt zum sportlichen Wettstreit zusammenbringt. Athleten aus allen Ländern messen sich im Kampf um Platzierungen und Medaillen. Bekannt ist auch das olympische Credo „Dabei sein ist alles".

Man darf sich von diesem Satz nicht täuschen lassen. Als würde es einem Athleten reichen, *dabei zu sein*. Alle wollen ihr Bestes geben. Sie mussten vorher schon alles geben, um überhaupt dabei zu sein. *Dabei sein ist alles* bedeutet auch, dass der Erste und der Letzte es verdient hat, seine Performance zu zeigen.

Ich durfte einmal live erleben, wie der Schwimmer Eric Moussambani aus Äquatorialguinea ein inspirierendes Rennen schwamm.[2] Er hatte sich Schwimmen in einem 13-Meter-Pool selbst beigebracht und schaffte es halbwegs, nicht unterzugehen. Er war im Qualifikationsjahr der Beste seines Landes und konnte seine Farben vertreten. Als er in einem Vorlaufrennen ins Wasser sprang, sahen alle das begrenzte Können. Armzüge und Beinschläge waren anfängerhaft. Aber mit seinem leidenschaftlichen Einsatz schwamm er sich nach etwa einer Bahn in die Herzen der Zuschauer.

Unter Standing Ovations und ohrenbetäubendem Jubel schlug er im Ziel an. Weit entfernt von üblichen Spitzenzeiten und doch olympischer Landesrekord. Alle konnten unabhängig vom Können sehen, dass dieser Mensch gerade alles aus sich herausgeholt hatte. Dieser Moment hat mich und wahrscheinlich Millionen Menschen begeistert und inspiriert.

Ich habe solche Momente in mir aufgesaugt, um mit der gleichen Einstellung Sport zu treiben. Ich habe mir Wettkämpfe aus sämtlichen Sportarten angeschaut. Hockey, Tennis, Tischtennis, Rudern, Volleyball, Basketball. Das war noch nicht genug. Badminton, Fechten, Gewichtheben. Im Winter gab es Bobfahren, Ski alpin, Eishockey.

Mir kommen Bilder in den Kopf vom Judo, Ringen, Mountainbike. Und Segeln, Triathlon, Wasserball. Natürlich auch meine Sportart Handball. Alle möglichen Leichtathletikdisziplinen vom 100-Meter-Sprint, 200 Meter, 400 Meter, 10.000 Meter, Marathon. Weitsprung, Hochsprung. Dreisprung, Stabhochsprung.

Ein besonderes Highlight: Rekorde. Jedes Mal habe ich mit weit aufgerissenen Augen zugeschaut, wenn jemand einen olympischen Rekord oder Weltrekord gebrochen hatte. Wieder ein Beweis dafür, was menschenmöglich ist. Eine Bestätigung, dass wir Grenzen verschieben können. Dieser goldene Moment bleibt nur ganz wenigen vorbehalten.

Nicht jeder Mensch wird ein Weltrekordhalter. Doch dieser Moment beinhaltet auch etwas, das jeder erreichen kann: einen persönlichen Rekord. Jeder Weltrekord ist auch ein persönlicher Rekord. Und einen persönlichen Rekord kann jeder aufstellen. Jeder kann das Beste aus sich herausholen. Wir denken viel zu oft, dass wir etwas nicht schaffen. Mit der Einstellung, alles zu geben, ist man nicht kleiner als die Besten der Welt.

ZU KLEIN, UM EIN GEWINNER ZU SEIN

- **„Du bist zu klein."**
- **„Das kannst du nicht."**
- **„Das schaffst du nicht."**
- Kennst du Menschen, die dir das einreden?
- Vielleicht sogar du selbst?

Solche Glaubenssätze werden oft in der Kindheit bei uns geprägt. Vielleicht sogar von Eltern oder Lehrern, die es *gut gemeint* haben. Diese Prägungen nehmen wir als tiefste Überzeugungen mit ins Erwachsenenalter. Für dieses negative Denken, das in diesen Beispielsätzen steckt, tragen wir also keine Schuld. Mit dieser Überzeugung blockiert man jedoch seine Möglichkeiten, Großes zu vollbringen.

Wenn wir es schaffen, diese negativen Gedankenmuster aufzulösen, löst sich auch die gedankliche Blockade. Aus *un*denkbar wird *um*denkbar. Schreiben wir doch die Geschichte um und machen aus: „Ich bin zu klein", einfach Folgendes: „Ich fange klein an."

Jeder fängt mal klein an. Das durfte ich in meiner Handballkarriere lernen, die in der kleinsten Sporthalle, die ich kenne, begonnen hatte: meinem Kinderzimmer. Ich habe mich von den unteren Ligen bis ganz nach oben gekämpft und weiß, auf welche Erfolgsfaktoren, auf welche Gewinnergewohnheiten es ankommt. Jedes Mal, wenn ich eine höhere Liga erreicht hatte, bekam ich zu hören, dass ich zu klein sei. Ich habe festgestellt: Bei Größe geht es nicht um Körperlänge, sondern um Einstellung.

In der Zweiten Bundesliga wurde ich Torschützenkönig der gesamten Liga. Zweimal. Beim zweiten Mal mit 317 Toren. Die meisten Tore aller Zeiten. Manchmal werde ich gefragt:

- **„WIE MACHT MAN DAS?"**
- **„WIE WIRFT MAN SO VIELE TORE?"**

Ich sage dann mit einem Augenzwinkern und achselzuckendem Understatement: „Da wurden anscheinend die Tore vom Aufwärmen mit dazugezählt. Niemand wirft so viele Tore." Ich möchte hier nicht krankhaft bescheiden klingen, da ich viel zu stolz auf diesen Rekord bin. Doch er ist vor allem auch eine Teamleistung, wie ich zu einem späteren Zeitpunkt noch aufzeigen werde. Er ist allerdings auch ein Nachweis, dass ich etwas von meinem Handwerk verstehe.

Die Besten der Welt verstehen ihr Handwerk noch viel besser, aber auch bei mir ist der Ball nicht zufällig so oft ins Tor gekullert. Ich musste dafür zumindest ziemlich viel lernen. Und das ist der springende Punkt: Dieser Erfolg basiert auf vielen Gewinner-Gewohnheiten, die man sich aneignen kann. Es hat nichts mit Körperlänge zu tun, wenn man beim Handball die Schallmauer von 300 Toren durchbricht. Meine dürftigen Qualitäten in der Abwehr wollen wir hier einmal nicht thematisieren . . .

Über der Zweiten Bundesliga gibt es natürlich noch höhere Leistungsebenen: die Erste Bundesliga, die Champions League, Europameisterschaften, Weltmeisterschaften und Olympische Spiele. Schauen wir doch einmal auf Beispiele aus der absoluten Weltelite. Ich habe mich in den *Besten-Clubs* umgesehen und die Besten der Besten analysiert.

Frauen, die im Wasserspringen vom 10-Meter-Turm eine perfekte 10,0-Wertung springen. Männer, die 30 Tore in einer Fußballsaison schießen. Menschen, die beim Bergsteigen einen Achttausender erklimmen. Teams, die in 100 Jahren in etwa 75 Prozent ihrer Rugbywettkämpfe ungeschlagen bleiben. Das Ergebnis dieser Analyse ist: Sie haben die gleichen Gewinner-Gewohnheiten.

Ich ziehe einmal ein Beispiel aus dem Korb der prominenten Spitzenathleten: Dirk Nowitzki, Basketball. 31.560 NBA-Karriere-Punkte.[3] Er ist in einem Club, in dem ich gar nichts zu suchen habe. Wenn ich im Club 300 bin, ist er im Club 30.000. In dem Club sind nur ein paar wenige. Die Crème de la Crème. Die Besten der Besten.

- **WAS MACHEN DIESE LEUTE BESSER?**

Es gibt einen maßgeblichen Unterschied: Je höher die Sphären sind, in denen sich diese Legenden bewegen, desto häufiger, intensiver und fokussierter haben sie an ihrer Außergewöhnlichkeit gearbeitet. Man kann lernen, außergewöhnlich gut zu werden. Gewinnen ist ein Lernprozess.

Dabei sollte man mehrere Erfolgsfaktoren berücksichtigen. Ein Faktor allein reicht nicht. Mechanisch betrachtet, kannst du dir vorstellen, dass jeder Faktor ein Zahnrad ist. Die Zahnräder müssen ineinandergreifen. Das setzt den Prozess in Bewegung. Hin zu mehr Gesundheit, Erfolg und Erfüllung. Wie gesagt, geht es hier um eine Haltung, mit der wir das Gewinnen nicht nur als Sieg in einem Wettkampf begreifen.

Ich habe Erfolgsphänomene in meinen Rollen als Athlet und Coach im gesamten Sportspektrum untersucht. Erfolg funktioniert immer durch dieselben Faktoren. Das gilt für einen Spitzenathleten wie für Menschen mit schweren körperlichen Beeinträchtigungen, was mich meine Arbeit als Lehrer für Sonderpädagogik und Sport gelehrt hat.

Im Bildungsbereich lässt sich ebenfalls beobachten, was für die gesamte Berufswelt und weitere Lebensbereiche festzustellen ist: Trotz nicht beeinflussbarer Erbanlagen, Start- oder Rahmenbedingungen kann jeder aus seinem gegebenen Potenzial sensationell viel entwickeln. Die entscheidende Erkenntnis ist: Gewinnen kann jeder Mensch lernen!

GEWINNEN KANN JEDER MENSCH LERNEN

Eine alleinerziehende dreifache Mutter kann genauso Außergewöhnliches vollbringen wie ein hoch bezahlter Top-Manager. Das ist übrigens geschlechterunabhängig und betrifft genauso den alleinerziehenden Vater wie die Top-Managerin. Ich möchte mich nicht auf die Seite eines Geschlechts stellen. Ich stehe auf der Seite der Erfolgsfaktoren, der Gewinner-Gewohnheiten.

Weil das Leben nicht gerecht ist, sind die sichtbaren Ergebnisse oft andere, aber ihre beste Version können sowohl Eltern als auch Führungskräfte in Organisationen entwickeln. Manchmal leistet ein solcher Elternteil sogar Heldenhaftes im Vergleich zu einer Führungskraft. Manchmal ist ein solcher Elternteil sogar eine Führungskraft.

Zu oft werden nur die sichtbaren Resultate wahrgenommen, die mit Faktoren korrelieren, auf die kein Einfluss besteht, wie Geburtsort, Vermögen oder Bildungsgrad der Eltern. Aber, ob im Ghetto oder Villenviertel, in Reichtum oder Armut, mit Akademikereltern oder Eltern ohne Schulabschluss: Erfolgsphänomene gibt es überall.

Das gilt für Ruderer aus Deutschland, Handballer aus Schweden, Radrennfahrer aus Großbritannien oder Schwimmer aus Äquatorialguinea. Menschen, die aus ihren Möglichkeiten wahnsinnig viel gemacht haben. Menschen, die aus ihrem gegebenen Potenzial sensationell viel entwickelt haben. Denn Gewinnen kann jeder Mensch lernen. Auch du kannst das.

Das ist keine Einladung zu einer unrealistischen Selbstwahrnehmung. Es geht hier nicht um Tschakkaparolen. Welches Potenzial in dir schlummert, werden wir anhand einer Update-Analogie entschlüsseln, die uns im Buch begleiten wird. Es gibt Updates, die Erfolgskiller sind und es gibt Updates, die Erfolgsbringer sind. Ich nenne sie *Erfolgsupdates*.

Erfolgsupdates sind die zeitgemäße Veranschaulichung zeitlos gültiger Erfolgsfaktoren. Es geht darum, bewusst zu machen, dass jeder Mensch seine Erfolgschancen signifikant verbessern kann. Das gute Leben ist gar nicht so weit weg. Mit kleinen Erfolgsupdates kannst du mit Leichtigkeit zu mehr Gesundheit, Erfolg und Erfüllung gelangen. Je mehr du in dich investierst, desto mehr kannst du scheinbar Unmögliches als machbar enttarnen. Du darfst entdecken, dass außergewöhnliche Ergebnisse durch außergewöhnlichen Einsatz erzielt werden können.

Einige Leute versuchen, dir immer einzureden, dass du etwas nicht kannst, weil sie es selbst nicht können. Oder es sich nicht vorstellen können. Manche möchten dir deinen Erfolg auch nur kleinreden. Zeugt das von Größe? Nimm diese limitierenden Glaubenssätze nicht an. Sonst lässt du zu, dass diese Gedanken zu deinen werden, um deinen Erfolg zu sabotieren.

Verglichen mit dem, was mir zugetraut wurde, bin ich recht weit gekommen. Meine sehr geschätzte Klassenlehrerin hat zum Ende der Grundschulzeit geurteilt: „Vielleicht für die Realschule geeignet." Wahrscheinlich wohl auch, weil ich wirklich miserabel lesen konnte. Freiwillig habe ich mein erstes Buch erst mit 16 Jahren dank meines Handballtrainers gelesen. Es war kaum dicker als eine Zeitschrift. Später machte ich Abitur, zwei Staatsexamen zum ausgebildeten Sonderpädagogen, bin also selbst Lehrer geworden und zudem Autor.

Handballexperten sagten, dass ich zu klein sei. Später stellte ich einen Torerekord auf und spielte sogar ein Jahr in der Ersten Handball-Bundesliga. Dort war ich der beste Torschütze meines Teams und unter den Top-25-Torschützen der sogenannten *stärksten Liga der Welt*.[4] Ich halte mich nicht für übermäßig talentiert und bin trotzdem zu diesen Leistungen und Ergebnissen gekommen.

Wenn ich Laufbahnen im Sport, in der Bildung oder in der Arbeitswelt analysiere, fällt mir immer wieder auf, dass einige auf einer noch bedeutend höheren Ebene erfolgreich sind. Die Fragen, die ich mir mit Blick auf die Unterschiede zwischen Verlierern und Gewinnern oder Anfängern und Profis oft gestellt habe, sind:

- **WENN JEMAND WIE ICH DAS ERREICHEN KANN, WIE VIELE MENSCHEN KÖNNEN VERGLEICHBARE LEISTUNGEN UND ERGEBNISSE ERREICHEN?**
- **WENN ICH SCHON SO WEIT NACH OBEN GEKOMMEN BIN, WIE HOCH KOMMEN DANN WOHL MENSCHEN, DIE NOCH VIEL MEHR IN IHREN ERFOLG INVESTIEREN?**

Im gesamten Buch wirst du Antworten auf diese Fragen finden. Du wirst dich dann vielleicht selbst fragen: „Gilt das auch für mich?" In Worten schlichter Klarheit:

Größe ist keine Frage der Körperlänge, sondern der Einstellung. Kein Mensch ist dafür zu untalentiert, zu blöd, zu langsam, zu dick oder zu klein. Nicht jeder erzielt 30.000 NBA-Karriere-Punkte. Aber jeder kann es zu wahrer persönlicher Größe bringen. Genau genommen hast du die richtige Größe, um über dich hinauszuwachsen. Anders ausgedrückt: Größe ist keine Frage des Körperlängenwachstums, sondern des Persönlichkeitswachstums. Du bist nicht zu klein. Auch du kannst das.

KAPITEL 2
GEWINNER ENTDECKEN – AUF DER SUCHE NACH ERFOLGSMENSCHEN

Es wurde bereits von diesem Erfolgsmenschen gesprochen.

- **WER SOLL DAS SEIN?**
- **UND WO FINDE ICH DEN?**

Ich habe mich schon seit Kindertagen gefragt, warum die einen Menschen Misserfolg haben und die anderen Erfolg. Ich habe oft Vorbilder im sportlichen Bereich gesucht, um herauszufinden, wie sie es machen.

- **WARUM KANN ER SO SCHNELL LAUFEN?**
- **WARUM KANN SIE SO WEIT SPRINGEN?**
- **WARUM IST DIESES TEAM DAS BESTE DER WELT?**

Diese Fragen stellen sich ganz ähnlich in allen Lebensbereichen.

- **WARUM IST DIESE PERSON SO BERÜHMT?**
- **WARUM HAT JENE EINE FANTASTISCHE KARRIERE HINGELEGT?**
- **WAS IST DAS GEHEIMNIS, WESHALB DIESER MENSCH ERFÜLLT UND GLÜCKLICH IST?**
- **WIE KONNTE DIESER MENSCH EINE DERART ERFOLGREICHE LEBENSGESCHICHTE SCHREIBEN?**
- **WIESO GELINGT DIESER FAMILIE IN SCHULE/BERUF, FREIZEIT, LEBENSGLÜCK NAHEZU ALLES?**

- **WORAN LIEGT ES, DASS DIESES UNTERNEHMEN SEIT JAHREN REKORDUMSÄTZE ERZIELT?**

Es gibt Menschen, Teams und Organisationen, die scheinen Erfolg wie magisch anzuziehen. Sie scheinen etwas zu haben, das sie besser macht. Sie scheinen etwas zu tun, das ihren Sieg wahrscheinlicher werden lässt. Was ist es?

Es sind viele Faktoren wichtig, wie ich feststellen konnte. Talent ist einer davon, aber, zur großen Überraschung, nicht so wichtig, wie die meisten Menschen glauben. Auf meiner Reise habe ich andere Faktoren gefunden, die immer wieder auftauchen. Für privaten und beruflichen Erfolg. Für persönlichen und Teamerfolg. Wir werden uns später einige dieser Faktoren genauer ansehen. Kommen wir für den Moment noch einmal zu den Menschen zurück, die diesen Erfolg scheinbar wie magisch anziehen. Diese Erfolgsmenschen himmeln wir an.

DEN ERFOLGSMENSCHEN IM AUSSEN SUCHEN

Wir suchen sie in unserem Umfeld oder im ganzen Land. Wir erweitern unsere Suche und entdecken sie auf anderen Kontinenten, auf der ganzen Welt. Erfolgsmenschen gibt es überall. Wir sehen sie zum Beispiel in unserem direkten Umfeld. Im Freundeskreis, im Verein oder im Job. Wir bekommen sie in den Medien präsentiert, können in Zeitschriften über sie lesen, sie im Fernsehen oder Internet bewundern, ihnen auf Social-Media-Kanälen folgen. Wir eifern ihnen nach und wollen so sein wie sie. Das ist ein Stück weit auch in Ordnung.

Vorbilder brauchen wir. Sie können eine großartige Orientierung bieten, was wir noch tiefer beleuchten werden. Doch das ist nur ein Teil der Suche nach dem Erfolgsmenschen. Wir müssen uns nämlich nicht alles nur von anderen abschauen. Schon gar nicht, was nicht zu uns passt. Wir verlieren uns sonst im Vergleich mit unerreichbaren Leistungen oder nicht gegebenen Rahmenbedingungen. Sie liegen vielleicht in unserem Interessenbereich, nicht aber in unserem Einflussbereich. Wir sollten keine Kraft verschwenden, indem wir sie in Dinge stecken, die wir nicht beeinflussen können.

- **WIESO HABE ICH NICHT, WAS SIE HAT?**
- **WESHALB KANN ICH NICHT AUCH REICHE ELTERN HABEN?**
- **WARUM HABE ICH NICHT SEINE KÖRPERGRÖSSE?**

Dahinter steckt eigentlich fast immer die Frage:

- **WARUM IST DAS LEBEN NICHT GERECHT ZU MIR?**

Dieser reaktive Fokus führt immer nur zu Jammerei, Entwicklungsstillstand und Erfolglosigkeit. Es gibt Dinge, die schränken unseren Erfolg ein oder haben negative Auswirkungen darauf, liegen aber außerhalb unseres Einflussbereichs. Diese Dinge sollten wir hinnehmen und damit umgehen lernen. Was wir hingegen beeinflussen können, verdient unsere volle Aufmerksamkeit.

Diese Herangehensweise nennt man *Proaktivität*. Es bedeutet, unveränderliche Grenzen hinzunehmen und damit umzugehen, dass im Leben nicht immer alles gerecht ist. Mit einem proaktiven Fokus wenden wir uns dem zu, was wir beeinflussen und kontrollieren können. Wir sollten in diesem Sinne Performancemanagement betreiben: Entdecken, was unsere Performance positiv beeinflusst und was nicht. Wir sollten deswegen unsere eigenen Ressourcen entdecken und fördern. Andere Menschen können dafür eine Orientierung geben, doch entscheidend ist, den Erfolgsmensch nicht nur im Außen zu suchen.

DEN ERFOLGSMENSCHEN IN SICH SELBST ENTDECKEN

Der Erfolgsmensch ist niemand, der hoch oben und unerreichbar auf einem Sockel steht. Er ist niemand, der auf einem Thron sitzt, der nur für Auserwählte vorbestimmt ist. Der Erfolgsmensch steckt in jedem von uns. Wir müssen ihn nur entwickeln.

„Was vor uns liegt und was hinter uns liegt, ist nichts im Vergleich zu dem, was in uns liegt", wusste es der Schriftsteller und Philosoph Henry David Thoreau auszudrücken. Ganz wichtig dabei: Wer sich verbessern will, ist nicht erst etwas wert, wenn er sich verbessert hat. Du bist jetzt schon wertvoll, so, wie du bist. Du bist der goldene Kern von der Person, die du sein wirst. Das werden wir an späterer Stelle noch vertiefen.

Für den Moment heben wir noch einmal hervor: Jeder kann den Erfolgsmenschen in sich entwickeln. Gewinnen kann jeder lernen. Auch du kannst das.

Sich zu entwickeln, bedeutet, sich zum Besseren zu verändern. Sei es, seine Kompetenzen auszubauen, an seinem Charakter zu arbeiten, smarte Entscheidungen zu treffen oder Erfolg versprechende Handlungen auszuführen. Dazu müssen wir unsere sogenannte *Komfortzone* verlassen. In ihr liegt alles Bekannte, unsere Fähigkeiten und Routinen. Außerhalb erwarten uns Unbekanntes, Unsicherheit und Ängste. Da bleiben viele lieber in ihrem *gemachten Nest*.

Doch außerhalb der Komfortzone liegen auch Chancen und Möglichkeiten zum Lernen und damit zum persönlichen Wachstum. Dieses beginnt nicht weit außerhalb, sondern meist knapp hinter der Grenze. Sich schrittweise auf neues Terrain zu begeben, bringt uns in den schon angesprochenen wichtigen Lernprozess.

Im Schwimmunterricht traute sich ein Mädchen nicht, vom Ein-Meter-Brett zu springen. Um dies zu schaffen, musste sie sich dem Ungewissen stellen und ihre Komfortzone verlassen. Wir führten sie schrittweise über die Grenze. Zunächst mit Sprüngen vom Beckenrand und dann vom Startblock. Die Überwindung, vom Ein-Meter-Brett zu springen, war nun ein machbarer Schritt für sie. Der mutige Sprung war dann schließlich ein befreiendes Erfolgserlebnis. Nicht viele Unterrichtseinheiten später sprang sie bereits vom Drei-Meter-Brett.

Viele Lehrkräfte machen ähnliche Erfahrungen mit ihren Schulkindern. Solche kleinen Erfolgsgeschichten kennst du bestimmt aus eigener Erfahrung. Auch in vielen anderen Bereichen führen diese kleinen Schritte und Sprünge zum Erfolg. Der Sprung raus aus dem Gewohnten und die damit verbundenen ersten Anfangserfolge geben Selbstvertrauen und wir sind gefühlt wieder ein paar Zentimeter gewachsen. Es gibt uns einen gewaltigen Schub, dieses großartige Gefühl des Gewinnens. Dazu müssen wir raus aus der Komfortzone, denn diese kleinen Siege führen aufaddiert zu großen Verbesserungen.

Bitte verwechsle nicht den Einflussbereich mit der Komfortzone. Die Komfortzone sollten wir verlassen, um Veränderung und Weiterentwicklung zu ermöglichen. Während wir gewohnte Pfade verlassen, um Neues sowie den Gewinner in uns zu entdecken, bleiben wir jedoch in unserem Einflussbereich. Auf den Punkt gebracht: Erfolg vergrößert sich außerhalb der Komfortzone und innerhalb unseres Einflussbereichs.

Ich sage nicht, dass es immer einfach ist, den Erfolgsmenschen in sich zu entwickeln. Nicht ohne Grund gibt es Fortbildungen zum Thema Change-Management, die schrittweise Veränderungs- und Transformationsprozesse in Unternehmen voranbringen.

- **WIE STEHT ES UM DEIN PERSÖNLICHES CHANGE-MANAGEMENT?**

Es ist an manchen Stellen überaus schwierig, Veränderungen zu erreichen. An anderen überraschend leicht machbar. Um den Erfolgsmenschen in sich zu entwickeln, ist Folgendes entscheidend: Es ist ein langer Weg, den manche nicht bereit sind, zu gehen. Auf diesem Weg wird es Schwierigkeiten geben, die zu dir sagen: „Gib lieber auf." Höre nicht auf diese Stimme und beende die Sache.

Gewinner fangen an diesem Punkt erst richtig an. Auch Anfänger geben oft zu früh auf. Dabei ist er trotz Rückschlägen möglich: der lange Weg vom Beginner zum Gewinner. Alle erfolgreichen Menschen haben Selbstvertrauen. Sie erarbeiten es sich, wenn sie Rückschläge überwinden.

- **WAS IST DENN DAS GEGENTEIL VON ERFOLG? MISSERFOLG?!**

Falsch! Misserfolg ist nicht das Gegenteil von Erfolg. Es ist ein Teil davon. Misserfolg bedeutet oft, dass es noch nicht reicht. Irgendetwas fehlt noch. Mehr Anstrengung. Mehr Übung. Weniger Selbstzweifel. Noch ein Anlauf. Und noch einer. Dann klappt es.

Ab einem gewissen Zeitpunkt klappt es immer wieder und immer besser, oder?! Auch meistens falsch!

> Fortschritt verläuft selten linear. Das bedeutet, dass man auch einmal ungewollt mit der Entwicklung stehen bleibt oder einen Schritt zurück macht. Belächle nie eine Person, die einen Schritt zurück macht. Sie nimmt vielleicht gerade Anlauf für den erfolgreichen Sprung.

Schaue dir die Champions an. Keiner ist auf einem einzigen Siegeszug. Weltmeister und Olympiasieger werden nicht immer Erster. Es gelingt ihnen nicht alles. Sie haben genauso Misserfolge wie Schüler, die eine Aufgabe nicht lösen oder Führungskräfte, die eine Fehlentscheidung treffen oder Firmen, die fehlerhafte Produkte herstellen. Auch wenn das Endergebnis den Anstrich von Makellosigkeit trägt. Bei genauem Hinsehen zeigen sich Dellen in der Erfolgskurve.

Fakt ist: Auf jedem erfolgreichen Weg finden sich auch Niederlagen. Gewinner erkennt man daran, wie sie mit diesen Situationen umgehen. Die Art und Weise sowie der Umgang mit der Niederlage bestimmt, ob jemand ein Verlierer ist, nicht die Niederlage selbst.

Eine Niederlage bedeutet Lernen. Fehler bedeuten Lernen. Ich habe in meinem Leben mindestens so oft Fehler produziert, wie etwas richtiggemacht. Mit einer gesunden Fehlerkultur lernen wir. Auch die Besten machen alle Fehler. Sie machen oft sogar die gleichen Fehler wie andere Menschen, bloß wiederholen sie diese nicht immer wieder.

Sie entwickeln sich weiter, haben ein sogenanntes *Growth Mindset* (Wachstumsdenken, dynamisches Selbstbild). Sie glauben, dass Talent entwickelbar ist, während Menschen mit einem *Fixed Mindset* (statisches, starres Selbstbild) glauben, dass Fähigkeiten und Intelligenz vorgegeben sind: *Talent hat man oder eben nicht.*

Bei Rückschlägen nehmen sie sich als mangelhaft wahr und glauben, dass die Kontrolle über ihr Können limitiert ist. Haben sie ein dynamisches Selbstbild, sehen Menschen ihre Rückschläge als Möglichkeiten, zu lernen: *Bin ich nicht gut genug, habe ich nur noch nicht genug gelernt.* Sie glauben, dass sie eine hohe Kontrolle über und einen großen Einfluss auf ihr Können haben. Sie sind der festen Überzeugung, sich und damit ihr Leben zum Besseren verändern zu können. Sie entfalten damit etwas, was wir alle in uns tragen: unser Potenzial.

KAPITEL 3
GEWINNER-POTENZIAL – EINE UPDATE-ANALOGIE

Alle Menschen haben ihr gegebenes Potenzial, doch nicht jeder nutzt es gleichermaßen. Im Spektrum von verschwendet bis voll entfaltet kann es viele Entwicklungsstadien geben. Lasse uns an einem Schaubild verdeutlichen, wie unterschiedlich Menschen ihr Potenzial entfalten.

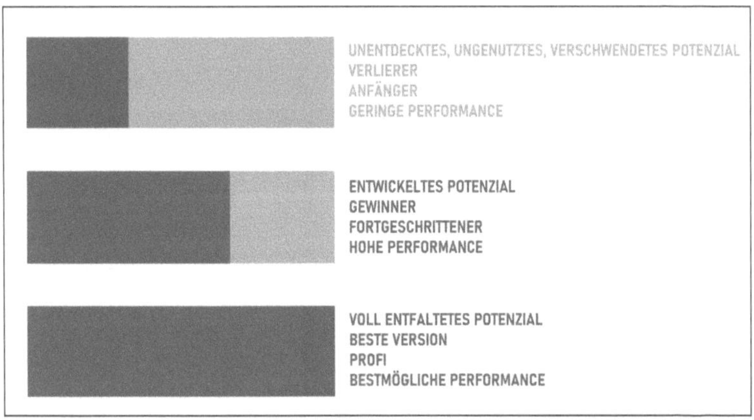

Potenzial, erklärt an drei Ladebalken

Der dunkel eingefärbte Teil des Balkens ist die Performance, die Leistung. Anders ausgedrückt: entwickeltes Potenzial. Der helle Teil des Balkens ist ungenutztes Potenzial. Möglicherweise bisher unentdeckt. Vielleicht schlummert auch etwas in dir. Du bist nur noch nicht darauf gestoßen.

Jemand hat Potenzial in einem Bereich, weiß es aber nicht, kann es also auch nicht nutzen. Manche kennen es zwar, entwickeln es aber nicht.

Ihnen ist vielleicht nicht bewusst, wie sehr die Entwicklung ihre Erfolgschancen steigern würde.

Dann gibt es noch jene, die wissen, wie wertvoll die Entwicklung des bisher ungenutzten Potenzials wäre, aber sie entwickeln es trotzdem nicht. Das nenne ich Verschwendung. Erfolgsmenschen haben nicht mehr Talent. Sie verschwenden nur weniger.

Anhand dieser drei Balken erkläre ich beim Performance-Coaching, dass es drei *Menschentypen* gibt. Das ist natürlich eine grobe Vereinfachung, aber um den Kern herauszustellen, reicht es völlig aus. Beim oberen Balken sehen wir einen Verlierer. Beim mittleren Balken einen Gewinner. Der untere verkörpert die beste Version eines Menschen.

- **KANN EIN VERLIERER SICH NUN TATSÄCHLICH ZUM GEWINNER VERÄNDERN?**
- **KANN JEMAND, DER SCHON EIN GEWINNER IST, SEINE BESTE VERSION ENTWICKELN?**

Auf beide Fragen antworte ich mit einem leidenschaftlichen JA! Wir sind nicht das Produkt unserer Umstände, sondern das Produkt unserer Entscheidungen. Wenn sich jemand entscheidet, nicht zu lernen, kann ihm niemand helfen. Wenn sich jemand entscheidet, unbedingt lernen zu wollen, kann ihn niemand aufhalten. Gewinnen kann jeder Mensch lernen. Wenn du dich eher als Verlierer fühlst, wiederhole ich noch einmal für dich: Auch du kannst das. Wenn du dich bereits wie ein Gewinner fühlst, gilt: Auch du kannst das *noch besser.*

Wenn wir von Gewinnern und Verlierern sprechen, habe bitte auch die anderen Gewinndimensionen im Hinterkopf. Ich stelle den Gewinner- und Verlierertyp an einigen Stellen im Buch in extremer Form gegenüber. Diese Gegenüberstellung mag manchmal etwas provozieren, soll dadurch aber auch Erfolgsfaktoren deutlich aufzeichnen und zum (Um-)Denken anregen. Ich bin übrigens noch keinem Menschen begegnet, der ein reiner Verlierer ist. Das Gegenteil gibt es in der Wirklichkeit genauso wenig.

Alle Menschen haben eher einen individuellen Entwicklungsstand, den ich bildlich mit einem Ladebalken verdeutlichen möchte. Jeder trägt Gewinner- und Verliererseiten beziehungsweise Stärken und Schwächen in sich, die die Erfolgschancen beeinflussen. Daher sprechen wir auch von Erfolgsmenschen und erfolglosen Menschen. Das Bild vom Stereotyp *erfolgloser Mensch* oder *Verlierer* passt aber nicht in allen Kontexten.

- **WENN EIN MENSCH ETWAS NICHT KANN ODER WENIG ERFOLG HAT, STEHT ER NICHT VIELLEICHT VIELMEHR AM ANFANG?**

Wir könnten bei den drei Balken respektive den drei Typen auch von einem Anfänger, Fortgeschrittenen und Profi sprechen. Ich lade dich also dazu ein, je nach Kontext und deinem persönlichen Gusto Erfolg aus verschiedenen Blickwinkeln zu sehen:

- Verlierer – Gewinner;
- erfolgloser Mensch – Erfolgsmensch;
- Anfänger – Profi.

Wenn du an manchen Textstellen einen inneren Widerstand spürst, tausche für dich den Blickwinkel einfach einmal aus. Du spürst selbst am besten, welche Wortwahl dir mehr Ansporn und Energie gibt.

Doch ganz gleich, welche Sichtweise du bevorzugst: Einen wesentlichen Einfluss auf Erfolg hat die Performance. Und Leistungsfähigkeit – so alle tragfähigen Erkenntnisse aus Forschung und Praxis – ist entwicklungsfähig.

ERFOLGSUPDATES

ER|FOLGS|UP|DATE

[ɛɐ̯'fɔlks'apde:tə] *Substantiv, Neutrum [das]*

Aktualisierte und verbesserte Version einer Software, Situation, Person.

Im Gegensatz zu einem herkömmlichen Update werden nicht nur Aktualisierungen vorgenommen, sondern die Erfolgschancen gesteigert.

Kennzeichnende Parameter sind Art (z. B. digital, mental) und Umfang (Erfolgsdosierung bzw. ein gesundes Maß).

Erfolgsupdate: Eine Definition

Wir alle haben ein gegebenes Potenzial in uns. Auch dir wurde deine individuelle Portion Talent in deinen Genen mitgegeben. Dieses Talent kann man entwickeln. Deswegen sprechen die Talentscouts im Sport auch von Talent*entwicklung*. Im Sport und in vielen anderen Bereichen sind oft diejenigen erfolgreicher, die ein limitiertes Potenzial voll ausschöpfen, als diejenigen, die großes Potenzial nur teilweise zur Entfaltung bringen. Es ist wie bei einem Gerät, das wir mit Updates verbessern. Mit dem Update wird die Performance besser.

- **VIELE MENSCHEN UPDATEN DESWEGEN AUCH IHRE TECHNOLOGIE, ABER SICH SELBST UPDATEN?**
- **DAS EIGENE GEHIRN UPDATEN?**

Das tun die meisten Menschen nicht. Erfolgsmenschen holen sich Updates für ihren Kopf. Ich nenne sie *Erfolgsupdates*.[5]

Unter Erfolgsupdates verstehen wir alle möglichen Dinge, die zur Leistungssteigerung beitragen und uns erfolgreicher machen. Das sind erhellende Änderungen des Blickwinkels, Mentaltechniken, Erfolgsstrategien oder eine verbesserte Einstellung. Das sind Denkweisen, Handlungen, Tätigkeiten, Kompetenzen, Skills oder Fertigkeiten. Es geht um mentale Werkzeuge und effektive Verhaltensweisen. Es geht um Gewinner-Gewohnheiten, die ich mir angewöhne, um mich auf Erfolg zu programmieren.

- **WIE FUNKTIONIEREN ERFOLGSUPDATES?**

Bei einem Download auf dem Smartphone oder Computer zeigt ein Ladebalken den Stand des Herunterladens an. Wenn der Balken komplett zu 100 Prozent eingefärbt ist, kann das Update verwendet werden und unser elektronisches Gerät wird (hoffentlich) leistungsfähiger.

Bei Erfolgsupdates für den Kopf funktioniert das genauso. Etwa, wenn wir uns eine neue Fähigkeit oder eine neue Technik aneignen. Es funktioniert sogar noch besser. Während des Downloads kann das elektronische Gerät das Update noch nicht verwenden. Unser Gehirn hingegen schon. Während des Downloads erzielen wir nämlich schon eine beachtliche Anzahl an Anfangserfolgen. Auch wenn wir eine Technik noch nicht zu 100 Prozent beherrschen oder eine Gewinnergewohnheit noch nicht automatisiert ist, fahren wir damit schon erstaunlich gut.

Was ich mit *Gehirn updaten* beschreiben möchte, ist im Grunde, Lernvorgänge in Gang zu setzen. Gehirnforscher und alle, die in medizinischen Berufen arbeiten, wissen, dass unser Gehirn keine Festplatte ist, die man updaten kann. Unser Gehirn arbeitet anders und kann viel mehr. Es ist mit weitem Abstand immer noch das beste Endgerät auf unserem Planeten. Diese Vokabeln sollen einen vereinfachten Vergleich ermöglichen und zum Perspektiv- oder Paradigmenwechsel anregen.

Mit dem Begriff *Erfolgsupdates* möchte ich eine nützliche Sichtweise in unserem digitalen Informationszeitalter eröffnen. Es spielt zunächst eigentlich keine Rolle, welche Art Update wir uns besorgen. Digitale Updates können genauso die Erfolgschancen steigern wie mentale. Es geht darum, Updates zu priorisieren, die den Erfolg steigern: Erfolgsupdates.

Nach meiner umfassenden Analyse ist festzustellen: Digitale Updates sind besonders wegen ihrer Überdosierung oftmals Erfolgskiller. Mentale Updates können bei höherer Dosierung zu unseren Erfolgsbringern werden. Es bestehen viele Anzeichen, dass Menschen Probleme haben, sich für digitale Updates und mentale Updates in einem gesunden Verhältnis zu entscheiden. Erfolgsmenschen haben erkannt, welche Dosis die richtige ist.

Im Kern geht es darum, dass erfolgreiche Menschen an sich arbeiten. An ihren Kompetenzen und Fähigkeiten. Sie legen allerhöchsten Wert auf ihre Persönlichkeitsentwicklung. Digitale Updates sind für sie nur Mittel zum Erfolg. Für erfolglose Menschen scheinen sie Erfolg geradezu zu verhindern. Diese Update-Analogie soll vor allem eins verdeutlichen:

Die meisten Menschen updaten ihre Technologie. Erfolgsmenschen updaten vor allem sich selbst.

Steht morgens beim Verlassen des Hauses der Akku ihres Smartphones bei 13 Prozent, empfinden die meisten Menschen Stress.

- **WARUM EMPFINDEN SIE KEINEN STRESS, WENN SIE, OHNE ETWAS GETRUNKEN ZU HABEN, MORGENS AUFBRECHEN?**
- **WAS IST BEDROHLICHER: HANDY BEI 13 PROZENT ODER ICH SELBST BEI 13 PROZENT?**

Wir alle kennen die Schlagzeile: *Menschen trinken zu wenig.* Ich habe noch nie gelesen: *Menschen laden ihre Smartphones zu wenig.*

- **WARUM SCHENKEN VIELE MENSCHEN ABENDS IM BETT IHREN DISPLAYS MEHR AUFMERKSAMKEIT ALS IHREM SCHLAF?**

Wenn sie daraufhin Schlafstörungen entwickeln, belassen sie es jahrelang bei diesem Zustand. Hat die Technologie hingegen Störungen, wird sie ausgetauscht oder repariert. Sich selbst auszutauschen, ist keine Option.

Doch uns reparieren? Unsere körpereigenen, im Schlaf ablaufenden Regenerations- und Reparaturprozesse sind ein Wunderwerk der Natur, werden aber durch dieses Bildschirmverhalten gehemmt. Unser Kopf braucht ein Update, wie wir besser mit uns selbst umgehen.

NEBENWIRKUNGEN DIGITALER UPDATES

Zwischen morgens und abends gibt es Hunderte von Beispielen, bei denen wir der Technologie gegenüber uns selbst den Vorzug geben. Allem voran den digitalen Medien und dem Bildschirmkonsum mit Endgeräten (TV, PC, Laptops, Spielkonsolen, Tablets, Smartphones). Das wichtigste Endgerät von allen nutzen wir zu wenig: unser Gehirn.

Stattdessen überladen wir es durch unser Nutzungsverhalten mit Datenmüll. Wir lassen zu, dass der Spam in unsere Köpfe dringt. Er müllt uns mental zu und provoziert eine Reihe von Gefahren und Nebenwirkungen: verminderte kognitive Leistungsfähigkeit, Aufmerksamkeitsstörungen, Narzissmus, Empathieverlust, Entscheidungsunlust, Bewegungsmangel, Übergewicht, Haltungsschäden, erhöhte Stress- und Angstzustände, Schlafstörungen und Depression.

Wie der Bestsellerautor Manfred Spitzer feststellt, sind wir cyberkrank.[6] Wir leben in Zuständen, die die jüngeren Generationen gar nicht anders kennen. Sie empfinden diese Zustände als normal, weil sie damit aufwachsen. Tatsächlich ist die digitale Kindheit aber unsinnlich und kommunikationsarm. Die Jugend ist durch antrainierte Abgelenktheit und Bewegungsarmut gekennzeichnet. Erwachsene werden depressiv und einsam.

Die Liste der Nebenwirkungen ist noch viel länger. Wir verschwenden unser Potenzial. Alle Nebenwirkungen hemmen eine erfolgreiche Persönlichkeitsentwicklung. Dies werden wir in einigen Kapiteln noch genauer herausfinden.

Doch obwohl sich die Liste der negativen Auswirkungen gruselig liest und die Lage ernst ist, möchte ich kein allzu düsteres Bild zeichnen. Denn es gibt auch vielversprechende Lösungen. Es ist heute genauso möglich wie früher, eine erfolgreiche Persönlichkeit zu werden. Man sollte nur auf die *richtigen* Updates setzen, dann kann man in digitalen Zeiten mental gewinnen.

Dies ist also kein Plädoyer gegen den technologischen Fortschritt. Die Produktivitätssteigerung durch automatisierte Produktionsabläufe und die Ressourcenschonung durch papierlose Büros bringen uns sicherlich in Sachen Digitalisierung voran. Ich könnte auch weitere positive Effekte aufzählen, aber Smartphones und Co. brauchen keine zusätzliche Lobby. Smarte Technologien sind großartig.

Wenn wir uns selbst verbessern, können wir sie noch viel smarter nutzen. In vielen Fällen bräuchten wir *Digital Detox* (digitale Entgiftung), denn die Dosis macht das Gift und wir überdosieren maßlos. Neuere Studien bestätigen, dass die Vielnutzung gesellschaftlich weltweit dramatisch hoch ist. Wir sprechen hier über 6-9 Stunden Nutzung von Bildschirmmedien täglich![7] Ab 3-4 Stunden kommen wir bereits in den Bereich der Überdosierung.

Stelle dir vor, du müsstest ein Medikament nehmen und die Tagesdosis sind 1-2 Tabletten. Würdest du stattdessen 6-9 Tabletten nehmen? Stelle dir vor, diese überhöhte Dosis würde zu Nebenwirkungen führen. Würdest du dann immer noch so viele Tabletten nehmen?

Die meisten Menschen nehmen diese Dosis täglich ein. Die Medizin heißt Digitalisierung. Die Tablette ist unser Smartphone. Vielnutzung ist ein echter Erfolgskiller. Die durchaus möglichen positiven Effekte werden durch eine Vielzahl negativer Effekte verdrängt.

Erstaunlicherweise treten positive Effekte vermehrt ein, wenn wir die angesprochenen Geräte weniger verwenden. Moderate Nutzer verwenden digitale Endgeräte eher als Mittel zum Zweck (Termine koordinieren, Arbeitsvorgänge beschleunigen usw.). Vielnutzer verwenden sie eher als Selbstzweck. Um Süchte zu befriedigen, Spiele zu zocken, gierig das Geschehen in den sozialen Medien zu verfolgen, Chatnachrichten gestresst zu checken und zu versenden.

Erfolg und Gesundheit wird durch Vielnutzung verhindert und durch moderate Nutzung ermöglicht. Updates für unsere Geräte sind nicht unbedingt Updates für unser Gehirn. Oder andersherum ausgedrückt: Obwohl unermüdlich vom wichtigen digitalen Fortschritt gesprochen wird, können digitale Updates tatsächlich ein Rückschritt für uns sein. Das betrifft Sport, Bildung, Arbeit und alle möglichen Lebensbereiche.

Kurz zusammengefasst: weniger Bildschirmkonsum, stattdessen bewusster, gezielter und mit mehr Pausen. Digitale Balance. Das Reduzieren kann quasi schon ein Erfolgsupdate sein.

POTENZIALENTFALTUNG DURCH MENTALE UPDATES

Wir können durch das Vermindern der Bildschirmmedien-Nutzung viel Zeit zurückgewinnen. Für ein gesundes, erfolgreiches und erfülltes Leben. Was könnten wir alles erreichen, wenn wir die gewonnene Zeit für unser persönliches Wachstum nutzten? Wir können unser Gehirn trainieren, uns Wissen aneignen, mentale Gesundheit aufbauen, Kompetenzen und Fähigkeiten entwickeln und somit unsere Persönlichkeit entfalten. Unser Gehirn wird durch sinnvolle Nutzung nämlich besser. Hier ein paar Beispiele von mentalen Updates, die wir im zweiten Teil ausführlich auf unsere Festplatte zwischen den Ohren laden wollen:

- Menschen, die ihre mentale Stärke updaten, gewinnen mehr Selbstvertrauen, haben eine höhere kognitive Leistungsfähigkeit und Aufmerksamkeit, erleben weniger Stress- und Angstzustände.
- Menschen, die ihre Körpersprache updaten, haben eine verbesserte Kommunikation, gesündere Körperhaltung, gesteigerte Überzeugungskraft, zeigen ebenfalls mehr Selbstvertrauen und eine gestärkte Stressresistenz.

- Menschen, die ihre Motivation und Willenskraft updaten, kommen mit Begeisterung in Bewegung, treffen entschlossen Entscheidungen, entwickeln Durchhaltevermögen, haben mehr Antriebskraft für ihre Ziele, erreichen diese auch häufiger und stellen persönliche Rekorde auf.
- Menschen, die ihren Teamspirit updaten, eliminieren negative Gruppenphänomene und etablieren positive, erzielen Win-win-Kooperationen und vervielfachen ihren Erfolg.

Hole dir unbedingt Updates für deinen Kopf. Mentale Updates sind der Schlüssel für deine beste Version. So steigerst du Schritt für Schritt deine Performance, programmierst dich auf Erfolg und erhöhst deine Erfolgschancen.

Die Natur hat es so vorgegeben: Leistungsfähigkeit ist entwicklungsfähig. Verschaffen wir uns einmal einen Überblick, was denn da entwickelt werden sollte. Dazu sprechen wir neben den Erfolgsupdates von sogenannten *Entwicklungsfeldern*.

KAPITEL 4
GEWINNER WERDEN – ERFOLGSUPDATES FÜR DEINEN LANGZEITERFOLG

Gewinner sind sich darin ähnlich, konsequent an sich zu glauben. Alle erfolgreichen Persönlichkeiten haben Selbstvertrauen. Es wächst mit den Kompetenzen, die sie entwickeln. Selbstvertrauen ist somit nicht starr, sondern veränderbar. Du kannst es wie einen Muskel trainieren. Es kann wie eine Pflanze wachsen.

Du, ich und alle anderen Menschen können zu einem Gewinner werden. Ein Anfänger mit einer Profieinstellung wird nicht ewig Anfänger bleiben. Ein Verlierer mit Gewinnereinstellung wird durch diese Haltung künftige Erfolge anziehen. Wenn du dich bereits als Gewinner siehst, geht es dir wie mir.

Wir haben schon gewisse Erfolge vorzuweisen und ein positives Selbstvertrauen aufbauen können. Doch wir können nicht alles perfekt und das wird auch nie so sein. Und trotzdem können wir uns weiterentwickeln. Wir können unsere beste Version entwickeln. Auch diese hat immer noch menschliche Macken, die dich aber auch einzigartig machen.

DER IMPERFEKT PERFEKTE ERFOLGSMENSCH

Mein Idealbild ist daher der *imperfekt perfekte Erfolgsmensch*. Von dieser Person ist unser aktuelles Ich noch etwas entfernt. Wir sind noch nicht dieser Mensch. Daher stellt sich eine Frage. Sieh dir dazu bitte die folgende Abbildung an.

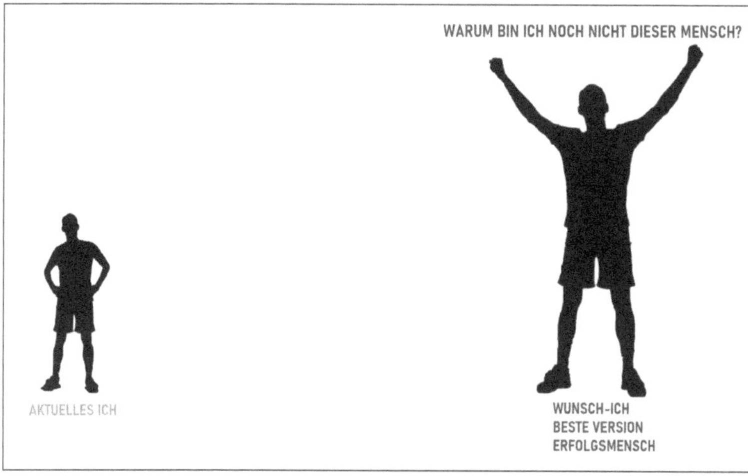

Aktuelles Ich und Wunsch Ich

Links siehst du dein aktuelles Ich. Es ist deutlich kleiner als dein Wunsch-Ich auf der rechten Seite. Die Größe hat dabei wieder weniger mit der Körpergröße zu tun. Die Silhouettengröße symbolisiert die Größe des Erfolgs. Wir möchten gerne dieser Mensch auf der rechten Seite sein. Wir sollten uns fragen:

- **WARUM BIN ICH NOCH NICHT DIESER MENSCH?"**

Zwischen diesen beiden Ichs besteht eine Lücke. Und diese Lücke müssen wir mit etwas füllen, um der Mensch zu werden, der wir sein wollen. Hier kommen nun die angesprochenen Entwicklungsfelder ins Spiel. Es scheint Bereiche zu geben, die maßgeblich unseren Erfolg beeinflussen. Viele sprechen von sogenannten *Erfolgsfaktoren*. Es geht uns hier weniger um unveränderbare Faktoren, wie äußere Bedingungen (z. B. Wetter, Geburtsort, Körpergröße), die gegeben sind oder eben nicht. Das wäre Zeit- und Energieverschwendung.

Wir befassen uns proaktiv mit Faktoren, die wir selbst beeinflussen können. Deswegen spreche ich gerne von *Entwicklungsfeldern*. Der Begriff unterstreicht, dass wir entwicklungsfähige Wesen sind, die ein Feld beackern können. Wenn ich mich langfristig um das Feld kümmere, kann ich später immer wieder eine schöne Ernte einfahren.

ENTWICKLUNGSFELDER MIT MENTALEN UPDATES BEACKERN

Schauen wir uns einmal einige Entwicklungsfelder in einem Beispiel an. Die folgende Abbildung zeigt sie in Form von Ladebalken/Erfolgs-updates an.

Hier finden sich die Entwicklungsfelder mentale Stärke, Motivation, körperliche Fitness oder Zielsetzung. Gesundheit, Körpersprache, Umgang mit Stress und Teamfähigkeit sind natürlich auch wichtig.

- **WELCHE SIND DENN JETZT DIE WICHTIGSTEN?**
- **WAS SOLL ICH ZUERST TUN?**
- **GIBT ES EINE REIHENFOLGE?**

Immer mit der Ruhe. Eins nach dem anderen. Das ist zunächst einmal eine beispielhafte Aufzählung. Ich kann keinesfalls alle Entwicklungsfelder unterbringen, die es gibt (daher befindet sich am rechten Rand der Abbildung ein Balken mit drei Punkten).

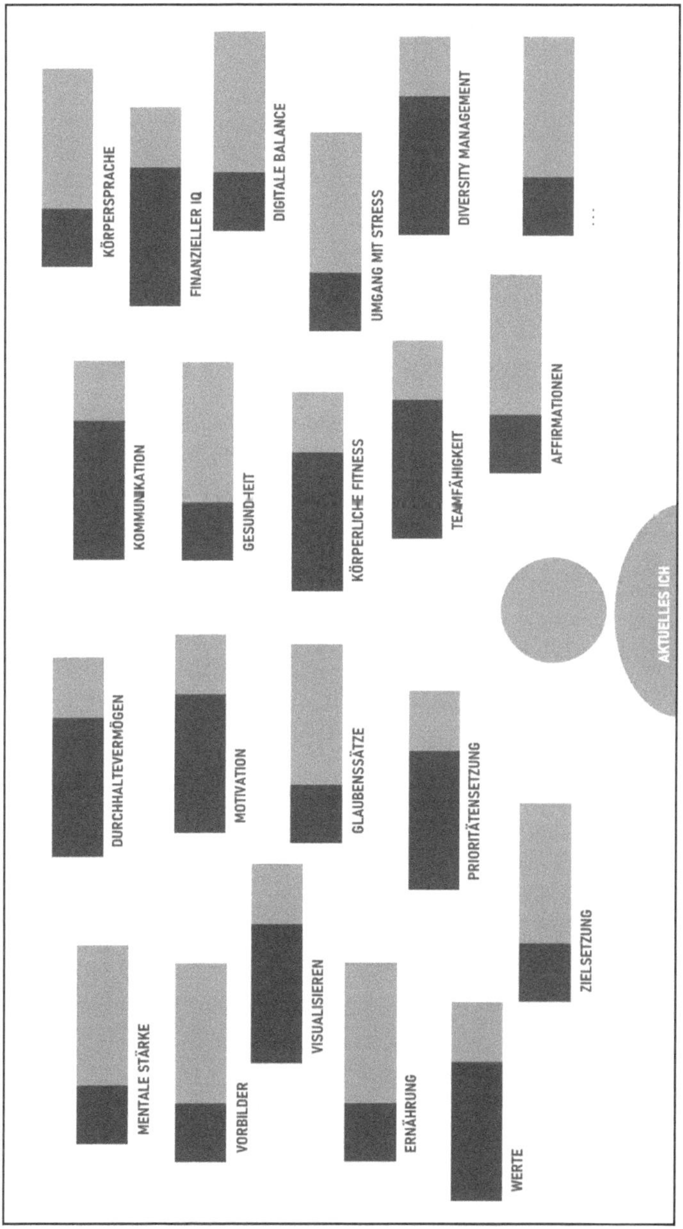

Entwicklungsfelder für das aktuelle Ich

Es sind aber tatsächlich einige der relevantesten aus meiner Sicht dabei. Je nach Literatur werden sie nur anders benannt. Solltest du dich in diesen Feldern weiterentwickeln, wird deine Persönlichkeit und dein Erfolg wachsen.

Die genannten Entwicklungsfelder haben für alle Menschen Gültigkeit. Wie sie gewichtet werden sollten, ist individuell unterschiedlich. Das kommt auf die Person, Branche oder den Lebensbereich an. Einige sind erstaunlich allgemeingültig und waren zu allen Zeiten in der Menschheitsgeschichte bedeutsam. Das Entwicklungsfeld *digitale Balance* ist erst in unserem digitalen Zeitalter entstanden.

Es bestehen auch Wechselwirkungen zwischen den einzelnen Feldern. Das eine Entwicklungsfeld spielt ins andere mit rein und im Idealfall ergänzen sie sich gegenseitig. Eine gute Ernährung ist natürlich der Gesundheit zuträglich. Eine gute Körpersprache wirkt sich positiv auf die Kommunikation aus. Wer wie ein Gewinner denkt, wird sich in stressigen Situationen besser behaupten. Und so weiter. Mit mentalen Updates beackert man seine Entwicklungsfelder.

Wo man auch steht, man kann immer in jedem Feld etwas verbessern. Konzentriere dich dabei auf die Aspekte, die deine Erfolgschancen dramatisch erhöhen.

- **WELCHES ENTWICKLUNGSFELD IST WOMÖGLICH DAS PERSÖNLICH WICHTIGSTE FÜR DICH?**

Dabei solltest du den Fokus nicht allzu sehr auf deine Schwächen richten. Mit deinen Stärken kannst du sie oft ausgleichen und die Arbeit an Stärken macht den meisten Menschen mehr Spaß. Arbeite an deinen Schwächen und du wirst maximal Durchschnitt. Arbeite an deinen Stärken und du kannst außergewöhnlich werden.

Mit anderen Worten: Schwächen schwächen ist wichtig. Stärken stärken ist noch viel wichtiger. So kommst du deinem Wunsch-Ich viel näher. Das Idealbild ist natürlich deine beste Version. Die sieht so wie in der nachfolgenden Grafik aus.

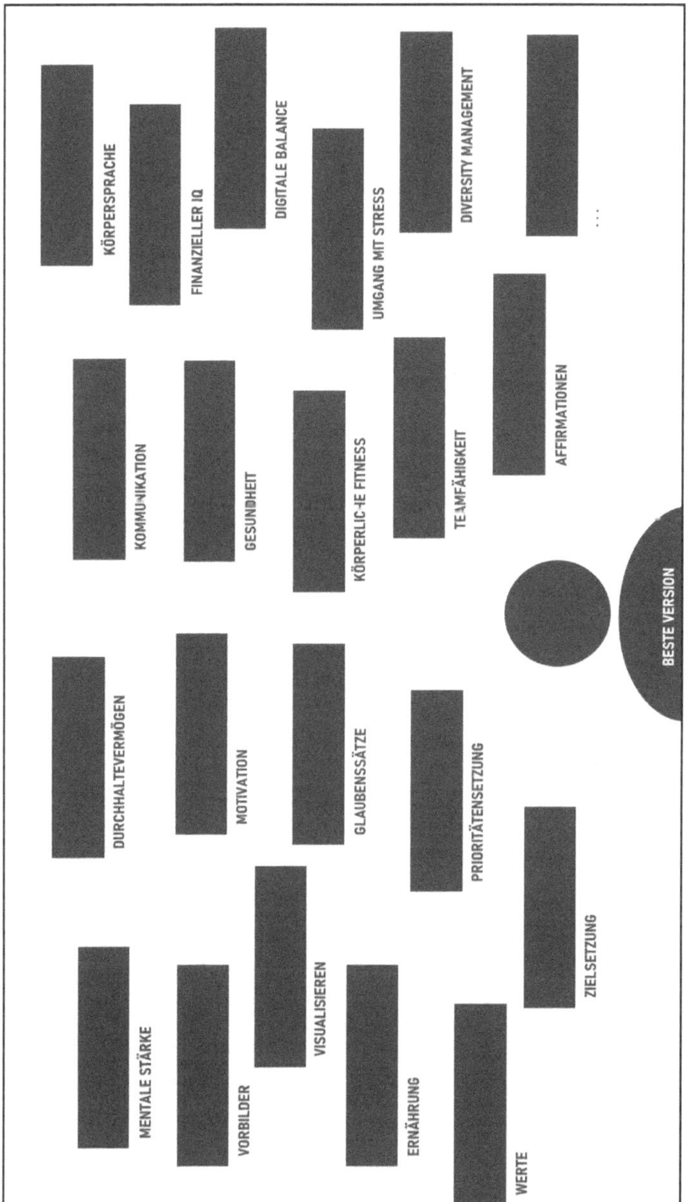

Entwicklungsfelder für die beste Version

Du und ich sollten akzeptieren, dass dieser Idealzustand nicht möglich ist. Man muss Prioritäten setzen und das heißt, andere Entwicklungsfelder zu opfern. Jeder hat nur 24 Stunden am Tag. Solltest du mehr Stunden gefunden haben, schreibe mir!

Wir können aber nach dieser besten Version streben. Denn auch die Menschen, die wir wegen ihrer Perfektion bewundern, können nicht alles. Weltklasseathleten, Staatsoberhäupter, Rockstars, Rekordhalter.

Einige der Besten ihres Fachs sehen sich nicht als ihre beste Version an. Obwohl wir Außenstehenden es so sehen würden. Sie beherrschen ihr Fach meisterhaft und sind an der Spitze der Welt zu Hause. Doch auch sie suchen immer nach Wegen, um sich weiter zu verbessern. Irgendwo findet sich immer ein kleines Prozent, das noch besser sein könnte.

Es ist die Einstellung, mit der man sowohl nach ganz oben kommt als auch *bleibt*: sich als jemand zu begreifen, der sich noch weiterentwickeln kann. Wer denkt, er sei fertig, ist meist schon auf dem absteigenden Ast. Denn: Wer rastet, der rostet. Die Erfahrungen von gestern sind irgendwann veraltet. Wer aufhört, auf seinem Top-Niveau zu performen, wird aufhören, auf Top-Niveau Resultate zu erzielen.

Ein Aspekt sollte nicht vergessen werden, wenn wir uns über das unermüdliche Streben nach Verbesserung unterhalten:

> **!**
>
> Du bist nicht erst wertvoll, wenn du zu deiner besten Version geworden bist. Du bist es jetzt schon! Denn du bist der Grundstein für diese Version. Sie steckt in dir drin. Bist du zu dieser Person geworden, wird ein zentraler Bestandteil dieser Persönlichkeit immer noch der Mensch sein, der du heute bist. Du bist der goldene Kern von der Person, die du sein wirst.

Manche Menschen machen sich runter, wenn sie nicht zufrieden mit sich sind. Sie sind dann persönlich von sich enttäuscht und halten sich für wertlose Menschen. Für alle Zeiten nicht gut genug.

- Erstens ist das überhaupt nicht wahr, sondern nur mentale Selbstfolter.
- Zweitens stehen sie damit ihrer eigenen positiven Entwicklung im Weg.
- Das führt unweigerlich zu drittens: Zu der Überzeugung, mit Recht gedacht zu haben, man sei wertlos. Ein Nährboden für ungesunde Denkmuster.

Diese negative Denkspirale führt nicht nur in eine Sackgasse. Sie führt in die tiefste Dunkelheit der Selbstzerstörung. Wo jeder Fetzen Selbstvertrauen von den Klauen deiner Dämonen zerrissen wird. Mit dieser Denkweise entwickeln wir ebenfalls etwas in uns. Nämlich unser Verlierer-Ich. Sperren wir es weg und verlassen rasch diesen finsteren Pfad. Biegen wir wieder ab zu den gut bestellten Entwicklungsfeldern.

Dort säen wir für künftige Ergebnisse. Den Beginn von Gewinner-Gewohnheiten für unseren Langzeiterfolg. Alles, was ein Update für unseren Erfolg bedeutet, alles, was zu einer gelungenen Ernte beiträgt, sollte nicht nur einmal getan werden. Das Geheimnis, wie Erfolgsfaktoren und Entwicklungsfelder wirklich zum Tragen kommen, ist, Gewohnheiten auszubilden.

Sprechen wir von Gewinner-Gewohnheiten. Die Gewohnheiten, auf die es ankommt, um erfolgreich und glücklich zu werden. Du kannst in jedem Entwicklungsfeld Erfolg versprechendes Denken und Verhalten zeigen. Das ist ein guter Start. Entscheidend für deinen Langzeiterfolg ist es, dieses Denken und Verhalten zu wiederholen. Immer wieder. Durch die Macht der Wiederholung steigen deine Gewinnchancen auf lange Sicht spektakulär.

Jeder Spitzensportler hat sich Trainingsautomatismen angeeignet. Jeder Top-Unternehmer hat Businessroutinen von hoher Qualität. Jedes erfolgreiche Schulkind hat Lerngewohnheiten, die unaufhaltsam zu guten Abschlüssen führen. Jeder Weltrekordler hat eine Reihe von persönlichen Rekorden aufgestellt. Er ist es einfach *gewohnt*, Rekorde aufzustellen. Gewohnt fleißig. Gewohnt zuverlässig. Gewohnt clever. Gewohnt, alles zu geben.

Ich habe schon angedeutet, dass kein Mensch ein Meister in allen Lebensbereichen ist. Auch ich bin in mehreren Bereichen durchschnittlich oder sogar unterdurchschnittlich. Aber es gibt Menschen, die sind in *ihrem Fach* meisterhaft. Sie haben über die Jahre Gewinnergewohnheiten entwickelt, während andere Entwicklungsfelder aus Zeitgründen geopfert werden mussten.

Ein Talentscout oder Sporttrainer würde es so ausdrücken: Das Ziel bei der Talententwicklung muss es sein, möglichst wenig Ablenkung zuzulassen und maximalen Einsatz für die Erbringung der bestmöglichen Performance zu erzeugen.

DIGITALE UPDATES SIND SCHLECHTES SAATGUT FÜR UNSERE ENTWICKLUNGSFELDER

Ablenkung geht in unserem digitalisierten Leben vor allem von Geräten wie Laptops, Konsolen, TV und Smartphones aus. Die im vorherigen Kapitel genannten Nebenwirkungen steigen mit der Nutzungszeit. Das ist mittlerweile unumstritten erforscht und in der Praxis nachweisbar.

Digitale Updates sind schlechtes Saatgut für unsere Entwicklungsfelder. Sie können wie giftige Pestizide wirken, die unsere erfolgreiche Ernte verhindern. Mächtige Unternehmen, die mit Digitalisierung sehr viel Geld verdienen, kommunizieren das natürlich anders. Sie betreiben brillantes Marketing und sprechen nur von der guten Seite, um am Kunden durch Verkauf digitaler Geräte oder an ihrem Bildschirmkonsum zu verdienen.

Doch überall, wo es eine Wirkung gibt, existieren auch Nebenwirkungen. Ein Medikament, das keine Nebenwirkung hat, hat auch keine Hauptwirkung. Genauso verhält es sich mit digitaler Technologie. Natürlich können wir mit Smartphones Probleme lösen, unser Leben vereinfachen und bereichern. Doch wir wurden nicht aufgeklärt oder geschult, in welcher Dosis sie gesund sind. Negative Effekte nehmen mit steigender Dauer gefährlich zu.

Nicht die Vielnutzung, sondern die moderate Nutzung ist ein Erfolgsupdate. Weniger ist an der Stelle mehr. Kinder sollten Smartphones und Tablets sogar gar nicht benutzen. Das sagte schon Steve Jobs, Gründer von *Apple*. Er betonte, dass seine Kinder kein iPhone® oder iPad® bekämen, weil diese Geräte nicht für Kinder geeignet seien.[8]

Im Silicon Valley, dort, wo Apple® seinen Firmensitz hat, gibt es eine Schule, die auf digitale Geräte verzichtet. Da stellt sich die Frage, wer schickt seine Kinder im Zentrum des digitalen Fortschritts zu so einer Low-Tech-Schule? Das tun die Angestellten von Apple®, Google® und Yahoo®. Auch die Warteliste einer Schule mit gleichem Konzept im Nachbarort ist lang. Die Eltern der Kinder arbeiten bei Facebook®, Ebay®, Intel® und HP®. Das sind aufmerksame Eltern, die die Nebenwirkungen und daraus resultierende Langzeitschäden nur allzu gut kennen dürften.

Langzeitschäden prognostiziert auch Alexander Markowetz[9], der mit anderen Forschern an der Universität Bonn zusammen das *Menthal-Projekt* gründete, das sehr differenzierte Datenmengen zum Smartphone-Nutzungsverhalten erhob. Er kommt zu dem erschreckenden Ergebnis, dass wir in einer digitalen Daueralarmbereitschaft leben, die uns überfordert und gefährdet. Lassen wir den Autor des Buchs *Digitaler Burnout* selbst zu Wort kommen:

„Was daraus entsteht, ist ein psychosoziales Beben, das uns in eine kollektive Verhaltensstörung führt, die ich den *Digitalen Burnout* nenne. Er resultiert aus übermäßiger emotionaler und psychischer Anstrengung. Als Homo Digitalis erleben wir damit die negativen Nebenwirkungen der digitalen Revolution, also der vollständigen und permanenten Vernetzung unserer Welt, unseres Alltags und unseres Geistes mit dem Internet. Mit den Smartphones hat dies eine neue Stufe erreicht. Der Digitale Burnout ist ein Zustand, in dem unsere massive Smartphone-Nutzung zu einer unmittelbaren Störung unserer Produktivität und einem Verlust an Lebensglück führt. Beides zusammen macht uns langfristig krank. Wir erleben einen geistigen Erschöpfungszustand, der vergleichbar ist mit dem Burnout, den ein Workaholic erleidet."

Im erwähnten *Menthal-Projekt* wurde festgestellt, dass wir 53-mal am Tag das Smartphone aktivieren. Markowetz spricht von einer Unterbrechung etwa alle 18 Minuten. Wir unterbrechen, was wir gerade tun, für alles Mögliche: Messenger und Mails checken, auf die Uhr sehen, Spiele zocken, im Internet surfen, soziale Medien konsumieren und ganz selten Produktivitäts-Apps nutzen. In der Regel belügen wir uns selbst ziemlich häufig mit der Ausrede: „Ich muss nur mal eben ..." Als wäre es unumgänglich und furchtbar wichtig, jetzt das Handy zu benutzen. Oder als müssten wir nur mal eben eine kurze Pause machen.

Für unser Gehirn ist der Displaykonsum keine Pause. Echte Pausen funktionieren ganz anders. Wie wirkungsvolle Pausen wirklich ablaufen, werden wir zu einem späteren Zeitpunkt noch aufklären. Wenn wir ehrlich zu uns sind, dann endet der Satz etwas selbstkritischer: „Ich muss nur mal eben ... mich ablenken. Mich unterbrechen. Unproduktiv sein. Unkonzentriert sein. Mich durcheinanderbringen. Meiner Sucht nachgehen."

Ganz gleich, womit wir es rechtfertigen: So häufige Unterbrechungen führen zur totalen Fragmentierung unseres Alltags. Eine der größten Nebenwirkungen unseres digitalisierten Lebens. Und die im täglichen Schnitt 53 Aktivierungen betreffen ja nur das Smartphone. Notebooks, Computer und TV wollen schließlich auch unsere Aufmerksamkeit. Das Ablenkungspotenzial von Wearables (Smart Watches, Smart Glasses) ist noch höher, denn Uhren und Brillen können sich noch unmittelbarer aufdrängen, weil wir sie am Körper tragen.

Eine große Tagebuchstudie von *Next Work Innovation* hat 2022 festgestellt, dass Beschäftigte in Deutschland 15-mal pro Stunde, also alle vier Minuten, unterbrochen werden.[10] Der stark fragmentierte Arbeitsalltag führt zu höherem Stresserleben in Unternehmen und jährlichen Kosten von etwa 114 Milliarden Euro.

Zum ersten Mal in der Menschheitsgeschichte scheint es einen evolutionären Rückschritt zu geben. Unser Gehirn entwickelt sich zurück. Wir verdummen makabrerweise mit smarter Technologie, weil wir nicht wissen, wie wir sie smart benutzen. So wird das Smartphone zum *Dummphone*.

Hersteller bieten uns auch nur Apps und Funktionen für die Einschränkung digitalen Konsums an, weil sie sicher sein können, dass die Kunden vom Produkt abhängig sind, wie Anitra Eggler vermutet.[11] Die Digital-Detox-Pionierin stellt die Hypothese auf, dass sie sonst fürchten, verklagt zu werden. Zudem werde die Schuld für überhöhten Konsum geschickt auf den Konsumenten übertragen, dabei liege die Initialschuld bei den Herstellern.

Ihre Experten für Aufmerksamkeitsökonomie nutzen die menschlichen und psychologischen Schwächen aus. Übermäßiger Konsum hat also nicht immer etwas mit persönlicher Schwäche oder fehlender Willenskraft zu tun. Ein entlastender Gedanke für alle, die sich mit dem Hadern an der eigenen Fehlbarkeit allzu sehr herunterziehen.

Machen wir uns nichts vor: Leicht zu akzeptieren sind diese Erkenntnisse nicht. Es betrifft die gesamte Gesellschaft und zu gerne halten wir uns an den Vorteilen fest. Es ist eindrucksvoll, was wir mittlerweile alles mit Smartphones anstellen können. Was für ein technologischer Fortschritt mit einer millionenfachen Eröffnung von Möglichkeiten! Ich sage immer scherzhaft, dass sie mittlerweile alles können, außer bügeln.

Bei einer Textilreinigungs-App kann man jedoch anklicken, dass man seine Wäsche gebügelt haben will. Es ist also eine geniale Erfindung. Aber das ist ein Auto auch.

- **LASSEN WIR KINDER DESWEGEN EINFACH SO DAMIT FAHREN?**
- **LASSEN WIR JUGENDLICHE ALLEIN DAMIT FAHREN?**

Nein! Man braucht einen Führerschein. Jetzt gibt es tatsächlich Lernprogramme mit einem Internet-Führerschein für Kinder. Das ist aber völlig daneben, denn genau wie beim Autofahren sind Kinder noch nicht reif dafür. Das kindliche Gehirn kann noch nicht kritikfähig damit umgehen und ist um ein Vielfaches anfälliger für Suchtverhalten. Es ist nachgewiesen, dass diese Herangehensweise die Gehirnentwicklung junger Menschen vor die Wand fährt. Ganz gleich, welches Lebensalter: Wir tun alle gut daran, unsere digitalen Geräte in Maßen zu nutzen und unser Gehirn ausgiebig.

Die Potenzialentfaltung unseres Gehirns wird unter anderem durch die Fragmentierung unseres Alltags massiv verhindert. Darunter leidet auch unsere Persönlichkeitsentwicklung. Wir werden in mehreren Kapiteln genau hinschauen, wo diese Ablenkungsfallen lauern. So unterstützt dich das Buch bei deinem Selbstmanagement. Es ist Zeit für eine Defragmentierung durch eine angemessene Dosierung.

ZUM GEWINNER WERDEN MIT DER ANGEMESSENEN DOSIERUNG

Wir haben uns in Teil 1 damit beschäftigt, was das *Gewinnen* bedeutet. Gewinnen ist mehr als nur ein Wettkampf, sondern auch Erfolg, Gesundheit und Lebensqualität. Und einiges mehr. In diesen vier Kapiteln wurde deutlich, dass das Gewinnen ein Lernprozess ist, bei dem es darum geht, viele kleine Siege einzufahren. Dabei sollte man den Gewinner nicht nur im Außen suchen. Es ist noch wichtiger, den Gewinner in sich selbst zu entdecken.

Das führt uns zu dem, was in uns steckt: zu unserem Potenzial. Mit der Update-Analogie und durch die vereinfachte Gegenüberstellung von digitalen und mentalen Updates wurde deutlich, dass es in unserem digitalen Zeitalter schwierig ist, die Entscheidungen für die richtigen Updates zu treffen. Um ein Gewinner zu werden, ist es notwendig, diese Entscheidungen wiederholt zu treffen, um uns auf Erfolg zu programmieren.

Wiederholtes Verhalten führt zu Langzeiterfolg (oder Langzeitmisserfolg). Unsere Gewohnheiten bestimmen, was wir ernten. Für unseren Langzeiterfolg ist unsere Persönlichkeitsentwicklung von entscheidender Bedeutsamkeit. Hier liegen große Potenziale in uns. Entfalten wir sie, können wir zum Gewinner werden und wahre persönliche Größe entwickeln. Wir brauchen uns nur in einer angemessenen Dosierung für digitale und mentale Updates zu entscheiden. Der folgende Vierzeiler bringt dies auf den Punkt (als global bedeutsame Botschaft in der Weltsprache Englisch)[12]:

Update your device
can be nice.
Update your mind
is to update your life.

Du kannst von Erfolgsupdates, Entwicklungsfeldern, Erfolgsfaktoren oder sonst etwas sprechen. Jeder Begriff soll einen anderen Zugang ermöglichen, um schlussendlich auf denselben Punkt zu kommen: Entscheidend ist, zu priorisieren, worauf es ankommt.

Wir erinnern uns: Alle erfolgreichen Persönlichkeiten haben Selbstvertrauen. Es wächst mit den Kompetenzen, die sie entwickeln. Es wächst mit den Programmen, die sie sich auf die Hardware in ihrem Schädel laden (und den Spam, den sie weglassen). Werfen wir also einen Blick auf jene Erfolgsupdates, die in nahezu allen Lebensbereichen bedeutsam sind.

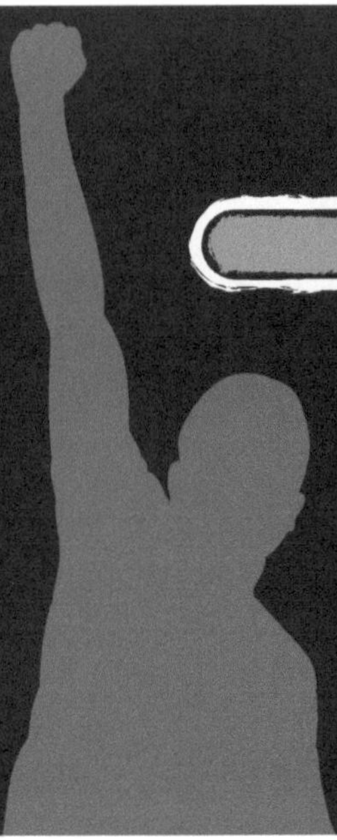

TEIL 2
AUF WELCHE ERFOLGSUPDATES ES ANKOMMT

Update heißt übersetzt *Aktualisierung*. Bei jedem Update stellen sich daher die Fragen:

- **WER ODER WAS WIRD DENN DA AKTUALISIERT?**
- **WELCHE UPDATES SIND ERFOLGSUPDATES?**

Wenn wir Hinderliches oder Unwesentliches aktualisieren, ist das kein Update für Erfolg. Wir wissen mittlerweile, dass bei digitalen Updates die Nebenwirkungen überwiegen können. Meistens ist dies die Realität:

- News-Updates bringen Neues, nicht Besseres.
- Mail-Updates bringen Dringliches und ablenkenden Spam, nicht Wichtiges und klaren Fokus.

- Gaming Updates bringen kurzfristig Spaß und langfristig Sucht, nicht glücklich zu sein.
- Social-Media-Updates bringen Vereinsamung, nicht Zusammenhalt.
- Software-Updates bringen funktionierende Geräte, nicht fitte Gehirne.

Kille also diese Erfolgskiller durch eine bewusste und reduzierte Nutzung von Bildschirmmedien. Das ist die beste Medizin. Das führt zu weniger Ablenkung durch Bullshit und zu einer klaren Sicht für das Wesentliche. Updates, die wirklich Erfolgsbringer sind.

- **AUF WELCHE KOMMT ES DENN AN?**

Gleich vorweg: Hier einen Anspruch auf Vollständigkeit zu erheben, wäre irgendwas zwischen extrem engstirnig und höchst unseriös. Ich werde hier priorisieren, was am wichtigsten ist.

- **IST DERJENIGE ERFOLGREICHER, DER ALLES (BESSER) WEISS ODER DERJENIGE, DER DAS WICHTIGSTE BESSER MACHT?**

Der Kommunikationsexperte Michael Ehlers stellt mit Blick auf unser digitales Informationszeitalter fest: „Zunehmend fällt es uns schwer, aus der Fülle von Daten diejenigen herauszufiltern, die wirklich relevant sind. Wir bekommen mehr und mehr Probleme, Wichtiges von Unwichtigem zu trennen."[13]

Ich könnte 10 oder 20 Faktoren ausführlich ausbreiten, aber dann würde dieses Buch die angesprochene Kompaktheit verlieren. Nicht Informationsüberschuss, sondern das Wichtigste steht im Fokus. Nicht zuhauf angelesen, aber am Ende des dicken Buchs alles vergessen haben. Nicht vor lauter Input verzagen, wo man anfangen soll, sondern ins Handeln kommen können. Nicht alles auf einmal, sondern Schritt für Schritt auf Erfolg programmieren.

Als ehemaliger Profisportler werde ich natürlich das eine oder andere Beispiel aus dem Spitzensport liefern, aber das ist kein Buch über körperliche Fitness (auch wenn ich nur raten kann, dem gesellschaftlichen Bewegungsmangel unserer modernen Zeit mit Bewegung und Sport entgegenzuwirken). Ich habe vier Erfolgsupdates aus dem Bereich Persönlichkeitsentwicklung ausgewählt, die nachweislich in nahezu allen Lebensbereichen von höchster Bedeutung für das Gewinnen und den Erfolg sind.

Diese mentalen Updates haben eine mächtige Wirkung auf die eigene Leistung und gehören daher in das Performance-Management eines Gewinners. Sie sind ausschlaggebend, wenn man Erfolg im Wettkampf, Berufs- oder Privatleben erreichen möchte. Überdies steigern sie auch die Lebenszufriedenheit. Nur Erfolg, der glücklich macht, ist echter Erfolg.

Persönlichkeitskompetenzen werden manchmal auch als *Soft Skills* bezeichnet, was den Eindruck erwecken kann, dass die Hard Skills wichtiger seien. Hier möchte ich keine Diskussion aufmachen und diplomatisch anmerken: beides ist wichtig. Doch wer Soft Skills vernachlässigt, wird seine Erfolgschancen verringern.

Für mich ist der Begriff *Soft Skills* sehr positiv besetzt, denn meine Auswertung ist folgende: Wer diese Skills hat, für den geht irgendwie alles leichter. Zwei Menschen mit gleichen Hard Skills, wie fachliche Ausbildung, Sprachkenntnisse, Abschlüsse und Zertifikate, können sehr unterschiedlich erfolgreich sein. Der Unterschied liegt fast immer in Entwicklungsfeldern der Persönlichkeitskompetenzen. Erfolg durch Performance. Performance durch Persönlichkeit.

Meine Coaches haben es mir vermittelt, die Wissenschaft liefert belastbare Ergebnisse und meine Schützlinge (ob Schüler oder Sportler) melden immer wieder zurück, dass Impulse zu diesen Erfolgsfaktoren Gold wert sind. Es handelt sich zudem um vier Faktoren, die ich selbst viele Jahre lang reichlich lernen durfte. Bitte überprüfe, ob dieses Wissen zu dir passt. Es sind keine starren Dogmen, die dir übergestülpt werden sollen, sondern Denkanstöße und Impulse.

Die Inhalte sind möglichst praxisrelevant aufbereitet, damit du sie im Alltag in Sport-, Bildungs-, Arbeits- und Lebenswelten zur Anwendung bringen kannst. Zu jedem der vier Faktoren existiert jedoch auch weitere Sach- und Fachliteratur, die ich empfehle, wenn du dich im Anschluss vertiefend theoretisch oder wissenschaftlich mit einem Themengebiet beschäftigen möchtest.

Wir widmen uns nun der mentalen Stärke, Körpersprache, Motivation und Willenskraft sowie der Teamfähigkeit. Dabei tauchen in jedem Kapitel Aspekte zur *digitalen Balance* auf, damit wir Erfolgsupdates im Kontext unserer modernen Zeit betrachten können.

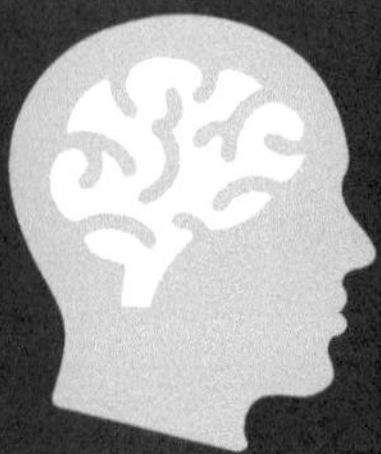

KAPITEL 5

ERFOLGSUPDATE MENTALE STÄRKE – GEWONNEN WIRD IM KOPF

Gewinner entstehen im Gehirn. Neurowissenschaftler können auf Hirnscans feststellen, dass sichtbare Unterschiede in der Gehirnaktivität von Gewinnern und Verlierern bestehen. Bei Untersuchungen mit der funktionellen Magnetresonanztomografie (fMRT) fällt Folgendes auf: Denkt jemand positiv, sind tendenziell viele Hirnareale aktiv oder einzelne spezifische Areale besonders aktiv, was die Forscher durch eine Steigerung der Durchblutung in den Bilddaten nachweisen können. Der Mensch, der zu diesem besonders aktiven Gehirn gehört, ist mit einer hohen Wahrscheinlichkeit selbstbewusst, hat Stärken in seinen Problemlösekompetenzen und zeichnet sich häufig durch Kreativität aus.

Vereinfacht gesagt, kann mittels fMRT ein Erfolgsmensch von einer Person mit wenig psychischem Antrieb unterschieden werden. Gemäß persönlicher Neigungen und Fähigkeiten für verschiedene Tätigkeiten können Unterschiede in der Aktivierung des Gehirns bestehen. Doch ständige Inaktivität deutet eher auf einen Verlierer hin. Inaktive Gehirnzellen sterben auf Dauer ab. Hier gilt wie bei körperlichen Workouts: Wer rastet, der rostet.

Das Gehirn ist nicht wie ein Computer, der bei Benutzung verschleißt. Bei Benutzung wird es besser. Gewinner entstehen also tatsächlich im Gehirn. Durch Gedanken. Sie sind der Ursprung unseres Erfolgs. Aus Gedanken formulieren wir Worte und Sätze. Diese setzen wir in Handlungen um, die mit der Zeit zu Verhaltensmustern und Gewohnheiten werden. Die *richtigen* Gedanken bringen Gewinner-Gewohnheiten hervor.

DIE MACHT DER GEDANKEN

Jeder Gedanke verändert uns. Ende des 20. Jahrhunderts ging die Menschheit noch davon aus, dass das Gehirn eine weitgehend unveränderliche Masse ist. Heute wissen wir, dass jeder Gedanke eine biochemische Reaktion in unserem Gehirn erzeugt, die unsere Neuronen im Kopf zum Feuern bringt. Das sind die Datenautobahnen in unserem Oberstübchen. Sie jagen den Gedankenimpuls weiter und unser Körper reagiert schließlich mit einem Gefühl darauf. Dieses Gefühl entspricht dem Gedanken.

Denkt ein Mensch zum Beispiel an etwas Verunsicherndes, entsteht das Gefühl der Verunsicherung. Macht er das immer wieder, entsteht ein unsicherer Mensch mit Selbstzweifeln. Sobald er daran denkt, er sei nicht gut genug, setzt sein Gehirn Chemikalien frei, die in seinem Körper das Gefühl der Verunsicherung auslösen. Nun fühlt er sich so, wie er denkt. Die Rückkopplung kann eine Gedanken-Gefühls-Schleife provozieren[14].

Fühlt er sich verunsichert, wird er beginnen, so zu denken, wie er sich fühlt. Passiert das über Jahre, wächst eine innere Haltung der Verunsicherung (zögern, jammern, lamentieren, Zweifel, Selbstzweifel, . . .).

- **PASSIERT DAS MIT DER GEDANKEN-GEFÜHLS-SCHLEIFE AUCH BEI DIR UND MIR?**

Ständig. Das funktioniert aber auch positiv.

Je häufiger wir einen Gedanken denken, desto mehr feuern die Neuronen und schaffen Verbindungen, die immer dicker werden. Wie ein Pfad, der asphaltiert und schließlich zur Autobahn ausgebaut wird. Diese Verbindungen sind zwar sehr stabil, können aber verändert werden. Und zwar, wie gesagt, mit jedem Gedanken. Und auch mit dem Unterlassen von bisher häufig gedachten Gedanken. Die Neuronenverbindungen bauen sich nachweislich ab, wenn Gedanken nicht mehr gedacht werden. Deswegen können Verlierer auch zu Gewinnern werden. Mit der Änderung ihrer Denkweise.

Sie sind, anders betrachtet, nicht unbedingt Verlierer, sondern stehen eher am Anfang eines Weges. Es kann ein langer Weg sein, wenn wir es mit einer *Denkautobahn* in eine bestimmte Richtung zu tun haben. Bis diese Autobahn abgerissen und die Stelle wieder zugewachsen ist, braucht es viele positive Gedanken. Diese bauen eine neue Autobahn in die *richtige* Richtung auf. Unser Gehirn besitzt unzählige dieser Neuronenautobahnen, die wie ein Straßennetz miteinander verbunden sind. Man nennt sie *neuronale Netzwerke*. Ein Wunderwerk der Evolution, das wir positiv nutzen können.

Positive Gedanken fördern die Gehirnaktivität. Wir sollten uns also Gedanken um unsere Gedanken machen. Machen wir einmal ein kleines Gedankenexperiment: Denke bitte an einen Begriff, den ich vorgebe. Bereit? Denke jetzt an einen Apfel. . . . Vor deinem geistigen Auge müsstest du nun für einen kurzen Moment einen Apfel gesehen haben. Das liegt daran, dass unser Gehirn in Bildern denkt. Das ist die Wirkweise aller menschlichen Gehirne. Den lieben langen Tag läuft bei uns da oben ein Film ab.

Machen wir einen zweiten Durchgang. Ich nenne dir jetzt wieder einen Begriff. Bereit? Prima. Denke jetzt bitte NICHT an eine Banane. . . . Was ist passiert? Du hast vor deinem geistigen Auge eine Banane gesehen. Zumindest für einen kurzen Augenblick. Das liegt daran, dass unser Gehirn kein Bild für das Wort *nicht* hat. Auch wenn die Aufgabe war, nicht an sie zu denken, ruft unser Gehirn trotzdem ein Bild von einer Banane hervor (sofern man eine Banane kennt).

Nach diesem Experiment wird vielen Menschen klar, dass dies bei ihnen auch so funktioniert. Vielleicht wissen es einige auch schon vorher. Es ist ihnen nur nicht bewusst gewesen. Man kann die Wirkweise unseres Gehirns aber bewusst nutzen. Das sollte man auch. Sonst führen gut gemeinte Gedanken zum Gegenteil.

Bleiben wir beim Thema Ernährung. Ein Mensch möchte abnehmen, isst aber leidenschaftlich gerne Pommes. Er sagt immer wieder zu sich selbst: „Ich darf nicht die Pommes essen. Ich darf nicht die Pommes essen. Ich darf nicht die Pommes essen." Was wird passieren? Richtig, dieser Mensch hat immer wieder das Bild von diesen Pommes im Kopf. Wahrscheinlich sogar das Bild, wie er Pommes *isst*. Jeder Gedanke produziert ein Gefühl. Hier entsteht ein Verlangen nach Pommes. Und natürlich fällt es ihm schwer, zu widerstehen. Er wird die Pommes essen.

Ändert er die Gedanken nicht hin zu einer positiven Formulierung, wird er immer wieder die Pommes essen und auch andere ungesunde Nahrungsmittel. Es steigt die Wahrscheinlichkeit für Übergewicht, für zu hohen Blutdruck, Erkrankungen des Herz-Kreislauf-Systems, Herzinfarkt. Das ist jetzt sehr vereinfacht anhand eines Gedankens dargestellt. Doch unbewusst häufen sich meist toxische Gedanken so sehr, dass ungesunde Verhaltensmuster und schlechte Gewohnheiten entstehen.

- **WAS WÄRE EINE POSITIVE FORMULIERUNG FÜR DIESEN MENSCHEN, UM ABZUNEHMEN?**

Zum Beispiel: „Ich ernähre mich gesund." Oder: „Ich esse jeden Tag einen Apfel." Auch: „Ich trinke jeden Tag zwei Liter Wasser", kann helfen. An der Stelle sollten positive Glaubenssätze gefunden werden, mit denen man sich individuell identifizieren kann. Darauf kommen wir später noch einmal zurück.

Aus den Gedanken werden irgendwann Worte. Gewinner sprechen nicht von *vielleicht*, sondern von *ja* oder *nein*. Sie sagen nicht: „Vielleicht sollte man das versuchen." Sie sagen entschlossen: „Ich werde es tun." Oder: „Ich werde es lassen." Bei einer Rede auf der Betriebsfeier sagt der charismatische Chef auch nicht: „Ich möchte mich bei allen bedanken, die zu unserem Erfolg beigetragen haben."

- **DU MÖCHTEST ES?**

- **JA, WARUM TUST DU ES DANN NICHT EINFACH?**

Er streicht einfach die Weichmacher wie *möchte, könnte, sollte*. Er sagt: „Ich bedanke mich bei allen, die zu unserem Erfolg beigetragen haben." Ich räume ein: Das ist jetzt etwas spitzfindig. Doch je mehr du Weichmacher aus deinem Wortschatz eliminierst und eine positive und entschlossene Sprache kultivierst, desto selbstbewusster wirst du. Die negativen, zweifelnden und abwertenden Gedanken über dich selbst werden wie selbstverständlich abnehmen.

Negative Gedanken über andere Menschen können ebenfalls ganz verheerend wirken. In Schulen kann man häufig negative Erwartungseffekte wie den *Golem-Effekt* beobachten.[15]

Eine Lehrkraft denkt negativ über einen Schüler *(der ist immer laut und aggressiv)*. Das führt zu negativen Erwartungen in Bezug auf diesen Schüler. Die Lehrkraft erwartet schon dieses unerwünschte Verhalten. Tritt dieses Verhalten nun tatsächlich auf, fühlt sich die Lehrkraft bestätigt *(habe ich ja gesagt)* und wird weiter negativ über den Schüler denken. Ein Teufelskreis.

Meistens wird dies noch verstärkt vom *Halo-Effekt*, der besagt, dass wir Menschen auf ihre hervorstechende Eigenschaft reduzieren.[16] Aus einem Schüler, der viele Eigenschaften hat, wird so die laute Lisa oder der aggressive Adnan. Der Schüler landet in einer mentalen Schublade, aus der er nicht so leicht wieder rauskommt. Bevor wir jetzt über die Lehrenden schimpfen: Negative Erwartungseffekte finden sich auch bei Eltern, Kollegen im Büro oder unter Teammitgliedern im Verein.

Erfolgsmenschen haben eine andere Sichtweise. Die kann man lernen. Erwartungseffekte funktionieren auch positiv. Unser Gehirn interessiert es nicht. Die Arbeitsweise ist die Gleiche. Das Pendant zum Golem-Effekt ist der *Pygmalion-Effekt*. Ich schildere ihn anhand eines Lehrers, der sich vorgenommen hat, über seinen schwierigsten Schüler positiv zu denken.

Der Lehrer denkt an diesen Schüler und was dieser gut kann. Er erwartet ein positives Verhalten dieses Schülers in seinem Unterricht. Mit dieser Vorerwartung geht er in den Unterricht hinein und beobachtet bewusst positive Momente. Wann immer sie aufblitzen, meldet er positives Feedback an den sogenannten *schwierigen Schüler* zurück.

Das verbessert nicht nur die Beziehung, sondern auch die Sichtweise des Lehrers. Er sammelt nicht mehr Beweise für seine negative Sichtweise auf das Kind, sondern positive Beweise. Und tatsächlich häuft sich mit der Zeit das erwünschte positive Verhalten des Schülers.

Das ist kein Hokuspokus. Wissenschaftler konnten nachweisen, dass sich das Verhalten deutlich verbessert, wenn gutes Verhalten erwartet wird. In der Praxis sollte man das nicht mit der rosaroten Brille verwechseln und negatives Verhalten *schönreden*. Es geht darum, bewusst positive Momente zu erwarten und zu finden.

Der *Pygmalion-Effekt* ist real und hat eine starke Verwandtschaft zur *Selffulfilling Prophecy* (selbsterfüllende Prophezeiung). Erwartungseffekte können in allen gesellschaftlichen Bereichen beobachtet werden. Positive und negative. Gewinner lenken ihre Gedanken bewusst in eine positive Richtung, um damit ihre Taten und die ihrer Mitmenschen zum Besseren zu verändern.

Andersherum und etwas härter formuliert: *Denkst du Scheiße, kriegst du Scheiße.* Ein Sprichwort aus Hawaii drückt es so aus: „Energy goes, where attention flows." Die Energie folgt der Aufmerksamkeit. So werden Problemsuchende zu Problemfindenden.

- **WAS WIRD DANN WOHL AUS LÖSUNGSSUCHENDEN?**

Um zu verdeutlichen, wie sehr wir die Macht der Gedanken für uns und unseren Langzeiterfolg nutzen sollten, möchte ich es so formulieren:

- Bessere Gedanken führen zu besseren Worten.
- Bessere Worte führen zu besseren Handlungen.
- Bessere Handlungen führen zu besseren Gewohnheiten.
- Bessere Gewohnheiten führen zu einem besseren Leben.

- **DARF MAN JETZT GAR KEINE NEGATIVEN GEDANKEN MEHR HABEN?**

Doch. Du darfst sogar *manchmal* die Pommes essen und dabei kein schlechtes Gewissen haben. Wir dürfen auch mal sauer auf Schüler, Freunde, Familien, Kollegen und uns selbst sein. Negative Gedanken gehören auch zum Leben dazu. Wir können lernen, mit ihnen umzugehen und sie mehr und mehr durch Gedanken zu ersetzen, die unser Leben dominieren sollen.

Es existieren zudem Grenzen von Gewinner-Gedanken. Nämlich an der Stelle, wo Optimismus zu Überheblichkeit führt und wo aus Selbstvertrauen Selbstüberschätzung wird. Dadurch kann *kognitive Dissonanz* entstehen.[17] Das bedeutet, dass Denken und Handeln nicht in Einklang sind.

Was sich mental eingeredet wird, entspricht in keiner Weise der Realität. Diese Diskrepanz können Menschen nur ganz schwer aushalten. Ein Gefühlszustand, der herunterzieht und selbstzerstörerisch wirkt. Die beste Medizin dagegen ist, seinen Gedanken Taten folgen zu lassen. Sie sind Beweise für diese Gedanken und erhöhen ihre Glaubwürdigkeit.

GEWINNERDENKEN UND MENTALE STÄRKE

Zum Gewinnerdenken gehört daher auch, sich mit mentaler Stärke zu befassen. Mit ihr können wir ein Growth Mindset aufbauen, einen proaktiven Fokus einnehmen, lösungsorientiertes Denken entwickeln, besser mit Stress umgehen, nach Rückschlägen wieder aufstehen und stärker werden und unser Selbstvertrauen wachsen lassen. Das spürt man nicht nur in sich selbst, das spürt auch die Umgebung. Ein mental starker Mensch besitzt eine positive Körpersprache.

- **LOHNT ES SICH ALSO, GEDANKENTRAINING ZU MACHEN?**

Im Sport kennen wir den Begriff *Mentaltraining*. Viele Athleten machen Workouts für ihren Körper. Spitzenathleten machen zusätzlich Workouts für ihren Kopf. Sie bringen sich damit in einen idealen Aktivierungszustand. Nicht zu locker, aber auch nicht zu verkrampft, um Topleistung abzurufen.

Sie haben zum Beispiel gelernt, dass aufkommende Anspannung vor einem Wettkampf nicht zu unkontrollierbarer Angst werden muss. Die körperlichen Signale wie Herzklopfen, erhöhter Puls oder schwitzende Hände sind nämlich nicht Angst. Sie werden zu einem Angstgefühl, wenn man sich das einredet. Die körperlichen Signale bei freudiger Aufregung sind dieselben.

Athleten mit mentaler Fitness werten das als Begeisterung oder: „Alles ist richtig. Mein Körper bereitet sich vor, um zu performen." Diese Athleten behalten eher einen kühlen Kopf, wenn es heiß hergeht.

Es gibt Athleten, die können mit stressigen Situationen eindrucksvoll umgehen. Sie behalten unter Druck die Nerven und haben den Überblick für gute Entscheidungen. Mehr noch: Sie lieben es, sich in diesen herausfordernden Momenten zu behaupten. Sie sind bereit, zu handeln, wenn es um alles geht.

Sie bringen sich in einen Aktivierungszustand, in dem Flow möglich wird: das völlige Aufgehen in der momentanen Tätigkeit. Im Flow wirken Körper und Geist harmonisch zusammen, man erlebt absolute Fokussierung und Freude. Dinge scheinen wie mühelos von selbst zu gelingen.

- **WIE SCHAFFEN DIESE ATHLETEN DAS?**
- **WIE BRINGEN SIE SICH IN DIESEN IDEALEN AKTIVIERUNGSZUSTAND, DEN SOGENANNTEN *FLOW CHANNEL*?**

In diesem Kanal stimmen Anforderungen und Fähigkeiten überein. Sind wir unterfordert, entsteht Langeweile. Sind wir überfordert, entwickelt sich Angst. Bei Unterforderung erhöhen erfolgreiche Athleten die Herausforderung, um nicht durch eine zu lockere Einstellung zu versagen. Bei Überforderung arbeiten sie an ihren Fähigkeiten. Und das nicht nur körperlich.

Workouts für den Kopf stehen für Training von Mentaltechniken und Erfolgsstrategien. Sie lernen, in stressbehafteten Situationen nicht mehr gestresst zu sein, denn durch ihre trainierten Mental-Skills fühlen sie sich der

Anforderung gewachsen. Sie ist nicht zu einfach und nicht zu schwierig. In diesem Zustand entsteht Flow.

Jeder Mensch kann Unterforderung, Überforderung und Flow erleben. Flow ist das, was die Geschäftswelt heute als *Deep Work* bezeichnet[18]. Das völlige Abtauchen in die Arbeit, der hoch konzentrierte Tunnelblick, der Ablenkungen ausblendet und einen besseren Umgang mit Stress ermöglicht.

Flow ist ein Gefühl, das viele Menschen gar nicht mehr kennen oder zumindest kaum noch erleben. Es braucht nämlich etwa 15 Minuten, bis wir in den Flow kommen. Bei jeder Unterbrechung fallen wir zurück auf null Minuten. Unser Gehirn muss wieder einen komplett neuen Anlauf starten, um in völlige Konzentriertheit und Produktivität abzutauchen. Bei einem fragmentierten Alltag, in dem alle 4-18 Minuten im Schnitt das Smartphone aktiviert wird, sind wir dann maximal drei Minuten im Flow.

- **UND WIE WERTVOLL IST DIESER FLOW, WENN ER DERART ZERSTÜCKELT IST?**

Das ist nicht Deep Work, das ist Deep Shit. Es muss also das Ziel sein, eine ablenkungsarme Umgebung zu schaffen. Gleichzeitig ist es wichtig, unsere Fähigkeit zu entwickeln, mit Störreizen klarzukommen, die wir selbst nicht beeinflussen können. Was wir durch mentales Training beeinflussen können, ist, mit diesen stressbehafteten Situationen umzugehen.

Stressige Situationen gibt es nicht nur im Spitzensport. Auch Schüler sind im Lernstress, auf der Arbeit müssen Deadlines eingehalten und KPIs (Key Performance Indicators) erfüllt werden, Familie und Freunde verlangen, dass man sich Zeit nimmt. Manchmal kommt alles gleichzeitig und wir müssen uns neben dem üblichen Alltagsaufwand mit Arbeit, Training, einkaufen, Rechnungen bezahlen auch noch mit der Warteschleife für die Waschmaschinenreparatur herumschlagen.

- **WIE KÖNNEN MANCHE MENSCHEN INMITTEN DES CHAOS RUHIG UND FOKUSSIERT BLEIBEN?**
- **WIE KÖNNEN SIE MIT SCHWIERIGEN SITUATIONEN UMGEHEN UND UNTER DRUCK KLUGE ENTSCHEIDUNGEN TREFFEN?**

Sie nutzen mentale Werkzeuge, um den Anforderungen gewachsen zu sein. Die meisten Menschen, die unter hohem Stress überzeugen, betreiben in irgendeiner Form Mentaltraining. Gewonnen wird im Kopf.

Aber selbst einige Sportler von internationaler Klasse sind skeptisch gegenüber der Entwicklung ihrer geistigen Potenziale. Das liegt daran, dass immer noch veraltete Glaubenssätze vorherrschen. „Ich lasse mir doch nicht das Gehirn waschen" oder: „Das brauchen nur Verlierer", sind nur zwei dieser Überzeugungen. Dabei ist oft derjenige ein Verlierer, der seine mentalen Potenziale nicht nutzt.

„Wer mit einem Mentaltrainer oder Psychologen arbeitet, hat eine Schraube locker." Diese hirnrissige Sichtweise beginnt in der Gesellschaft zu bröckeln. Viele Coaches haben die Vorarbeit geleistet und das Gewinnerdenken positiver besetzt. Unter anderem durch den Begriff *Mindset*.

Fast jeder bekannte Speaker spricht von Mindset. Wie selbstverständlich wird der Begriff nicht mehr übersetzt. Was eigentlich *Denkweise* heißt, bekommt durch den Begriff Mindset etwas Magisches. Etwas schwer Greifbares, das wir aber anpacken wollen.

Wir können uns besser damit identifizieren, als wenn ein Mentaltrainer von Mentaltraining spricht oder ein Psychologe mit Verhaltensregulation ankommt. Das klingt einigen zu pathologisch und wir sind ja nicht krank. Schon gar nicht im Kopf. Vielleicht verwechseln wir Psychologie mit Psychiatrie?![19] Und auch dafür sollten wir uns in der Gesellschaft öffnen, wenn wir mentale Gesundheit wirklich groß schreiben wollen.

Man ist vielleicht gefangen in ablehnenden Denkmustern. Es bestehen die angesprochenen Erwartungseffekte. Auch in dir und mir versucht ein kleiner Golem, die Macht über uns zu bekommen. Damit sich unser Wunsch-Ich durchsetzen kann, sollten wir uns dem Training mentaler Stärke zuwenden. Die Verwandlung zum Gewinner beginnt im Gehirn. Mit positiven Gedanken, Erfolgsstrategien und Mentaltechniken. Man kann innere Souveränität und mentale Leichtigkeit entwickeln. Man kann sich für Erfolg entscheiden. So ticken Erfolgsmenschen. Gewonnen wird im Kopf.

Wenn jemand seine mentale Fitness trainiert hat, ist das in etwa so, als würde er nicht mehr bei 40 Grad Celsius in praller Sonne arbeiten, sondern in angenehm temperierten Räumen. Er ist leistungsfähiger und bewahrt in stressigen Situationen einen kühlen Kopf. Seine Denkautobahnen (neuronale Netzwerke) sind so programmiert, dass sie in hohem Maße Erfolg versprechendes Denken und Handeln in Bewegung umsetzen.

Manche Menschen entfalten ihr volles mentales Potenzial. Es ist wie die Verwandlung einer Raupe in einen Schmetterling. Ich bewundere das als mentale Metamorphose. Anders ausgedrückt: Es gibt Menschen, die updaten die Hardware zwischen ihren Ohren mit genialer Software.

• WELCHE UPDATES GIBT ES DENN FÜR DEN KOPF?

Bevor ich dir zwei einfache Mentaltechniken vorstelle, erkläre ich kurz, woran es bei vielen scheitert. Man bekommt gesagt: „Das musst du so machen!" Das verstärkt meist eine schon vorhandene Skepsis und führt zu Ablehnung. Zudem funktioniert es für den einen nicht wie für den anderen. Es sollten individuelle Erfolgswege gefunden werden.

Daher noch einmal der Hinweis: Die Inhalte sind keine starren Dogmen. Du sollst nichts übergestülpt bekommen. Es geht um Impulse und Denkanstöße. Nimm dir, was du brauchst. Mache es passend für dich. Im Anhang findest du übrigens die Impulse dieses Kapitels in der Checkliste: *Gewinnerdenken und mentale Stärke entwickeln* (s. S. 206).

CHECKLISTE GEWINNERDENKEN UND MENTALE STÄRKE

Beide nun folgenden Techniken erfahren weltweite Anerkennung und sind global verbreitet in der Anwendung. Sie nutzen die Wirkweise unseres menschlichen Gehirns und eigentlich benutzt du sie bereits. Nur nicht bewusst. Nur nicht gezielt in die Erfolgsrichtung gesteuert. Noch nicht.

VISUALISIEREN

Wir begeben uns ins Jahr 1954 und an die Seite des Mittelstreckenläufers Roger Bannister. Er nahm sich etwas vor, was zu jener Zeit als unmöglich galt: eine Meile in unter vier Minuten zu laufen. Für Sportwissenschaftler, Sportmediziner und Trainer lag hier die Grenze des menschlich Machbaren. Zahllose Läufer waren an dieser Marke gescheitert, doch Bannister trainierte, um den Weltrekord zu brechen.

Aus seinem Neurologiestudium wusste er um die Macht der Gedanken. Neben dem körperlichen Training führte er mentales Training, im Speziellen das sogenannte *Visualisieren*, durch. Am 06. Mai 1954 sprengte er die Grenzen mit der Weltrekordzeit von 3:59:04 Minuten.[20] Dieser Weltrekord ging als einer der berühmtesten in die Sportgeschichte ein. In diesem Zusammenhang spricht man vom *Roger-Bannister-Effekt*.

Denn nach seinem Rekord dauerte es nur 46 Tage, bis der zweite Läufer es schaffte. Noch im Jahr 1954 unterboten 37 Läufer die vier Minuten. Ein Jahr später 300 Läufer.

- **WIE WAR DAS MÖGLICH?**

Zu dieser Zeit gab es keine Revolution in den Trainingsmethoden beim Laufen. Der entscheidende Punkt lag auf mentaler Ebene. Dank Bannister hatten die übrigen Läufer den Beweis, dass es möglich war und konnten daran glauben.

- **WARUM HATTE BANNISTER DARAN GEGLAUBT?**

Er hatte sich seine eigenen Beweise durch das Visualisieren geschaffen.

- **WAS IST NUN DAS VISUALISIEREN?**
- **UND WIE GEHT ES?**

Das *Visualisieren* ist in der Sportwelt sehr beliebt und macht sich zunutze, dass unser Gehirn in Bildern arbeitet.[21] *Das sportliche Kopfkino* ist im Handball, Fußball, Tennis, Basketball, Ringen, Klettern, Bogenschießen und Bobfahren vertreten. In nahezu allen olympischen Sportarten visualisieren Athleten. Trainer können das auch. Ebenso Eltern, Lehrer und Unternehmer.

- **WAS VISUALISIEREN SIE DENN?**

Sie stellen sich zum Beispiel ihren Erfolg immer und immer wieder bildlich vor. Das können einzelne Erfolgsmomente bis hin zum großen Triumph sein oder auch eine sehr detaillierte Bewegungsvorstellung. Es gibt bedeutungsvolle wissenschaftliche Erkenntnisse zum Visualisieren. Der *Carpenter-Effekt* belegt eine ideomotorische Reaktion: Eine intensive Bewegungsvorstellung sendet bereits Nervenimpulse an die Muskulatur und zwar ähnlich stark, als würde man die Bewegung tatsächlich ausführen.

Die Erkenntnisse untermauern, dass mentales Training nahe an reales Training heranreicht. Wer beides praktiziert, erhöht seine Erfolgschancen signifikant. Dazu braucht es regelmäßige Wiederholung und für meisterhafte Resultate auch eine entsprechende Trainingsdauer. Bei einigen Spitzensportlern kann die mentale Vorstellung sogar so lange dauern wie die reale Trainingseinheit. Man visualisiert im gleichen Tempo wie die echte Handlung oder auch in Zeitlupe. Es gibt viele verschiedene Visualisierungstechniken und -szenarien.[22]

Du kannst eine perfekte Bewegungsfertigkeit visualisieren oder das Bewältigen schwieriger Situationen. Du kannst die Bilder aus verschiedenen Perspektiven entstehen lassen und bestimmten Perspektiven wird eine höhere Wirkung attestiert. Auf vieles davon möchte ich zum Starten gar nicht eingehen. Der erste Schritt ist, sich einfach in eine entspannte und ruhige Atmosphäre zu begeben und (vorzugsweise mit geschlossenen Augen) positive Bilder entstehen zu lassen.

Das kannst du zunächst eine Minute lang machen und dann den zeitlichen Umfang erhöhen. Die Gedanken werden mal abschweifen oder es wird dir komisch vorkommen. Das ist zu Beginn völlig normal. Wie bei körperlichem Training braucht es auch bei mentalem Training wiederholte

Übung. Das ist wie mit einem Pfad, der erst entsteht, wenn wir den Weg über eine Wiese immer wieder gehen.

So können wir einen mentalen Pfad anlegen, indem wir die gleichen Bilder und Gedanken immer wieder entstehen lassen. Die Neuronen werden feuern. Mit einem gewissen Trainingspensum entsteht eine (Denk-) Autobahn. Der Untrainierte visualisiert aus Versehen Pommes. Der Profi visualisiert aus Absicht seinen Erfolg.

Doch, Achtung! Der pure Optimismus hindert Menschen daran, ihre Ziele zu erreichen. Das hat die Psychologieprofessorin Gabrielle Oettingen etwa ein Vierteljahrhundert lang untersucht und räumt mit den platten Formulierungen der Ratgeberautoren auf.[23] *Wer positiv denkt, hat mehr Erfolg*, ist demnach nur ein Teil der funktionierenden Erfolgsstrategien.

Man sollte beim Visualisieren der Wunschvorstellung einen Schuss Realität beimischen. Die Forscherin nennt diese Verknüpfung zwischen Vision und Hindernissen *mentales Kontrastieren*. Auf Basis dieses Wunsch-Realitäts-Abgleichs entwickelte Oettingen die *WOOP-Methode*:

- **W**ish,
- **O**utcome,
- **O**bstacle und
- **P**lan.

Ich male mir einen Wunsch **(Wish)** aus, zu dem ich das bestmögliche Ergebnis **(Outcome)** visualisiere. Das entspricht einer *Erfolgsvisualisierung*, wie sie oft gelehrt wird. Das Idealszenario wird sich immer wieder vorgestellt. Nun folgt aber das schon angesprochene *Bewältigen schwieriger Situationen*. Du visualisierst ein Hindernis **(Obstacle)**, das deinem Erfolg im Weg steht und machst dir einen Wenn-dann-Plan nach der Formel: Wenn [Hindernis], dann werde ich . . . [Handlung, durch die das Hindernis überwunden wird].

Mit Sportteams stellen wir uns zum Beispiel bewusst das Idealszenario vor und was wir tun, wenn wir in Rückstand geraten oder der Schiedsrichter eine Fehlentscheidung zu unseren Ungunsten trifft oder sich ein Mitspieler verletzt, oder, oder, oder. Wir spielen die Hindernisse und unseren Plan, damit umzugehen, geistig immer wieder durch.

Treten diese Momente dann tatsächlich in der Realität auf, hat unser Gehirn einen Plan davon, was zu tun ist. Einen Plan, den es schon oft mental durchgegangen ist und deswegen auch real nun von uns um ein Vielfaches wahrscheinlicher ausgeführt werden kann. WOOP, WOOP!

Aus verschiedenen Visualisierungstechniken habe ich eine eigene abgeleitet, die für mich im Alltag gut funktioniert. Ich nenne diese Technik *PLuS-Visualisierung*: Problem, Lösung und Sieg. Zunächst visualisiere ich ein kleines bis großes Problem **(P)**. Dazu visualisiere ich passende Lösungen **(L)**. Das können einfache bis komplexe Lösungshandlungen und -szenarien sein. Die visualisierte Problemlösung führt zum dritten Teil dieser Technik, in dem ich mir den Erfolgsmoment, den Sieg **(S)**, mental vorstelle.

Die PLuS-Visualisierung ist von mir nicht empirisch untersucht. Sie basiert eher auf einem Mix verschiedener Quellen und langjährigen persönlichen Erfahrungen. Das möchte ich auch dir empfehlen. Die Forschung, Theorien und Modelle machen uns vieles verständlich. Kombiniert mit unseren eigenen Erfahrungen und Beispielen, wie denen von Roger Bannister, erkennen wir, was davon praxistauglich ist. So kannst du für dich mentale Werkzeuge herstellen, die eine lohnenswerte Wirkung erzeugen. Lege für eine hohe Wirkung auch Wert auf eine entspannte und ablenkungsarme Umgebung.

Studien legen nahe, dass die Smartphone-Location erheblichen Einfluss auf die kognitive Leistungsfähigkeit und das Stressempfinden hat. Mit dem Handy im Blickfeld werden automatisch Assoziationen geweckt, die ablenken und damit die geistige Performance reduzieren. Sogar Angst kann gemessen werden, wenn das Gerät vibriert, man aber nicht rangehen kann. Experten nennen das *FOMO* (Fear of Missing Out). Die Angst, etwas zu verpassen.

- **DENKEN WIR TATSÄCHLICH, DASS DUMME HANDLUNGEN SCHLAU SIND, NUR, WEIL DAS GERÄT SMARTPHONE HEISST?**

Immer mehr Menschen begreifen, dass unsere technisierte Lebensweise nicht nur Vorteile mit sich bringt, ja sogar schädlich, ungesund und damit ein Erfolgskiller sein kann. Doch scheinen auch sie wie gefangen in gesellschaftlich verbreiteten digitalen Denk- und Verhaltensmustern. Viele Menschen sagen über ihren digitalen Konsum und über den ihrer Kinder: „Das ist heutzutage halt so. Da kann man nichts machen."

- **IST DAS WIRKLICH WAHR?**
- **LIEGT UNSER VERHALTEN MIT DIGITALEN TECHNOLOGIEN WIRKLICH NICHT IN UNSEREM EINFLUSSBEREICH?**
- **MÜSSEN WIR UNS WIRKLICH RESIGNIERT DEM KONSUM UND DEN NEGATIVEN AUSWIRKUNGEN ERGEBEN?**
- **MÜSSEN WIR UNSERE MENTALE GESUNDHEIT OPFERN?**
- **MÜSSEN WIR ALLE HIRNDEGENERIERTE DISPLAY-ZOMBIES ODER SÜCHTIGE DIGITAL-JUNKIES SEIN?**

Entwickle dieses Erfolgsupdate für deinen Kopf also gleich richtig und lege das Smartphone klugerweise in einen anderen Raum. Das wird die Effektivität deiner Visualisierungstechnik (und anderer geistiger Anstrengungen) erheblich verbessern und zu mehr Erfolg führen. Besser als digitale Updates sind mentale Updates.

AFFIRMATIONEN

Eine weitere Mentaltechnik kennen wir unbewusst aus dem Alltag: *Affirmationen*. Hinter dieser Technik verbergen sich Glaubenssätze, die wiederholt aufgesagt werden. Der Untrainierte oder der Pessimist würde sich Dinge einreden wie: „Ich kann das nicht", „Ich bin ein Versager" oder: „Immer sind die anderen schuld."

Diese negativen Glaubenssätze sind in der Vergangenheit, oft in unserer Kindheit, geprägt worden. Dafür tragen wir keine Schuld. Es wurde uns (meistens ohne böse Absicht) von anderen und später uns selbst eingeredet. Als Erwachsene gehören diese Sätze wie selbstverständlich zu unseren Überzeugungen. Wir reden uns den Misserfolg förmlich selbst ein.

Das Problem: Unser Gehirn interessiert es nicht, ob das wahr ist. Es neigt nur dazu, stärker an das zu glauben, was wir häufiger wiederholen. Denn jeder Gedanke setzt eine bestimmte Kaskade an biochemischen Stoffen in unseren Organen frei, die bei jahrelanger Wiederholung eine bestimmte biochemische Signatur erzeugen, was zu einem vertrauten Grundzustand führt (z. B. *immer leicht niedergeschlagen oder immer etwas zuversichtlich zu sein*).[24]

Deswegen bringt ein positiver Gedanke gegen eine Armee aus negativen Gedanken auch auf Dauer nicht die Wende. So gewinnst du keine Gedankenschlacht. Das ist wie mit einer demokratischen Abstimmung. Wer gewinnt denn, wenn 1.000 Leute für A sind und 10 für B? Wenn du dir jahrelang gesagt hast, dass du nicht wertvoll und ein Versager bist, wird es schwierig, diese Einstellung mit nur 10-mal: „Ich werde erfolgreich sein", zu ändern. Da braucht es schon etwas mehr und auch aussagekräftigere Statements.

„Ich werde erfolgreich sein", ist eventuell auch zu oberflächlich und führt selten zu gezielten erfolgreichen Handlungen. Außerdem weiß unser Gehirn bei der Gegenwartsform eher, was zu tun ist: „Ich bin erfolgreich."

- **WIE SIEHT ES AUS MIT DIESEM GLAUBENSSATZ?**
- **IST DER ETWAS FÜR DICH?**

„Ich bin erfolgreich." Werden wir noch etwas wagemutiger: „Ich bin der Beste." Das funktioniert für manche Menschen ganz gut, aber bei Weitem nicht für alle.

Ein eher schüchterner und zurückhaltender Mensch kann sich nicht mit diesem Satz anfreunden. Er würde sogar das Gegenteil von dem bewirken, was man sich wünscht. Denn jedes Mal, wenn dieser Mensch sich sagt, er sei der Beste, hält er das für eine Lüge. Sein Unterbewusstsein wird das immer rückmelden. Dieser Mensch würde sich also antrainieren, sich für einen Lügner zu halten.

Der häufigste Grund, warum Menschen sagen, dass Affirmationen bei ihnen nicht wirken, ist folgender: Die Aussage ist nicht glaubwürdig für sie selbst. Deswegen ist mein wichtigster Tipp für dich: Suche dir Glaubenssätze, an die du auch glauben kannst. Wenn das nicht so ist, ist es nicht *dein* Glaubenssatz. Formuliere ihn um oder finde einen anderen. Viele meiner Schützlinge finden den hier viel wirksamer: „Ich gebe mein Bestes und bin deshalb erfolgreich." Das war auch eine meiner ersten, bewusst genutzten Affirmationen.

Oder gehe bis zum Erfinder der Affirmationen zurück. Der Apotheker Émile Coué sagte zu seinen Kunden: „Mit diesem Medikament werden Sie sicher ganz schnell gesund."[25] Seine Kunden wurden tatsächlich schneller gesund als die anderen. Er entwickelte die sogenannte *Autosuggestion*, eine Art automatisierte Selbstbeeinflussung. Die Patienten sollten jeden Morgen nach dem Aufstehen und jeden Abend vor dem Zubettgehen 20-mal laut zu sich sagen: „Es geht mir jeden Tag und in jeder Beziehung immer besser und besser."

Glaubenssätze verändern nicht nur Heilungsverläufe, sondern auch Lebensläufe. Das ist besonders der Fall, wenn neben häufiger Wiederholung die Mantras auch mit Gefühlen unterlegt sind. Affirmationen, die mit starken Emotionen verknüpft sind, wirken intensiver, wie Dr. Beate Guldenschuh-Fessler und Dr. Roman Fessler betonen: „Deshalb brennt sich zum Beispiel auch das Ausschimpfen eines Kindes stärker in sein Unterbewusstsein ein und wirkt sich negativer aus, wenn es dabei ein Gefühl der Scham oder Ohnmacht empfindet. Nutzen Sie diesen Effekt positiv, indem Sie sich Ihre Affirmation mit Begeisterung und Freude einpflanzen."[26]

Es ist ein gravierender Unterschied, ob eine Mutter ihrem Kind sagt: „Du kannst alles schaffen" oder: „Du bist das Schlimmste, was mir je passiert ist." Beim zweiten Beispiel zucke ich innerlich immer zusammen und weiß, dass es leider Menschen gibt, die das zu ihren Kindern sagen. Und zwar immer wieder. Das ist die Programmierung auf dissoziales Verhalten und lässt sich in der Kindheit vieler krimineller Karrieren finden, wenn man nur tief genug gräbt.

Andersherum werden aus Kindern, die man liebt, Erwachsene, die lieben. Glaubenssätze verändern Lebensläufe. Lasse nicht zu, dass negative Glaubenssätze deinen Erfolg sabotieren. Glaube lieber an den hier: „Glaubenssätze verändern Lebensläufe." Oder an den hier: „Gewinnen kann jeder Mensch lernen. Auch ich kann das."

Ich habe im Alter von 20 Jahren Powerpoint®-Präsentationen mit Glaubenssätzen erstellt und mir diese immer und immer wieder angeschaut. Sätze wie: „Ich glaube, dass Erfolg der natürliche Weg meiner Entwicklung ist", oder: „Die Lösung schwieriger Probleme gelingt mir, wenn ich mich darum bemühe", begleiteten mich viele Jahre und wurden zu einer Haltung. Ich ließ auch neue Sätze einfließen und lernte, was besser für mich funktionierte.

Auch im Rekordjahr machte ich mir vor der Saison Gedanken für neue, wirkungsvolle Mantras. „Ich werfe 10 Tore pro Spiel", war eins davon. Am Ende der Saison hatte ich einen Schnitt von 9,3 Toren pro Spiel. Ich hätte mir niemals zugetraut, einen ewigen Rekord aufzustellen. Daran hätte ich gar nicht glauben können.

Aber ich habe mir zugetraut, meinen Toreschnitt von 7,5 auf 10 zu erhöhen. Das war für mich in dem Jahr realistisch und glaubwürdig. Der Satz passte mit anderen gut zusammen, hat mich angespornt und steuerte durch häufige Wiederholung seinen Teil zu einem besonderen Ergebnis bei.

Je öfter man sich starke Glaubenssätze aufsagt, desto überzeugter wird man. Die Sängerin und Schauspielerin Selena Gomez brachte einmal dieses Statement: „Alle Leute, die mich fertigmachen wollen, inspirieren mich, besser zu werden."[27] Jeden Angriff wandelt man mit dieser Aussage in kraftvolle Energie um. Ein Glaubenssatz, der hervorragend als Affirmation taugt.

Glaubenssätze findet man überall. Auf Werbeplakaten, auf T-Shirts, in sozialen Medien. Hier findet man gleichermaßen erfolgsbringende wie erfolgskillende Statements. An dieser Stelle ist die moderne Technologie des Internets Fluch und Segen zugleich, können wir schließlich jederzeit auf schlechte und gute Sprüche zugreifen. Es gibt Sprüche an der Wand oder auf Postkarten.

Mein Bruder und ich hatten in unserem Zimmer als Jugendliche auch Postkarten mit Sprüchen an der Wand hängen. Einer davon war dieser hier: „Eigentlich will ich nur eins: alles." Für mich bedeutete das nicht *alles bekommen*. Das hätte vielleicht einen Hang zum unersättlichen Größenwahn genährt. Nein, für mich bedeutete das *alles erreichen, was ich mir vornehme*. Dieser Glaubenssatz an der Wand unterstützte die Einstellung, mit vollem Einsatz an meinen sportlichen Zielen zu arbeiten.

Diese Gedanken machte ich mir damals nicht aktiv. Es wirkte einfach. Im Unterbewusstsein. Der Spruch hing da mehrere Jahre. Er sickerte einfach ins Unterbewusstsein ein und beeinflusste mein Denken und Handeln. Meine Identität und meinen Erfolg.

> Tausche schlechte gegen gute Glaubenssätze aus. Denn das Unterbewusstsein nimmt auch negative Glaubenssätze auf und verwandelt sie in Überzeugungen. Tausche gute Glaubenssätze gegen noch bessere.

• WILLST DU EINE GUTE VERSION VON DIR ENTFALTEN ODER DIE BESTE?

Triff eine bewusste Entscheidung, was auf deiner Lieblingskaffeetasse steht, die du am häufigsten benutzt. Was da draufsteht, träufelt in dein Gehirn wie der Kaffee in deinen Mund. Triff eine bewusste Entscheidung einmal, wenn du dir die Tasse zulegst, profitiere langfristig unbewusst von der Wirkung.

Im weiteren Verlauf des Buchs werden noch einige Glaubenssätze, Mantras, Zitate oder Sprüche auftauchen, die du gerne nutzen kannst. Bei Bedarf formulierst du sie für dich individuell passend um. Die besten

Formulierungen sollte man nicht nur im Kopf denken, sondern auch aufschreiben. Dafür kann man auch digitale Möglichkeiten sinnvoll einsetzen (z. B. Powerpoint®, Affirmations-Apps).

Think it, then ink it. Denke es, dann schreibe es auf. Die Gedanken werden so viel klarer und ausgefeilter. Damit wird die Wirkung deutlich erhöht. Und wie nutzt man diese aufgeschriebenen Affirmationen nun im Alltag? Hier ist ein ganz einfach gehaltener Ablauf, der in jeden Alltag hineinpasst:

1. Sich vor den Spiegel stellen (wahlweise anderer Ort).
2. 10-20-mal hintereinander die Affirmation aussprechen.
3. (Mehrmals) täglich durchführen (z. B. morgens und abends).

Mit diesem Ablauf kannst du starten. Du kannst mit einer oder mehreren Affirmationen loslegen. Damit die Glaubenssätze in dein Unterbewusstsein einsickern, solltest du sie regelmäßig (am besten täglich) wiederholen. So ändern sich allmählich zunächst deine Denkgewohnheiten und dein Gefühlszustand, die deine Entscheidungen und Verhaltensweisen beeinflussen.

Viele erfolgreiche Menschen haben sich mit dieser Form der positiven Selbstbeeinflussung auf Erfolg programmiert. Sie haben ihrem Gehirn geholfen, einschränkende gegen entfesselnde Gedanken auszutauschen. Destruktive und selbstzerstörerische Denkmuster aus der Vergangenheit konnten mit dem Dreischritt *identifizieren, auflösen und durch positive Glaubenssätze ersetzen* aufgelöst und blockierte Potenziale freigesetzt werden (mehr zu dieser Technik im Anhang).

Es gibt sogar die Möglichkeit, den Glauben an diese Mentaltechnik zu steigern, indem man eine Affirmation dafür formuliert. Das funktioniert so: „Ich gestatte meinen Affirmationen, immer besser und besser zu wirken. Ich genieße es, durch mein Affirmationstraining jeden Tag besser zu werden, mich zu entwickeln und als Mensch zu wachsen."

Das mag übertrieben klingen, doch viele erfolglose Menschen reden sich tagtäglich das Gegenteil ein: „Das klappt doch alles sowieso nicht. Das hat noch nie funktioniert. Ich kann das nicht. Was ich auch mache, ich kann nichts ausrichten. Ich kann denken, was ich will, es bessert sich sowieso nichts." Sie reden sich mental eine Grenze ein, die faktisch gar nicht vorhanden ist. Im Kopf wird sie aber so real, dass persönliches Potenzial blockiert wird. Gewinnen geht anders.

MENTALES POTENZIAL VOLL ENTFALTEN

Im Bereich Gewinnerdenken liegen oft große ungenutzte Potenziale. Zum Ersten laden wir uns digitalen Müll auf die Festplatte in unserem Kopf. Wir finden es wichtig, dass unsere Geräte keine Cyberviren und Spam herunterladen. Sollte uns das bei unserem Gehirn nicht genauso wichtig sein? Wichtiger als digitale Updates sind mentale Updates. Wichtiger als digitale Netzwerke sind neuronale Netzwerke.

Das führt uns zum Zweiten: Mentales oder (sport-)psychologisches Training wird extrem vernachlässigt oder findet gar nicht statt. Man lernt Gewinnerdenken zudem oft nur durch glückliche Umstände. Durch positiv wertschätzende Eltern, durch Lehrer, die den positiven Pygmalion-Effekt nutzen, durch Mentoren, Coaches, Förderer, die ihre Erfolgsrezepte weitergeben. So können wir erfolgreicher im Sport, in der Schule oder im Beruf sein.

Mentaltechniken und Erfolgsstrategien tragen zu einer mentalen Gesundheit bei und geben auch Halt und Zuversicht in größten Krisenzeiten wie Naturkatastrophen oder Pandemien. Man kann in herausfordernden Zeiten mental wachsen.

Wir kommen alle mehr oder weniger unverschuldet in schwierige und stressige Situationen, mit denen wir am besten umgehen, wenn wir uns auf unseren Einflussbereich und unsere Stärken besinnen. Man muss dabei nicht einmal perfekt sein, darf einmal was zum *Kotzen* finden oder auch einmal einen schlechten Tag haben.

Negative Gedanken wird es immer geben und das ist auch in Ordnung. Doch du musst dich nicht dauerhaft runterziehen, das macht schon die Schwerkraft. Dein Job ist, darauf zu vertrauen, was in dir steckt. Gravitation hält dich am Boden. Mit mentaler Stärke fliegst du aufs nächste Erfolgslevel.

- **WILLST DU WIE DIE RAUPE KRIECHEN ODER WIE DER SCHMETTERLING FLIEGEN?**

Mache dich bereit für deine mentale Metamorphose. Überlasse diese Entwicklung nicht (un-)glücklichen Umständen. Begib dich gezielt auf die Suche nach Menschen und Möglichkeiten, um mentale Stärke zu deiner Stärke zu machen. Bringe dich in einen Zustand, in dem Flow möglich wird.

Handwerklich gesprochen: Deine Verliererversion hat mental eine Schraube locker. Deine Gewinnerversion hat mentale Werkzeuge. Deine beste Version hat einen ganzen mentalen Werkzeugkoffer. Mit anderen Worten: Um ein Gewinner zu werden oder zu sein, ist das Gewinnerdenken fundamental. Das sagen Wissenschaftler, Praktiker und Apotheker. Denn Gewinner entstehen im Gehirn.

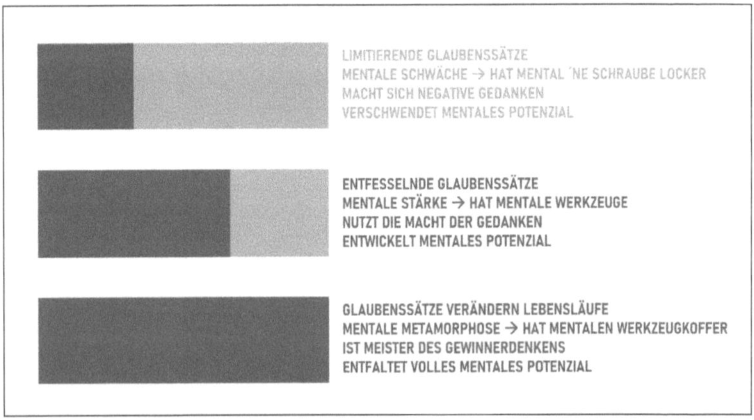

Erfolgsupdate Mentale Stärke

KAPITEL 6

ERFOLGSUPDATE KÖRPERSPRACHE – DIE GEHEIMNISSE DER NONVERBALEN KOMMUNIKATION NUTZEN

Schauen wir auf den nächsten wichtigen Erfolgsfaktor: *Kommunikation.* Das menschliche Miteinander, die Interaktion, ist oft ausschlaggebend für Erfolg oder Misserfolg. Wir blicken in diesem Kapitel etwas auf die verbale, doch hauptsächlich auf die *nonverbale* Kommunikation, denn: Etwa 60 Prozent aller menschlichen Kommunikation ist Körpersprache. 30 Prozent macht der Tonfall aus. Das bedeutet also, dass 90 Prozent von dem, was du sagst, nicht aus deinem Mund kommt.[28]

Unsere Körpersprache ist für viele Menschen ein großes Geheimnis. Wir haben oft nur eine unbewusste oder diffuse Vorstellung davon. Wir erkennen sehr schnell, ob uns jemand wohlgesonnen ist oder uns verachtet. Dazu muss nicht einmal ein Wort gesprochen werden. Wir lesen es an der Körpersprache ab. Es fällt schwer, alles präzise zu deuten. Unbewusst nehmen wir gewisse Nuancen jedoch wahr. Und das sogar schneller als ein Düsenjet.

Die ersten 150 Millisekunden bis 90 Sekunden entscheiden über unseren berühmten *ersten Eindruck*. Unsere Sympathie oder Antipathie für den Gegenüber können wir manchmal gar nicht in Worte fassen und sie hängt weniger von der verbalen Kommunikation ab als von der nonverbalen. Man kann diese Geheimnisse der Körpersprache nutzen, Gestik und Mimik entschlüsseln und selbst auf Erfolg versprechende Körpersprache achten.

Achten sollten wir vor allem auf unseren Gesprächspartner. Viele denken bei Kommunikation daran, was sie selbst sagen. Doch es geht auch ums Zuhören. Und auch das wird leider vielfach falsch angegangen. Es wird einem ins Wort gefallen und gesagt, was derjenige gar nicht hören will. Dabei hätte man das an der Körpersprache erkennen können. Es wird auch leider zugehört, um zu antworten und nicht, um den anderen zu verstehen.

Ich höre, du hast aufgehört zu sprechen. Dann bin ich ja jetzt dran, um dir meine Meinung aufzudrängen. Eine Erfolg versprechende Haltung in der Kommunikation geht allerdings so: Wenn der andere sich verstanden fühlt, ist er offener für meine Sichtweise. So können wir eine bessere gemeinsame Sichtweise entwickeln. Erfolglose Menschen missachten das sträflich.

GESTÖRTE GESPRÄCHSGEWOHNHEITEN

Unsere Technologie hat zudem gestörte Gesprächs-Gewohnheiten hervorgebracht. Während die Vorteile, wie schnelle Erreichbarkeit und Informationsaustausch über die ganze Welt durch Telefone, Computer und Smartphones für alle klar auf der Hand liegen, werden die Nachteile und Gefahren oft gar nicht gesehen.

Man sieht dem anderen seltener ins Gesicht *(Face-to-Face)*. Vielmehr wird *Face-to-Display* kommuniziert: Einer schaut dem anderen ins Gesicht, während der auf sein Handy sieht. Und das nicht, während sich der andere auf der anderen Seite des Planeten befindet, sondern direkt gegenüber. Das führt zu einer abgelenkten Kommunikation. Das ist *abwesende* Anwesenheit. Die Körpersprache, Mimik und Gestik werden nicht wahrgenommen und darunter leidet massiv die Gesprächsqualität.

Die erste Form der Kommunikation ist der Blickkontakt. Und der geht verloren. Der Abgelenkte denkt, er hat alles mitbekommen, doch das ist ein Trugschluss. Der andere fühlt sich verletzt, weil er noch nicht einmal mehr eines Blickes gewürdigt wird. Das Vertrauen sinkt. Bald schaut er auch nicht mehr auf den anderen und beide schauen während der Unterhaltung auf ihr Smartphone *(Display-to-Display)*. Abgelenkte Gespräche sind der kommunikative Erfolgskiller unseres digitalen Informationszeitalters.

Also: Angucken. Anlächeln. Bereits ein Lächeln kann viel bewirken. Es schafft vertrauensvolle Nähe, baut soziale Brücken und kann Antipathie sogar in Zustimmung verwandeln. Das bringt nicht nur etwas für die Verbindung zum Gegenüber. Lachen stärkt die Abwehrkräfte und ist gut für das Herz-Kreislauf-System. 20 Sekunden Lachen bedeuten sogar eine vergleichbare körperliche Anstrengung wie drei Minuten Rudern.[29]

Das alles und noch viel mehr hat die *Gelotologie*, die Wissenschaft des Lachens, herausgefunden. Auch, dass Lachen das Leben verlängern kann. Die Forscher Ernest Abel und Michael Kruger analysierten in einer Studie 230 Fotografien von Baseballspielern anhand von deren Gesichtsausdrücken.[30] Die Kategorie *kein Lächeln* lebte im Durchschnitt 72,9 Jahre. Die Kategorie *teilweises Lachen* brachte es auf 75,0 Jahre und die Kategorie *volles Lachen* kam auf 79,9 Jahre. Ich fasse es einmal grinsend zusammen: Ob du lachst oder nicht, kann einen Unterschied von etwa sieben Lebensjahren bedeuten!

Erfolgsmenschen kommunizieren *Face-to-Face* und ernten verlässliche und beziehungsstärkende Kommunikation. Das Fundament für gute Beziehungen, Teams und Kooperationen. Meistens sind sie auch Meister der Körpersprache. Die Körpersprache ist ein Mittel der Kommunikation. Unser Körper spricht. Nur nicht immer verbal. Manchmal wurde nicht ein Wort geredet und doch hat der Körper alles gesagt.

Nutzen wir die Körpersprache von Erfolgsmenschen für eine positive Gesprächsatmosphäre. Mit verschiedenen Kommunikationstechniken können wir das Vertrauen zwischen uns und unserem Gesprächspartner stärken.

!

Passe beim nächsten Gespräch einmal deine Haltung, Atemfrequenz, Gestik und Mimik dem Gesprächspartner an. Diese Technik stammt aus der Lehre des NLP (Neurolinguistische Programmierung). Man nennt sie *Pacing* oder *Spiegeln*. Du wirst sehen, die Kommunikation wird gleich viel geschmeidiger.

Monika Matschnig, Expertin für Körpersprache, Wirkung und Performance, rät dazu, synchrone Körpersprache zu üben. Man nährt sich so körpersprachlich dem Gegenüber an, was unwillkürlich sympathisch wirkt.[31]

Größe ist weniger eine Frage der Körperlänge, sondern mehr eine Frage der Körpersprache. Sie ist ein Instrument, mit dem selbst kleine Menschen groß wirken.

- **DOCH WIE GELINGT DAS?**

Setzen wir unser Gewinnerdenken ein, was natürlich auch mit Körpersprache zu tun hat. Beides beeinflusst sich gegenseitig. Visualisiere doch einmal Menschen mit guter Körpersprache. Das kann vieles sein, deswegen etwas konkreter: einen selbstbewussten Sportler. Fliege geistig zu deiner Lieblingssportart oder zu deinem Lieblingssportler.

- **WELCHE AUSSTRAHLUNG HAT DIE PERSON?**
- **WIE IST DIE KÖRPERHALTUNG?**
- **WAS ZEIGT SICH IN DER MIMIK UND GESTIK?**

Nimm dir etwas Zeit und lasse die Bilder entstehen. Danach liest du weiter.

Du hast nun an einen oder mehrere Sportler gedacht. Bestimmt hast du Jubelposen gesehen oder Gewinnergesten wie die geballte Faust, Daumen hoch, Gewinnerlächeln oder ein Augenzwinkern. Sie alle haben sich das angewöhnt. Und ein Stück weit ist es auch in uns angelegt. Denn selbst der Sieger eines Laufwettkampfs für blinde Menschen reckt die Arme in die Höhe. Er weiß, dass dies die richtige Körpersprache ist, obwohl er sie noch nie gesehen hat. Wenn wir gewinnen, uns stark und selbstbewusst fühlen, machen wir uns groß.

Experten raten dazu, sich so groß zu machen, wie man geschaffen ist.[32] Das ist nicht nur eine anatomisch gesunde Haltung, sondern auch eine, die selbstbewusst wirkt. Auf sich selbst und andere. Wer sich kleiner macht, wirkt unsicher. Sich größer zu machen, als man ist, kann hochnäsig wirken. Genau das tut man dabei meistens auch. Kinn und Nase wandern nach oben.

Eine kleine praktische Übung hilft, das richtige Maß zu treffen. Du stellst dich aufrecht hin, die Schultern etwas zurücknehmen. Jetzt gehst du geradeaus mit dem Blick auf Augenhöhe gerichtet und als ob ein Marionettenspieler dich an deinem Kopf zwei Millimeter nach oben zieht. Probiere es jetzt sofort einmal aus. Die meisten Menschen spüren, dass dies ein selbstbewusster Gang ist. Mache dich so groß, wie du geschaffen bist.

POWER POSING

- **WENN WIR UNS STARK FÜHLEN, MACHEN WIR UNS GROSS.**
- **ABER GEHT DAS AUCH ANDERSHERUM?**
- **KÖNNEN WIR UNS AUCH GROSS MACHEN UND UNS DADURCH STARK FÜHLEN?**

Laut Harvard-Professorin und Sozialwissenschaftlerin Amy Cuddy und ihrem Forschungsteam funktioniert das. In einer Studie zum *Power Posing* wurden die Teilnehmer gebeten, für zwei Minuten bestimmte Körperhaltungen einzunehmen.[33]

Eine Gruppe machte *High-Power-Posen* (dominante und selbstbewusste Posen; z. B. Superheldenpose: sich schulterbereit hinstellen, die Hände in die Hüften gestemmt, der Blick geht geradeaus).

Die andere Gruppe machte *Low-Power-Posen* (unterwürfige und unsichere Posen; z. B. die Beine überkreuzen, sich mit der Hand schützend an den Hals fassen, den Blick senken).

Vorher und nachher wurde eine Speichelprobe entnommen und hier ist, was herauskam: Die High-Power-Leute zeigten eine erhöhte Testosteronkonzentration. Testosteron ist unser Dominanzhormon. Damit fühlen wir uns stärker, selbstbewusster, dominanter. Bei den Low-Power-Leuten sank der Testosteronspiegel.

Es gab auch signifikante Unterschiede beim Hormon Cortisol. Das ist unser Stresshormon. Bei den High-Power-Leuten sank der Cortisolspiegel, während er bei den Low-Power-Leuten stieg. Alles nach nur zwei Minuten! Also kurz zusammengefasst: Ich stelle mich zwei Minuten in Superman- oder Wonderwoman-Pose hin, fühle mich dann stärker und bin gleichzeitig weniger gestresst.

- **WIE GEIL IST DAS DENN?**
- **WIE WENDET MAN DAS JETZT IN DER REALEN WELT AN?**
- **WENN DAS IM LABOR FUNKTIONIERT, IST DAS JA SCHÖN UND GUT, ABER KANN MAN AUCH EINEN NUTZEN IM ALLTAG DARAUS ZIEHEN?**

Eine Frage, mit der sich auch Cuddys Team beschäftigte.

Die Forscher entschieden sich, die Erkenntnisse in Vorstellungsgesprächen anzuwenden. Für ein Jobangebot sollten die Bewerber vor dem Gespräch High- oder Low-Power-Posen durchführen. Im Vorstellungsgespräch erwartete sie anschließend folgendes Setting: Der Bewerber sitzt vor einer Jury und wird per Video aufgezeichnet. Die Jury bewertet den Bewerber, aber gibt während des Gesprächs kein nonverbales Feedback. Weder positive noch negative Gestik und Mimik. Neutrale Gesichtszüge.

Das ist eine sehr stressbehaftete Situation. Das treibt das Cortisollevel richtig nach oben. Leute hassen das. Denn man erwartet eine positive oder negative Reaktion. Bleibt beides gänzlich aus, fühlt man sich, als würde man mit toten Blicken bei lebendigem Leib aufgespießt.

Nach dem Vorstellungsgespräch schaute sich die Jury die Videoaufzeichnungen an. Sie hatten keine Ahnung, wer vorher welche Posen gemacht hatte. Als es zur Entscheidung kam, wen sie für das Unternehmen einstellen wollten, wurde es eindeutig. Sie wählten die High-Power-Kandidaten aus.

Grundlegend war gar nicht so sehr, was sie genau gesagt hatten, sondern ihre Präsenz, ihre Ausstrahlung. Sie wirkten selbstbewusst, passioniert, fesselnd. Dahinter verblassten Faktoren wie Kompetenz, Struktur des Vortrags oder Qualifikationen des Bewerbers. Die Ausgewählten wirkten authentisch und brachten ihr wahres Ich zum Vorschein. Deswegen fiel die Entscheidung auf sie. Die körpersprachliche Präsenz hatte das Beste in ihnen für die Jury sichtbar gemacht.

Man sollte sich nun nicht in ein Vorstellungsgespräch begeben, die Füße auf den Tisch legen und die Arme ausstrecken, als wäre man soeben Weltmeister geworden. So sind die Ergebnisse nicht zu deuten. Es geht bei Körpersprache nicht nur darum, wie wir auf andere wirken bzw. ihre Meinung über uns beeinflusst wird. Bei Power Posing geht es vielmehr darum, wie man zu sich selbst spricht.

Mache *vor* einer stressigen Situation zwei Minuten Power Posing. Im Bad am Morgen, im Aufzug vor einem wichtigen Gespräch, in der Umkleidekabine vor einem sportlichen Wettkampf, vor einer Prüfung oder vor einem bedeutsamen Meeting. Du denkst besser über dich und fühlst dich besser. Selbstbewusster und weniger stressanfällig. Mehr Testosteron, weniger Cortisol. Unser Körper ändert unsere Gedanken. Unsere Gedanken ändern unser Verhalten. Unser Verhalten ändert unsere Ergebnisse.

Erinnerst du dich an den Zusammenhang von Gedanken und Gefühlen in Kap. 5? Gedanken lösen ein dazu passendes Gefühl aus. Das Gefühl erzeugt wiederum passende Gedanken dazu. Mit Körpersprache verhält es sich genauso. Eine Körperhaltung erzeugt passende Gedanken und Gefühle. Gedanken und Gefühle erzeugen dazu eine passende Körperhaltung.

Sitzt jemand längere Zeit in gebeugter Haltung, wirkt das also negativ auf Selbstvertrauen und Stressempfinden. Wir reden hier von einer Haltung, die viele Menschen ganz unbewusst einnehmen, während sie auf ihr Smartphone starren. Folgen: Handy-Nacken (Nackenschmerzen) und die Körpersprache eines Verlierers.

Wir signalisieren unserem Gehirn durch diese Körperhaltung: *Hey, ich bin schlecht drauf.* So ist diese technologische Entwicklung kein Erfolgsupdate für uns. Gewinner trainieren und steuern deswegen bewusst ihre Körpersprache.

Ich beschloss, diese Erkenntnisse praktisch für ein Handballteam zu nutzen, welches ich coachte. In einer Mannschaftsbesprechung berichtete ich den circa 16-Jährigen von bahnbrechenden Forschungsergebnissen im Bereich Körpersprache. Die Athleten probierten Power Posing aus. Vor einem Spiel gegen einen weitaus stärkeren Gegner bauten wir Cuddys Superheldenpose (Wonderwoman/Superman) in die Ansprache vor dem Aufwärmen ein.

Ich sagte ihnen, wenn sie in dieser Superman-Pose alle versammelt vor mir stünden, hätte ich den Eindruck, als würde ich nicht Jugendliche coachen, sondern Männer. Meine Spieler hatten bereits bei der Erwärmung eine viel bessere Körpersprache. Mit breiter Brust traten sie auch im Wettkampf auf. Dominante Ausstrahlung, Entschlossenheit in Abwehr- und Angriffsaktionen, selbstbewusste Würfe und glaubwürdige Gewinnergesten.

Zur Halbzeit führten wir gegen den haushohen Favoriten mit 10 Toren. Das ist in meiner Sportart Handball sehr viel. Die Spieler haben sich nach dem Spiel so stark und breit gefühlt, dass einige nicht mehr durch die Tür passten.

Andere Studien konnten die hormonellen Effekte von Power Posing nicht bestätigen. Doch Cuddy hält an der Wirksamkeit ihrer Ergebnisse fest. Was ist jetzt wahr? Zunächst einmal: Ja, Körpersprache hat eine mächtige Wirkung. Auch aus der Psychologieforschung wissen wir zum Beispiel, dass eine erwünschte psychische Verfassung mit *Embodiment* (Verkörperung) erreicht werden kann.[34] Ob jetzt nach zwei Minuten hormonelle Veränderungen feststellbar sind oder nicht, manche Dinge können wir in der Forschung noch nicht erklären, sie funktionieren aber in der Praxis.

Im Buch *Mentaltraining für Sportler* schreiben die Autorinnen Alexandra Albert und Dr. Susanne Droste: „So ist es einem an Depression erkrankten Menschen beispielsweise kaum möglich, breitbeinig mit ausgestreckten Armen aufrecht zu stehen wie ein Bergsteiger, der seinen Gipfelerfolg feiert. Depressive berichten häufig von einer Schwere in Armen und Beinen, sie verlassen oft nicht das Bett und fühlen sich gelähmt oder verlangsamt. Selbst ohne an einer Depression zu leiden, nehmen viele Menschen bereits bei Stimmungstiefs ähnliche Körperaktionen wahr. Werden wir in solchen Momenten von außen eingeladen, die Körperhaltung zu verändern – zum Beispiel den Kopf zu heben und nach oben zu schauen und dabei die Hände entspannt in der Taille abzustützen –, und für wenige Minuten so stehen zu bleiben, nehmen die meisten eine Veränderung der eigenen Stimmung durch diese ‚Powerpose' wahr."[35]

Bei allen Handballteams, mit denen ich zum Thema Power Posing gearbeitet habe, traten positive Effekte ein. Athleten und Coaches berichten mir immer wieder über die Stärkung des Selbstbewusstseins, Ausstrahlung einer Siegermentalität und messbar positivere Wettkampfergebnisse. Mit anderen Worten: Mit Power Posing fühlt man sich mehr wie ein Gewinner, spielt mehr wie ein Gewinner und gewinnt auch tatsächlich häufiger.

Ich habe die Kritik an Power Posing in Vorträgen oft weggelassen, denn das hätte eventuell zu viele Zweifel gesät. Das ist zwar vielleicht nicht die vollständige Geschichte, aber erzielt durch den Glauben an Power Posing eine positivere Wirkung. Entscheidend ist nicht, was im Labor erklärt werden kann, sondern dass es in der Praxis funktioniert.

Daher empfehle ich Coaches von Sportteams für die Praxis: Vermittle deinen Spielern die Vorteile von Power Posing und lasse die Kritik an dem Konzept zunächst weg. Wir vermitteln ja auch nicht einen Spielzug und wollen das Vertrauen in den Spielzug erhöhen, indem wir seine Schwächen hervorheben. Sollte jemand auf die Kritik stoßen, versichere der Person, dass es in der Praxis funktioniert. Wir messen im Wettkampf auch nicht die Hormone, sondern die Tore oder Punkte.

100 Prozent meiner Rückmeldungen bestätigen, dass Power Posing einen Einfluss darauf nimmt. Es hat sogar positive Auswirkungen auf die Motivation und Willenskraft, das Erfolgsupdate, mit dem wir uns im nächsten Kapitel befassen werden. Wenn ich beim Einsatz von Power Posing etwas bereue, dann, dass ich es nicht noch viel häufiger genutzt habe.

TRAINING DER KÖRPERSPRACHE

Mittlerweile kombiniere ich im Alltag meine drei Lieblings-*GPs*. GP hat hier nichts mit einem Formel-1-Grand-Prix zu tun und auch nicht mit dem europäischen Musikevent. Mit GP meine ich die drei Gewinnerposen Gewinnerlächeln, Superheldenpose (bei Cuddy *Wonderwoman* beziehungsweise *Superman*) und eine Jubel-/Siegerpose (die Arme seitlich oder nach oben ausstrecken). Das kannst du täglich in Sequenzen von 1-2 Minuten überall und jederzeit als Training einbauen.

Gewinner trainieren und steuern bewusst ihre Körpersprache. Als Anfänger fühlt sich das eventuell fremd an und als gaukele man sich alles nur vor. Experten und die praktischen Erfahrungen zeigen jedoch, dass wir dieses Gefühl schnell überwinden. *Fake it till you make it* (täusche es vor, bis du es schaffst), wird daher empfohlen.

Wenn du dieses Verhalten häufig genug wiederholst, entwickelst du dein Wunsch-Ich. Deine selbstbewusste Erfolgsversion. In deinem Gehirn bewirkt dieses Update, dass zur Körpersprache unzählige neuronale Netzwerke angelegt werden. Die Körpersprache eines Gewinners wird irgendwann zu einem Teil deiner Identität. Vom Beginner zum Gewinner. Mit den Worten von Amy Cuddy: „Fake it till you become it" (täusche es vor, bis du es wirst).

Auch wenn Power Posing ein beeindruckendes Instrument darstellt, ist Körpersprache viel facettenreicher als nur das. Wir beherrschen über 1.000 Körperhaltungen, 5.000 Handgesten und über 250.000 Gesichtsausdrücke.[36] Man sollte nie nur ein körperliches Signal isoliert betrachten und dadurch aufs Ganze schließen.

Zum Beispiel wird das bekannte *Arme vor dem Körper verschränken* oft als ablehnende Haltung fehlgedeutet. Sie können auch bedeuten: *Ich habe im Moment nichts zu sagen, bin aber durchaus bereit, dir zuzuhören.* In manchen Situationen verschränkt man die Arme wegen Kälte oder es ist einfach eine bequeme Haltung, anstatt die Arme baumeln zu lassen.

Das Nonverbale ist immer kontextbezogen. Selbst die Beobachtung von Mikroexpressionen in der Verbrechensaufklärung, die einen fast nicht erkennbaren Ausdruck von Verachtung oder Wut offenbaren, sollten nicht isoliert betrachtet und interpretiert werden. Einzelne Signale sind nämlich nicht immer eindeutig.

Es ist ein Mythos, dass Körpersprache immer absolut deutbar ist oder Lügner sich immer über Körpersprache verraten. Was man jedoch sagen kann, ist, dass Körpersprache beeinflusst. Und zwar immer.[37] Alles, was wir wahrnehmen, beeinflusst uns.

Wie sehr das der Fall ist, bemerken wir oft nicht, weil die meisten Reize im Unterbewusstsein hängen bleiben. Aber, ob bewusst oder unbewusst, Körpersprache kann niemals eine Reaktion in uns hervorrufen, die völlig unserer Persönlichkeit oder aktuellen Verfassung widerspricht.

Wenn man angelächelt wird, beeinflusst das. Die Reaktion darauf ist persönlichkeits- und situationsabhängig. Wir könnten freudig zurücklächeln oder denken: *Was glotzt die Person so?* Wir können nur in eine Richtung beeinflusst werden, zu der wir ohnehin tendieren würden.

Wir könnten noch breiter auf Körpersprache schauen und auf verschiedene Typen zu sprechen kommen (z. B. gefühlsbetonter Typ, dominanter Typ, balanceorientierter Typ). Und uns fragen:

- **BEOBACHTE ICH DA SPONTANE (PRIMÄRE), SITUATIONSBEDINGTE (SEKUNDÄRE) ODER KULTURBEDINGTE (TERTIÄRE) KÖRPERSPRACHE?**[38]

Das würde sicherlich den Rahmen dieses Buchs sprengen, aber ich kann nur empfehlen, sich intensiv mit Körpersprache zu beschäftigen. Nutze im Anhang die Checkliste: *Körpersprache – Kompetenzen verbessern* (s. S. 206).

CHECKLISTE KÖRPERSPRACHE – KOMPETENZEN VERBESSERN

Körpersprache ist ein großer Erfolgsfaktor, den viele Menschen nicht bewusst auf dem Radar haben. Eins soll aber nicht unerwähnt bleiben: Es gibt durchaus Unterschiede in der weiblichen und männlichen Körpersprache.[39]

Frauen nutzen mehr mimische Signale, die Gestik von Männern ist oft ausladender. Frauen lachen über alle Kulturen hinweg häufiger, Männer haben den festeren Händedruck. Frauen strahlen mehr Ruhe und Kompromissbereitschaft aus. Männer wollen mit dem Einnehmen von dominanten Körperhaltungen selbstsicher wirken. Das gelingt uns nicht immer und wir sind zu verkrampft, um dabei stark zu wirken.

Lachen wir vielleicht deswegen weniger?! Ein Mann klimpert nicht mit den Augen, darf aber etwas breitbeiniger dasitzen. Von Frauen wird auf einer Geschäftsreise jeden Tag ein neues Outfit erwartet, bei den Männern reicht eins.

Einige dieser Aussagen können ein sensibles Reizthema sein. Nicht selten bestehen hier Ansatzpunkte für Diskriminierung und geschlechtsbezogene Sticheleien.

- **WAS DARF ALSO, GESELLSCHAFTLICH GESEHEN, WELCHES GESCHLECHT IN BEZUG AUF KÖRPERSPRACHE TUN?**
- **WOGEGEN SOLLTE MAN SICH WEHREN?**
- **WOBEI ANPASSEN?**

Nehmen wir beispielsweise männlich-animalisches Dominanzgehabe. Ich finde, Frauen müssen das nicht nachahmen. Frauen können anders Dominanz ausstrahlen. Sie müssen nicht die Männer *nachäffen*. Oder wie Coco Chanel es treffend ausdrückt: *Trying to be a man is a waste of a woman* (versuchen, wie ein Mann zu sein, ist die Verschwendung einer Frau).[40]

- **GEHT ES HEUTE NICHT VIELLEICHT AUCH DARUM, DIE GESCHLECHTERBEZOGENEN UND GESELLSCHAFTLICHEN NORMEN HINTER UNS ZU LASSEN?**

Du solltest ohnehin nicht zwanghaft so sein wie jemand anders. Noch wichtiger als der Gesellschafts- und Geschlechterbezug ist der persönliche Bezug. Anders ausgedrückt: Die Körpersprache ist für dich persönlich richtig, wenn sie sich gut anfühlt.

KEIN MYSTERIUM MEHR: DIE GEHEIMNISSE DER KÖRPERSPRACHE

Sei in jedem Fall Frau oder Herr deiner Körpersprache. Sie muss spätestens ab jetzt kein großes Mysterium mehr für dich sein. Mache dir bewusst, was und wen du damit bewegen kannst.

Erfolgreiche Persönlichkeiten nutzen die Geheimnisse der Körpersprache. Das gilt für Menschen jeder Körperlänge. Persönlichkeitswachstum schlägt immer Körperlängenwachstum. Um Längen. Ob beim Sport, Flirten, Vorstellungsgespräch oder bei der Gehaltsverhandlung: Deine beste Version macht dich groß in allen Lebensbereichen. Ein Update deiner Körpersprache wird deine Kommunikationsqualität und damit deinen Erfolg erheblich steigern.

Körpersprache stärkt jedem gesprochenen Wort den Rücken. Nutze Power Posing, um dich selbst positiv zu beeinflussen. Mache täglich kleine GP-Trainingssequenzen. Schaue deinem Gesprächspartner ins Gesicht und nicht aufs Display. Und setze dein Gewinnerlächeln auf.

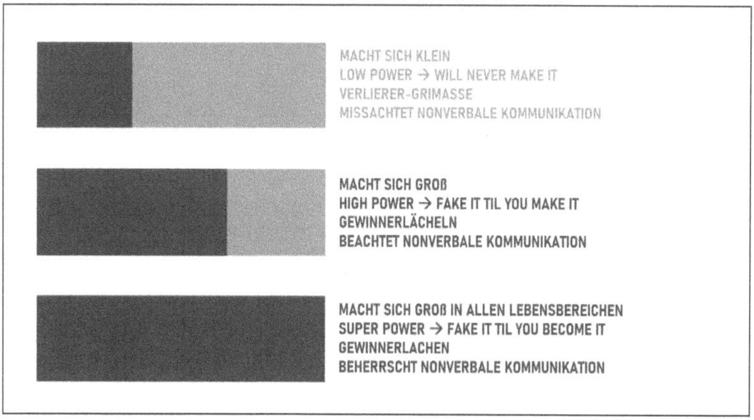

Erfolgsupdate Körpersprache

KAPITEL 7

ERFOLGSUPDATE MOTIVATION UND WILLENSKRAFT – DER ANTRIEB DER ERFOLGREICHEN

Ein junger Mann will ein Gewinner werden und sucht einen Guru auf, der ihm beibringen soll, wie das geht. Er fragt den weisen Mann: „Ich will auf das gleiche Level wie du kommen. Wie mache ich das?" Der weise Mann antwortet: „Wenn du das wirklich wissen willst, treffen wir uns morgen früh um 4:00 Uhr am Strand."

Der junge Mann erwidert: „Ich will nicht am Strand baden gehen. Ich will erfolgreich werden und eine Menge Geld verdienen." Daraufhin wiederholt der Guru: „Wenn du das willst, treffen wir uns morgen um 4:00 Uhr." Am nächsten Tag kommt der junge Mann wie verabredet zum Strand. Der weise Mann fragt ihn: „Wie *unbedingt* willst du erfolgreich sein?" „Sehr erfolgreich", entgegnet er, „unbedingt." Der Alte sagt ihm, er solle mit ihm ins Wasser gehen. Als sie etwa hüfthoch im Wasser stehen, sagt der alte zu dem jungen Mann: „Komm, wir gehen noch ein bisschen weiter." Der junge Mann denkt sich: *Der Kerl ist verrückt.*

Ungläubig platzt es aus ihm heraus: „Ich wollte nicht baden gehen und auch kein Rettungsschwimmer werden. Ich will ein Gewinner sein, Geld verdienen, erfolgreich werden." Sie gehen weiter, bis ihnen das Wasser bis zum Hals steht. Der junge Mann fragt sich, was das alles soll und kehrt verärgert um. Der Guru ruft: „Du willst wirklich ein Gewinner sein? Du willst unbedingt erfolgreich sein? Dann komme her."

Als sie wieder beieinanderstehen, packt der Guru den jungen Mann am Nacken und drückt ihn unter Wasser. Dieser schlägt verzweifelt mit den Armen um sich und will sich losreißen. Doch der Alte hat ihn und drückt ihn weiter unter Wasser. Kurz bevor dem jungen Mann die Luft komplett ausgeht, zieht der Guru ihn wieder hoch.

Er sagt: „Ich habe eine Frage für dich: Was wolltest du eben unter Wasser unbedingt?" Völlig erschöpft und mit Panik in den Augen sagt der fast Ertrunkene: „Ich wollte atmen, ich will leben!" Der weise Mann antwortet: „Wenn du so unbedingt erfolgreich sein willst, wie du atmen willst, dann wirst du erfolgreich sein!"

DIE ERFOLGLOSEN WOLLEN NUR IRGENDWIE

Diese Geschichte, inspiriert vom *Motivational Speaker* Dr. Eric Thomas[41], bringt auf den Punkt, dass Motivation und Willenskraft entscheidende Erfolgsfaktoren sind. Jeder Mensch will erfolgreich sein, aber die meisten Menschen wollen es nur *irgendwie*. Erfolgsmenschen wollen *unbedingt* erfolgreich sein.

Wir alle können uns vom großen Ziel ablenken lassen, wenn dem etwas Unterhaltsames zuvorkommt. Eine Party, eine Serie im TV, ein Videospiel. Gewinner wollen unbedingt gewinnen. Für sie kommen die belanglosen Sachen einfach nicht dazwischen. Sie existieren für sie gar nicht. Wenn du unter Wasser bist, interessiert dich keine Party, kein Film und auch kein Gaming. Alles, was du willst, ist ein bisschen frische Luft. Sonst nichts.

Wenn du so unbedingt ein Gewinner sein willst, wie du atmen willst, wirst du ein Gewinner sein. Du bist bereit, alles zu tun, was es erfordert. So entsteht eine außergewöhnliche Leistungsfähigkeit. Das Fundament, um seine Erfolgschancen extrem zu erhöhen.

Die Leistungsfähigkeit wird oft als gegeben missverstanden. Viele Leute glauben auch heute noch an den Talentmythos: Man hat Talent oder eben nicht. Das stimmt nur insoweit, dass jeder Mensch eine individuelle Portion Potenzial beziehungsweise Talent genetisch mitbekommen hat. Das kann mehr oder weniger sein. Doch dieses Talent ist entwickelbar. Die genaue Menge an gegebenem Talent wird in seiner Wichtigkeit maßlos überschätzt. Viel wichtiger ist der Einsatz. Fleiß. Begeisterung. Ausdauer. Durchhaltevermögen. Motivation. Willenskraft.

Das Potenzial ist begrenzt. Mit Einsatz können wir trotzdem besser werden als die *Naturtalente*, wie das nachfolgende Schaubild zeigt.

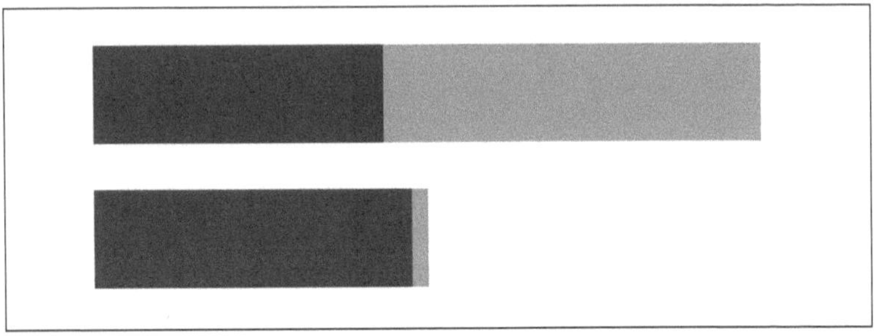

Einsatz schlägt Talent.

Beide Balken stehen für das gesamte Talent einer Person. Person A (oben) hat deutlich mehr Talent als Person B (unten). Person A steht sinnbildlich für alle die Naturtalente, die man schon in jungen Jahren als solche erkennt. Einser-Schüler und Sportskanonen, denen einfach alles zufliegt. Ihnen fällt alles in einem Bereich (oder in mehreren Bereichen) leichter als anderen. Sie verzaubern uns mit Topnoten oder ausgezeichneten Bewegungsausführungen.

Nun ist es aber auch bekannt, dass Genies und Wunderkinder auf der Strecke bleiben können. Viele von ihnen sind Jahre später doch nicht Weltklasse geworden. Das kann viele Gründe haben. Einer davon kommt häufiger vor: Sie haben ihr Talent verschwendet. Sie wollten nur *irgendwie* erfolgreich sein.

Sie wurden irgendwann von Leuten überholt, die fleißiger waren. Leute, denen es nicht so leicht gefallen ist oder die vorher nicht erkannt wurden, weil sie noch keine bemerkenswerten Ergebnisse abgeliefert haben. Durch jahrelangen Einsatz hat Person B, der fleißige Arbeiter, weit mehr aus seinem Talent gemacht.

Und im Vergleich zum – sind wir mal provokant – *faulen* Talent ist Person B nun einfach ein bisschen besser. Es geht schlicht und einfach um den aufgewendeten Einsatz. Talent ist sicherlich wichtig, aber Einsatz wiegt doppelt.

Die Bestsellerautorin Angela Duckworth sieht das genauso. Im Vergleich mit vielen anderen Faktoren, wie Schulabschluss, Intelligenz, Herkunft, soziale Schicht oder auch Talent, setzt sich ein Faktor mit meilenweitem Vorsprung durch. Die anderen verblassen sogar dagegen bis zur Bedeutungslosigkeit. Dieser Erfolgsfaktor heißt *Grit*.[42]

Das bedeutet übersetzt so viel wie *Biss*. Es ist das Zusammenspiel von Begeisterung und Ausdauer. Das Zusammenspiel von Motivation und Willenskraft. Dies ist der Antrieb der Erfolgreichen. Für nachhaltigen Erfolg braucht es nämlich beides, um den Einsatz aufzubringen, den es erfordert. Schauen wir uns also einmal genau an, womit wir es bei Motivation und Willenskraft zu tun haben.

MOTIVATION

Motivation ist eine großartige Sache. *Motivation* kommt vom lateinischen Wort *movere* (Bewegung). Motivation bringt dich also in Bewegung. Sie erzeugt Leidenschaft und Begeisterung für deine Wünsche und Ziele. Wenn wir motiviert sind, können wir Bäume ausreißen. Wir sind von innen heraus motiviert (intrinsisch) oder werden durch unsere Umgebung motiviert (extrinsisch). Wir lieben die Aufgabe oder die Handlung, die wir erledigen oder spielen uns in einen Rausch und erleben Flow.

Um deine Motivation zu steigern, kannst du deine Wünsche und Ziele visualisieren. Hier besteht eine starke Verbindung zum Erfolgsupdate mentale Stärke. Male dir deine vergangenen und künftigen Erfolge aus, nutze positive Glaubenssätze und Affirmationen. Denke auch an deine Stärken:

- **WAS KANN ICH GUT?**
- **WORAUF KANN ICH STOLZ SEIN?**

Dich mit deiner Lieblingsmusik in Stimmung zu bringen und dich für kleine Erfolge zu belohnen, sind auch Rituale oder Übungen, die deine Motivation erhöhen. Eine *Checkliste: Übungen zur Motivation* findest du im Anhang (s. S. 207).

CHECKLISTE: ÜBUNGEN ZUR MOTIVATION

Ein starker Energieschub für deine Motivation sind Rekorde. Ich erwähnte im ersten Teil bereits, dass jeder Mensch Rekorde aufstellen kann. Viele Menschen haben gehörigen Respekt vor Rekorden. Sie scheinen für uns persönlich unerreichbar. Und doch: Sich an Rekorde heranzuwagen, kann einfacher sein, als viele Menschen denken. Ein großer, scheinbar unmöglicher Sieg ist die Ansammlung vieler kleiner Siege, von denen jeder Einzelne möglich ist.

Jeder Weltrekord ist vor allem auch ein persönlicher Rekord. Du solltest also auf deine persönlichen Rekorde schauen. Als ich Profihandballer war, habe ich mir nicht vorgenommen, einen ewigen Torerekord aufzustellen. Ich habe vielmehr an meinen persönlichen Möglichkeiten und Leistungsgrenzen gearbeitet. Ich habe mir Ziele gesetzt, die für mich herausfordernd waren, aber im Bereich des persönlich Möglichen lagen.

Aus dieser Herangehensweise habe ich bis heute im Coaching meine REKORDJAGD-Strategie abgeleitet. Wenn du deine beste Version zur vollen Entfaltung bringen willst, ist diese Strategie eine wertvolle Orientierung. Sie ist ein Akronym, hinter dem Impulse stehen, die sehr motivierend und willensstärkend wirken:

Rekord aufstellen

Eintragen

Knacken

Optimieren

Rekordkategorien

Durchhalten

Jubeln

Ausweiten

Genießen

Deine beste Version

Rekord aufstellen: Suche dir eine Handlung/eine Tätigkeit und stelle einen Rekord auf. Starte klein (z. B. mit einer Wiederholung). Sehr geeignet sind Serienrekorde. Jeder kann an Tag 2 die Handlung wiederholen und damit eine Serie starten.

Eintragen: Schreibe dir Datum, Handlung und Rekord auf. So machst du deine Bestmarken und Entwicklung sichtbar und erhöhst dein Selbstvertrauen.

Knacken: Dein aktueller Rekord ist da, um von dir gebrochen zu werden. Es ist ein gutes Gefühl, immer ein bisschen besser zu werden. Du verschiebst alte Grenzen und setzt neue Marken.

Optimieren: Stelle dir die Frage: Was kann ich verbessern, um meinen Rekord zu überbieten?

Rekordkategorien: Finde heraus, welche Rekorde du noch alle mit deiner Handlung aufstellen und verfolgen kannst (z. B. Tages-, Wochen-, Monats-, Jahres- und Lebensrekorde). Es gibt Bestmarken, gemessen in Wiederholungen, Zeiten, Höhen, Weiten, Serien.

Durchhalten: Halte auch bei Durststrecken durch. Wenn eine Serie reißt, starte eine neue. Wenn du eine Marke länger nicht geknackt hast, bleibe dran. Die Belohnung ist es wert. Bereits die Rekordeinstellung hat auf viele Lebensbereiche eine positive Wirkung.

Jubeln: Nach jedem Rekord und sogar Rekordversuch kannst du eine Gewinnergeste einbauen. Unser Gehirn verknüpft die Geste mit der vorher ausgeführten Handlung und neigt dann dazu, dieses lohnenswerte Verhalten zu wiederholen.

Ausweiten: Hast du mit einer Handlung deine Rekordjagd fest etabliert, kannst du diese Methode auf weitere Handlungen ausweiten.

Genießen: Genieße deine Rekorde. Erkenne deine kleinen Siege an, juble über Teilerfolge, feiere deine Meilensteine. Der Erfolgreiche wird glücklich, wenn er seinen Erfolg auch genießen kann.

Deine beste Version: Beachte die vorangegangenen Aspekte und Tipps, damit dein Selbstvertrauen und deine Persönlichkeit wächst. Pflanze diese Rekordeinstellung in dir selbst ein und lasse sie zum Teil deiner Identität werden.

Eine ausführliche Version findest du als REKORDJAGD-Übung im Anhang (s. S. 212). Das REKORDJAGD-Akronym ist eine Orientierung, die individuell flexibel anpassbar ist. Mit anderen Worten: Du nimmst dir, was dir den meisten Erfolg bringt. Du ergänzt, was für dich noch besser funktioniert.

So stark deine Motivation auch sein kann: Alle kennen die Tage, an denen wir uns nicht aufraffen können. Wir fühlen uns saft- und kraftlos. Wir sind nicht motiviert. Auch ein: „Du musst es so unbedingt wollen, wie du atmen willst", erreicht uns dann nicht und kann wie eine unglaubwürdige *Tschakka-du-schaffst-es-Parole* wirken.

Motivationskünstler sagen auch gerne: „Du musst alles lieben, was du tust!" Das ist so ziemlich die größte Motivationslüge, die es gibt. Sage mal 16-jährigen Teenagern: „Liebe deine Hausaufgaben." Die denken völlig zu Recht, dass du nicht mehr ganz dicht bist. Du musst nicht alles lieben, was du tust. Das geht gar nicht. Aber Folgendes geht: Du solltest alles tun, um zu erreichen, was du liebst.

Es gibt eine Geheimwaffe, um etwas unbedingt zu wollen: Willenskraft.

WILLENSKRAFT

Mit Willenskraft machen wir auch Dinge, die uns keinen Spaß machen oder auf die wir keine Lust haben. Die Wissenschaft erklärt das Phänomen vereinfacht gesagt so: Die Motivation beschreibt, was Menschen antreibt. Die *Willenskraft (Volition)* kümmert sich um die Umsetzung und das Ergebnis. Motivation ist inspirierende Energie, Wille vollstreckt eisern.

Wie viel von beidem genau nötig ist, kann man schwer sagen. Der Gewohnheitsexperte Stephen Guise stellt beide Antriebskonzepte sogar gegenüber.[43]

Er betrachtet das so: Je weniger Motivation ich habe, desto mehr Willenskraft brauche ich. Sind wir beispielsweise bei einem Umzug, haben wir wahrscheinlich wenig Motivation, die Umzugskartons und Möbel zu schleppen. Deswegen brauchen wir viel Willenskraft. Müssen wir hingegen schwere Shoppingtüten tragen, sind wir sehr motiviert und brauchen wenig Willenskraft, weil wir uns so sehr über die eingekauften Errungenschaften freuen.

Ein leidenschaftlicher Möbelpacker, der Shoppen hasst, wird wohl Motivation und Willenskraft in genau umgekehrter Kombination aufwenden. Es ist also auf jeden Fall eine Typfrage, wer oder was uns antreibt.

Ziele, Wünsche und Träume bringen uns dazu, motiviert anzufangen. Mit der Willenskraft besitzen wir Umsetzungskompetenzen, die uns die mitunter lange Strecke zum Ziel durchhalten lassen. Solche Umsetzungskompetenzen sind Fokussierungen der Aufmerksamkeit auf das Wesentliche, Emotions- und Stimmungsmanagement, Selbstvertrauen und Durchsetzungsstärke, vorausschauende Planung und kreative Problemlösung sowie zielbezogene Selbstdisziplin durch den tieferen Sinn der Leistung.[44] Alle diese Kompetenzen sind erlernbar. Willenskraft kann man lernen.

Du kannst dir die Willenskraft wie einen Muskel vorstellen. Wenn du diesen Muskel trainierst, wird er leistungsfähiger und schafft größere Anstrengungen. Er kann natürlich auch erschöpfen. In einer Metaanalyse von 83 Untersuchungen zur Ego-Depletion (Selbsterschöpfung/Erschöpfung der Selbstkontrolle oder Willenskraft) wurde nämlich genau das analysiert.[45] Die fünf wichtigsten Faktoren, die eine Ego-Depletion verursachen, sind:

- Anstrengung,
- wahrgenommener Schwierigkeitsgrad,
- negative Emotion,
- subjektives Erschöpfungsgefühl und
- niedriger Blutzuckerspiegel.

Ich weiß nicht, ob dir das auffällt, aber das sind gute Nachrichten. Das ist ein weiterer Beweis dafür, dass jeder Mensch das Gewinnen lernen kann. Man kann nämlich lernen, diese fünf Faktoren gewinnbringend zu beeinflussen.

Wer trainiert, wird eine anstrengende Aufgabe durch den Trainingseffekt künftig weniger anstrengend finden und länger durchhalten können. Dadurch wird sich der wahrgenommene Schwierigkeitsgrad verändern. Beim Krafttraining etwa würden wir nach ein paar Wochen Bankdrücken das gleiche Gewicht als weniger schwierig empfinden. Hier wirkt das Trainingsprinzip der *Superkompensation*.[46]

Eine negative Emotion kann unsere Willenskraft ebenso hemmen oder ermüden, doch durch die Macht der Gedanken können wir mit positiven Emotionen arbeiten. Denke zurück an die Ausführungen zum Thema Gewinnerdenken. Mit mentalen Werkzeugen kannst du negative Emotionen reduzieren und so deine Willenskraft stärken. Es ist möglich, die Anstrengung mit positiven Emotionen zu verknüpfen.

Bei harter Beanspruchung macht sich früher oder später ein subjektives Erschöpfungsgefühl bemerkbar. Gewinner gehen gegen dieses Gefühl an, denn sie haben vorher trainiert, es auszuhalten. Das tun sie, indem sie trainieren, in Erschöpfungszuständen bewusst noch etwas weiterzumachen.

Der niedrige Blutzuckerspiegel kann schließlich durch Nahrungsaufnahme erhöht werden. Du siehst, es gibt für alles Lösungen. Der Sozialpsychologe Roy Baumeister erkannte sogar die Übertragbarkeit von Willenstraining[47]: Durch trainierte Willenskraft in einem Bereich folgt auch eine generelle Stärkung des *Willensmuskels* in anderen Bereichen.

Es existieren viele Möglichkeiten, um die Willenskraft zu trainieren. Sich lohnenswerte Ziele zu setzen, gibt dem Tun einen Sinn. Und das stärkt den Willensmuskel. Das Gegenteil ermüdet ihn: Nichts ist ermüdender, als keinen Sinn im Leben zu haben. Lebe also nach deinen Werten. Werte entwickeln Persönlichkeit. Persönlichkeit entwickelt Performance. Performance entwickelt Erfolg.

Fokussiere dich auf das Wesentliche, denn die unzähligen Wahlmöglichkeiten unserer modernen Zeit führen zu Informationsüberfluss und zum Phänomen *Entscheidungsunlust*. Unsere unreflektierte Smartphonenutzung trägt zum *Paradox der Wahl* noch bei: Wir holen uns alles Mögliche sofort auf den Bildschirm, beschäftigen uns mit vielem ein bisschen, aber entscheiden uns für nichts ausdauernd.

Vereinfacht gesprochen: „Ich habe ja alle Möglichkeiten. Da kann ich auch später noch wollen." Willenskraft entsteht nur leider nicht durch Aufschieben. Unreflektierter Bildschirmkonsum kann neben *Aufschieberitis* und Antriebslosigkeit auch zu massiver Ablenkung führen. Das ist ein riesengroßer Erfolgskiller.

Wir machen mehrere Dinge gleichzeitig und nennen es *Multitasking*. Es stimmt, dass Frauen besser multitasken können als Männer, aber alle Geschlechter erleiden Produktivitätsverluste im Gegensatz zum Fokus auf *eine* Sache. Schon kurze Unterbrechungen von 2,8 Sekunden bringen uns aus dem Konzept, wie Forscher zeigen konnten.[48]

Ökonomen stellen ein Produktivitätsparadoxon fest: mehr Leistung, weniger Output. Sprich: Die Geräte können unfassbar viel mehr leisten, aber wir werden unproduktiver. Ein russisches Sprichwort sagt: „Wenn du zwei Kaninchen gleichzeitig jagst, gehen dir beide durch die Lappen."

Wer Multitasking betreibt, lenkt sich ab und trainiert sich eine Aufmerksamkeitsstörung an.[49] Wir haben die Unendlichkeit immer verfügbar auf einem portablen Bildschirm und erleiden deswegen eine dramatische Begrenztheit in unseren Köpfen durch diese veritable Störung unserer Aufmerksamkeit.

- **IST ES MÖGLICH IN DIESEM DIGITALEN ZEITALTER, WELCHES EINE VÖLLIGE FRAGMENTIERUNG DES ALLTAGS ERZEUGT, ERFOLGREICH ZU WERDEN?**

Die Lösung liegt klar auf der Hand, wenn wir einen Blick auf die Erfolgsmenschen unter uns werfen. Kinder, die in ihrer Schulkasse als Letzte ein eigenes Smartphone von den Eltern erhalten, sind oftmals die Ersten in Sachen Lernerfolg. Eine erwachsene Person, die den Verlockungen der Bildschirme widerstehen kann, wird eine erfolgreiche Persönlichkeit, die Willenskraft für ihre Leidenschaft und Ziele aufbringt.

Tritt heraus aus der Komfortzone und stärke aktiv deinen Willensmuskel: Lenke deine Energie auf Veränderbares, besinne dich auf deine Stärken und nutze mentale Werkzeuge, wie das Visualisieren und Affirmationen. Die Checkliste: *Willenskraft – Stärkung verfolgen* zählt noch mehr Impulse auf (siehe Anhang, s. S. 207).

CHECKLISTE: WILLENSKRAFT – STÄRKUNG VERFOLGEN

Es springt jetzt schon ins Auge: Die Möglichkeiten, die Willenskraft zu trainieren, haben eine große Schnittmenge mit den Möglichkeiten, die Motivation zu trainieren. Das unterstreicht noch einmal, wie eng beides zusammenhängt. Motivation bringt uns in Bewegung. Der Wille hält uns in Bewegung.

Wenn du die REKORDJAGD-Strategie mit der *Challenge 1 WDH mehr (eine Wiederholung mehr)* angehst, wirst du immer ein kleines bisschen sichtbar besser werden. Ich habe eine Liegestützchallenge mit genau dieser Herangehensweise persönlich ausprobiert. Jeden Tag einen Liegestütz mehr. Irgendwann war die Grenze erreicht, aber bis dahin habe ich jeden Tag einen persönlichen Rekord aufgestellt. Das ist nicht nur positiv für die körperliche Fitness und das Selbstvertrauen, sondern auch ein hocheffektives Motivations- und Willenstraining.

Wichtig ist, dass die Anforderung herausfordernd, aber mit Einsatz machbar ist. Dann kann nämlich Flow entstehen und man kann auf einem persönlich hohen Niveau performen.

Ein befreundeter Kollege beschreibt ein gelungenes Lernsetting oft mit einer Hantelanalogie. Ist die Hantel zu leicht, wird es langweilig. Ist die Hantel zu schwer, sind wir überfordert. Es braucht das passende Gewicht, um den Willensmuskel zu stärken. Im Grenzbereich unseres Könnens ist die Aufgabe mit Anstrengung lösbar. Das Gefühl, das dieses Erlebnis auslöst, beschreibt die Psychologie als *Flow*.

Gelingt uns die Lösung erst nach mehreren Anläufen, so ist auch das eine wertvolle Erfahrung. So entsteht ein Growth Mindset und Durchhaltevermögen. Die Überzeugung, durch beharrliche Wiederholung irgendwann den Sieg einzufahren.

Bei meinem Bruder und mir ging die Beharrlichkeit so weit, dass wir neben dem normalen Handball- und Athletiktraining noch zu Hause in unserem Zimmer trainiert haben. Ich bin grundsätzlich für den nachhaltigen Umgang mit Gegenständen, aber die Bälle sind nur so herumgeflogen, dass die Wände wackelten und einiges kaputt geschossen wurde. Das alles für das feste Langzeitziel Bundesliga, welches nur mit Durchhaltevermögen erreichbar ist.

Hier ein paar Praxisbeispiele aus meinem Handballtraining mit Jugendlichen:

Das Training mit einem Deuser-Band® fördert das Durchsetzungsvermögen gegen Widerstände. Man muss sich mit einer Abwehr- oder Angriffsbewegung gegen den Widerstand dieses Bandes durchsetzen. Das ist anstrengender als die normale Bewegung, welche künftig ohne den Deuser-Band®-Widerstand als weniger anstrengend empfunden wird. Und die Athleten entwickeln Spaß daran, das Beste aus sich herauszuholen.

Richtig verstanden: Ja, die Schufterei fängt an, Spaß zu machen! Man entwickelt den Willen, seine persönlichen Grenzen zu verschieben. Nach einer kräftezehrenden Wurfübung mit Deuser-Band®-Widerstand sank ein Athlet erschöpft zu Boden und sagte: „Das ist megaanstrengend!" Und fügte dann mit einem Lächeln an: „Und macht voll Bock."

Eine andere Übung ist das Passen und Werfen mit Gewichtsbällen. Wenn Nachwuchsathleten das zum ersten Mal machen und anschließend wieder zum normalen Handball greifen, entsteht oft eine freudige Verwunderung. Es fühlt sich tatsächlich so an, als wäre es mit dem normalen Ball nun alles viel leichter. Die Effektstärke ist ziemlich hoch und hält ein paar Minuten an.

Ich erkläre den Sportlern anhand dieser Übung, dass es sich mit jeder Art Training so verhält. Nicht immer mit einer so stark erlebten Wirkung von jetzt auf gleich, aber über kurz oder lang wird sich das Training immer positiv auswirken. Es ist ein richtiger Aha-Effekt, wenn die Athleten am eigenen Leib erfahren, wie leicht auf einmal der normale Handball ist. Damit lässt sich der Trainingseffekt durch anstrengende Übungen erfahrbar machen.

Durch die übermäßige, ausdauernde Anstrengung folgt, dass man auf ein höheres Ausgangsniveau kommt. Was vorher schwierig war, wird normal. Was vorher normal war, erscheint nun leicht. Oder noch zutreffender: Es wird nicht leichter, du wirst nur besser.

Mit Schülern im Sportunterricht stand eine sportmotorische Testung an. Beim 20-Meter-Sprint hatte jedes Kind zwei Versuche. Nach dem ersten Durchgang gab es eine kurze Ansage von mir: „Für den zweiten Durchgang hat jeder das Ziel, seine persönliche Zeit zu unterbieten. Knackt euren eigenen Rekord. Viel Erfolg!" Die meisten Kinder schafften eine Verbesserung. Allein durch den Lerneffekt vom ersten Mal gewann man ein paar Zehntel. Selbst wenn sie es nicht schafften, kamen sie zumindest nah an die vorher erzielte Zeit heran. Das änderte den Fokus vom Klassenbesten hin zur persönlichen Bestleistung.

So gibt es nicht nur einen Gewinner, sondern jeder kann ein Gewinner sein, wenn er gegen sich selbst gewinnt. Bei den anschließenden Testungen erlebte ich eine viel höhere Motivation und Willenskraft bei den Kindern. Mittlerweile hebe ich die individuellen Bezugsnormen viel deutlicher hervor, als dieses *eine* beste Resultat vom Klassenbesten. So können alle eine willensstarke Einstellung entwickeln, anstatt nur der eine Sieger. Funktioniert auch in beruflichen Kontexten.

Diese Perspektive hilft, um Verlierereinstellungen in Gewinnereinstellungen zu verwandeln. Wir erinnern uns an Eric Moussambani, den Schwimmer aus Äquatorialguinea. Er war ein Anfänger im Schwimmen und durch das Ausscheiden im Wettkampf ein Verlierer. Mit seiner Gewinnereinstellung wurde er zum Sieger, trotz seiner Niederlage. Es ist mehr die Art und Weise der Niederlage, die bestimmt, ob jemand ein Verlierer ist. Nicht die Niederlage selbst.

GRIT

Wer zu den absolut Besten gehören will, der kommt selbstverständlich nicht umhin, sich auch mit anderen zu messen. Besonders der Vergleich mit anderen kann nämlich wiederum motivieren und Willenskraft erzeugen. Es entsteht das Ziel, ein bisschen besser als der Trainingspartner oder der Kontrahent zu sein. Besser als ein Kollege oder Mitschüler.

Ziele sind eine weitere Quelle für Motivation und Willenskraft. Den einen sprechen Vergleichsziele mehr an als individuelle Bezugsnormen. Die Kombination von beidem ist nicht verkehrt. Auch sollten Ergebnis- *und* Prozessziele formuliert werden. Ob in Teams individuelle oder Gruppenziele besser sind und welche Zielarten es sonst noch gibt, klären wir später.

Fakt ist: Alle Erfolgsmenschen eint eine Eigenschaft. Angela Duckworth und Martin Seligman interviewten eine Reihe von Erfolgsmenschen aus den unterschiedlichsten Bereichen. So unterschiedlich diese Persönlichkeiten auch waren, eine Ähnlichkeit war frappierend. Es gab eine gemeinsame Charaktereigenschaft: die feste Entschlossenheit, trotz unvermeidlicher Hindernisse, ein ehrgeiziges Langzeitziel zu erreichen.

Duckworth und Seligman stellten fest, dass Menschen, die große Dinge vollbrachten, die Leidenschaft für eine bestimmte Mission mit dem unbeirrbaren Willen verbinden, sie zu erfüllen, ungeachtet aller Schwierigkeiten und der Zeit, die es erfordern würde.[50] Sie nannten diese Eigenschaft *Grit*, was das Zusammenspiel von Motivation und Willenskraft ist, wie wir bereits herausgefunden haben. Anders ausgedrückt: Das Leben stellt uns zwei Antriebsfragen.

- **WAS WILL ICH EIGENTLICH?**
- **UND WIE KOMME ICH DAHIN?**

Die Antwort auf beide Fragen ist Grit.

Was für den Einzelnen gilt, gilt auch für Gruppen. Je mehr Mitglieder eines Teams motiviert sind, desto wahrscheinlicher entwickelt das Team lohnenswerte Träume und Ziele. Je mehr Mitglieder willensstark sind, desto wahrscheinlicher sind sie bereit, zu tun, was es erfordert, um zum Erfolg zu kommen. Der Gritfaktor jedes Einzelnen hat großen Einfluss auf den Teamerfolg.

Ich durfte in ein paar Teams Handball spielen, in denen der Gritfaktor außergewöhnlich hoch war. Wir waren weniger talentiert und schlechter bezahlt. Aber das spielte keine Rolle, denn Einsatz wiegt doppelt. Wir waren *gritty*. Wir haben um jeden Zentimeter Hallenboden gekämpft. Wenn wir fast nicht mehr stehen konnten, sind wir einfach gerannt. Wir haben gefightet bis zum Umfallen. Angeschlagene Spieler haben auf die Zähne gebissen. Wir haben uns gegenseitig Mut gemacht, das Wort *Aufgeben* aus unserem Wortschatz gestrichen, hohe Rückstände aufgeholt, als Tabellenletzter die Topteams bezwungen.

Ich erinnere mich an ein Pokalspiel mit meinem damaligen Club, TV Korschenbroich, gegen die übermächtige HSG Düsseldorf. Ein Duell wie Asterix und Obelix gegen die Römer. Die Anzahl der Bundesliga- und Länderspiele der Akteure sowie die Gehälter und das Gesamtbudget sprechen eine klare Sprache. Das kleine gallische Dorf Korschenbroich hat auf dem Papier keine Chance. Es entwickelt sich trotzdem ein Pokalfight auf Augenhöhe, denn wir haben Grit als Zaubertrank.

Bei unserem Team ist jeder bis in die Haarspitzen motiviert. Bereit, an den Traum zu glauben und sich dafür zu zerreißen. Wir halten lange mit und damit den Traum am Leben. Wir erzielen den vermeintlichen Siegtreffer in letzter Sekunde. Die Schiedsrichter erkennen das Tor ab. Doch wir sind keinesfalls geknickt. Wir haben uns in einen unfassbaren Rausch gespielt. Mit einer außergewöhnlichen Willensstärke treiben wir uns gegenseitig an, alles herauszuholen und gewinnen nach der Verlängerung. Ein goldener Moment.

Auf dem Weg dahin hat mit vielen harten Trainingseinheiten und Rückschlägen im Wettkampf bei Weitem nicht alles Spaß gemacht. Wir haben nicht jeden Liegestütz und jeden Ausdauerlauf geliebt. Ich wiederhole mich hier gerne: Du brauchst nicht alles zu lieben, was du tust. Du solltest alles tun, um zu erreichen, was du liebst. Mit dieser Einstellung kannst du Bundesliga spielen, eine Fremdsprache lernen oder Führungspositionen in Unternehmen erklimmen.

Mit Grit – erlernter Motivation und Willenskraft – kann man sich ein jahrelanges Durchhaltevermögen aneignen, Resilienz aufbauen und auch Rückschläge überwinden, wie die nachfolgende Geschichte zeigt.

Einer meiner Jugendspieler kam auf mich zu und sagte: „Coach, wenn ich auf das ganze Jahr zurückblicke, weiß ich nicht, wo ich mich weiterentwickelt haben soll. Und das, obwohl ich mich doch reingehängt habe. Was soll ich machen?" Ich musste dem Jungen leider recht geben. Das war auch die Analyse in unserem Trainerteam. Aber was mich beschäftigte, war, dass ich keine passende Antwort für ihn hatte, die ihn motivieren oder antreiben konnte.

Einige Zeit später kam mir die Idee beim Joggen. Ich setzte eine Mannschaftssitzung an und machte deutlich, wie man, meiner Meinung nach, mit dieser Situation als Champion umging. Ich erinnere mich in etwa so:

„Jungs, manchmal müht man sich ab und kommt nicht voran. Du büffelst für eine Mathearbeit und verstehst einfach nicht, wie man das rechnet. Du ackerst im Training, deine Skills verbessern sich aber irgendwie nicht. Du tust und machst, aber trotzdem knallt dir das Leben eine rein. Man läuft und kommt nicht von der Stelle. Wer kennt das Gefühl? Hand hoch!" Das war eine Wahrheit, die jeder kannte. Alle Spieler hoben die Hand und heftiges Kopfnicken gab es gleich dazu.

Ich fuhr fort: „Du läufst auf dem Laufband. Immer auf derselben Stelle. Was passiert, wenn du stehen bleibst? . . . Du fällst zurück. Du fällst auf den *Arsch*. Wenn du dich also nach Leibeskräften abmühst und es geht nicht weiter, bleibe um Himmels willen nicht stehen! Gewöhnliche Menschen denken, es ist die Anstrengung nicht wert. *Ich komme ja sowieso nicht weiter.* Diese Menschen verlieren. Erfolgsmenschen überwinden diese Widerstände. Sie halten diese Talsohle durch. Manchmal läuft man auf der Stelle. Bleibe nicht stehen! Laufe weiter, bleibe in Bewegung. Strenge dich an. Quäle dich. Halte durch. Nur dann kommt irgendwann nach Stagnation der Fortschritt."

Die Mannschaft war in der folgenden Zeit motiviert, den Schwierigkeiten zu trotzen. Und auch der besagte Spieler hatte die Botschaft verstanden. Er war immer ein sehr leistungsbereiter und ehrgeiziger Spieler in unserem Kader gewesen, aber nun war er nicht mehr verzweifelt wegen der langen Durststrecke. Er gab weiter Gas.

Wie ich heute weiß, war der Spieler auf einem Lernplateau angekommen. Eine Zeit lang kam er nicht vom Fleck. Die Anforderungen in Schule, Sport und allen anderen Lebensbereichen verlangten ihm so viel ab, dass es einfach Zeit brauchte, bis sichtbare Entwicklung eintreten konnte. Diese entfaltete sich in der darauf folgenden Saison.

Er entwickelte sein Wurfrepertoire und sich von einem Linksaußen zu einem Rückraum-Mitte-Spieler. Eine Position, die mehr Durchschlagskraft gegen das Zentrum der gegnerischen Verteidigung erfordert. Lernen ist ein Prozess. Gewinnen ebenfalls.

Nebenbei: In diesem Prozess muss keinesfalls Motivation am Anfang stehen. Man kann auch eine Tätigkeit anfangen, beharrlich dabeibleiben und erst dann entwickelt sich ein Interesse. Durch das Besserwerden entwickelt sich ein Interesse, das vielleicht vorher noch nicht da war. Die dazugewonnene Kompetenz verstärkt die Motivation und die Freude, die dabei empfunden wird. Willenskraft kann also vor Motivation am Anfang stehen.

Doch unbestreitbar gilt: In diesem Prozess braucht es beides. Ausschließlich auf Motivation zu setzen, wäre ebenso eine Erfolgsbremse, wie ausschließlich auf Willenskraft zu setzen. Das bedeutet, dass man sein Durchhaltevermögen überreizt, wenn man Dinge eisern, aber gänzlich ohne Leidenschaft und Begeisterung tut. Je mehr die Dinge zu unseren Interessen passen, desto besser können wir diszipliniert sein. Und dann kann das Durchhalten federleicht werden.

Um herauszufinden, was deine Interessen sind und was dir wirklich wichtig ist, wird Kap. 9 dir noch Impulse liefern. Halten wir nun noch einmal fest, dass es in einem Entwicklungsprozess beides braucht: Motivation und Willenskraft.

DIE ERFOLGREICHEN WOLLEN UNBEDINGT

In diesem Prozess erkennt man Verlierer und Gewinner. Gewinner gehen weiter, wo Verlierer aufgeben. Die Besten der Besten lernen sogar, die Müdigkeit aufzuschieben. Nach dem südafrikanischen Professor Tim Noakes kommt das Gefühl der Erschöpfung nicht von den Muskeln, sondern vom Gehirn: „Ich betrachte Ermüdung nicht als physisches Phänomen, sondern als reine Emotion. Egal, wie schlecht es Ihnen geht, Sie müssen verstehen, dass es eigentlich immer Ihr Gehirn ist, dass Ihnen einen Streich spielt, damit Sie sich keinen Schaden zufügen. Sie haben immer noch ein bisschen Reserve oder, wie es manche interpretieren würden, Sie können sich immer noch ein wenig mehr anstrengen."[51]

Das ist wie die Tankanzeige eines Autos. Springt sie auf null, kann man trotzdem noch einige Kilometer fahren. So radikal die Sichtweise von Noakes auch erscheinen mag, aber für ihn liegt hier der Unterschied: „Ich kann Ihnen eine Menge Videos zeigen, auf denen die Entfernung zwischen dem ersten und zweiten Läufer nur ein paar Zentimeter beträgt. In diesen Fällen entscheidet sich der zweite Läufer, zu verlieren, er gibt sich damit zufrieden, Zweiter zu werden. Es ist nicht so, dass der Athlet keine Reserven mehr hatte, er hat es nur nicht geschafft, sie zu aktivieren. Sein Gehirn hat *Nein* gesagt, weil er sich nicht davon überzeugen konnte, dass es wichtig ist, noch weiter zu gehen. Er hat sich abgefunden, der Zweite zu sein." Die Erfolgreichen wollen unbedingt gewinnen.

Gegen diese radikale Sichtweise von Noakes spricht, dass da irgendwo eine nicht mehr verschiebbare natürliche Grenze besteht. Total erschöpfte Radsportler kennen und fürchten einen plötzlichen Leistungsabfall, der sich während der Aktivität bemerkbar macht. Schwindel, Übelkeit, Schwarzbild vor den Augen, Heißhungergefühl, Erschöpfung und Kraftlosigkeit. Die Muskeln bringen die erforderliche Leistung nicht mehr auf, weil eine Hypoglykämie (Unterzuckerung) sie in die Knie zwingt. Diesen Zustand nennt man *Hungerast*.

Nicht nur Radsportler kennen das und nicht nur bei körperlicher Belastung kann diese Situation auftreten.

- **HATTEST DU SCHON MAL EINE HEISSHUNGERATTACKE?**
- **DU WARST KÖRPERLICH ODER GEISTIG KOMPLETT LEER UND EINIGE VON DEN GENANNTEN SYMPTOMEN TRATEN AUF?**

Dann hattest du einen Hungerast, auf den du wahrscheinlich nicht mit noch mehr Anstrengung, sondern mit unkontrolliertem Essen von vorzugsweise Junkfood geantwortet hast. In diesem Zustand verschiebt keiner die Müdigkeit. Wir alle wissen: Mit einem Hungerast verschiebst du gar nichts mehr. Ab einem gewissen Maß wird unser Verhalten zu extrem und damit schädigend.

Was viele vergessen, ist, dass Anstrengung im Grenzbereich (oder darüber hinaus) auch mehr Erholung braucht. Man kann die Müdigkeit aufschieben, darf aber nicht die Regeneration danach auslassen. Große Willenskraft für den unbedingten Erfolg bedeutet nicht nur große Willenskraft zur Anstrengung, sondern auch große Willenskraft zur Regeneration. Gesunde Schlaf- und Ernährungsgewohnheiten, entspannende und regenerative Maßnahmen, wie genügend Pausen setzen, bewusst offline sein, sind wichtig.

Menschen fällt es im digitalisierten Leben zunehmend schwerer, wirksame Pausen zu machen. Wir konsumieren Bildschirmmedien in einer Überdosis, sind ständig online. Der Alltag wird zudem immer mehr durch digitale Unterbrechungen fragmentiert. Das wirkt sich nachweislich gravierend negativ auf Leistungsfähigkeit, Gesundheit und Lebenszufriedenheit aus. Mit folgender Strategie kannst du eine OFF-Pause machen (Offline, Frischluft, Fernblick):

1. **Offline:** Gehe mit allen digitalen Endgeräten konsequent offline. Pausen, in denen wir an Smartphones chatten, surfen und Spiele zocken, sind keine Pausen! Unser Gehirn ist visuellen Reizen ausgesetzt, die es anstrengen. Es ist ein Trugschluss, dass wir damit runterkommen oder abschalten. Schalte Bildschirme ab oder gehe an einen Ort, wo keine Endgeräte sind.

2. **Frischluft:** Atme frische Luft von draußen. Bei pausenloser Tätigkeit macht unser Gehirn schlapp. Stehe auf und nimm ein paar Atemzüge frische Luft, am besten in der Natur. Doch auch sich ans offene Bürofenster zu stellen und den guten Sauerstoff zu tanken, hat eine energieaufladende Wirkung. Besonders für Schreibtischtäter und alle, die viel im Sitzen arbeiten, kommt hier mit dem Aufstehen und Gehen wichtige Bewegung dazu, die durchblutungsfördernd wirkt und damit auch den Geist wiederbelebt. Frische Luft sorgt für einen frischen Kopf.

3. **Fernblick:** Schaue in die Ferne. Besonders in modernen Arbeitssettings schauen wir stundenlang auf Bildschirme. Dadurch blicken wir immer nur auf kurze Distanzen, was die Augen und unseren Kopf in dieser Dosis stresst (bei unter 25-Jährigen sogar Kurzsichtigkeit erzeugt). Suche dir einen Punkt in der Ferne (z. B. eine Wolke am Himmel, weit entfernte Gegenstände) und schaue dorthin. Das wirft unseren Parasympathikus an, welcher Ruhe und Regeneration unterstützt. Es wird weniger von unserem Stresshormon Cortisol ausgeschüttet, mit dem Ergebnis, dass sich Kopf und Körper vom Dauerstress erholen. Der Fernblick hilft für einen entspannten Durchblick.

Ein hilfreicher Tipp: Mache Pausen nicht nur spontan, wenn gerade mal Zeit ist. Trage Pausen als feste Termine in deinen Kalender ein. Ein „OFF" ist schnell notiert. Mehrere Fünf-Minuten-Pausen und eine große Pause von 60 Minuten am Tag sowie hin und wieder ein oder mehrere Tage OFF sind eine gute Orientierung.

Wer eine schärfere Pausenanweisung möchte, der nehme sich die in der Businesswelt populäre *Pomodoro-Technik* vor: 25 Minuten arbeiten, dann fünf Minuten Pause. Nach vier *Pomodori* eine größere Pause von 20 Minuten. Dieses disziplinierte Selbstmanagement lädt deinen mentalen Akku auf und ist somit ein Update für deinen Kopf. Das steigert deine körperliche und mentale Gesundheit.

Es gibt noch weitere regenerative Maßnahmen. Nicht nur Sportler sollten Physiotherapie, Massage oder Sauna nutzen. Unser Körper und Kopf braucht neue Energie. Das gilt für Leistungssportler wie für Businessgurus. Das gilt für alle, die hart arbeiten. Sie sollten auch smart arbeiten und das bedeutet: Die Akkus müssen wieder aufgeladen werden. Wer unbedingt gewinnen will, braucht Energie.

Die mit weitem Abstand wichtigste Maßnahme dafür ist unser Schlaf. Unsere Körperfunktionen fahren runter, unser Gehirn verarbeitet die Erlebnisse des Tages, speichert Bedeutsames ab und beschäftigt sich mit Regenerations- und Reparaturprozessen. Die Qualität unseres Schlafs hat enorme Auswirkungen auf die Qualität unseres Lebens. Die moderne Schlafforschung hat festgestellt, dass bei Schlafstörungen und Schlafmangel eine Reihe an negativen Konsequenzen droht.[52]

Zu wenig Schlaf führt zu Übergewicht. Kinder und Jugendliche neigen zu mehr Risikoverhalten, bei Erwachsenen steigt das Risiko für Bluthochdruck und Gehirninfarkte. Das Immunsystem wird durch Schlafmangel gestört, was zu Infektionen und Krebserkrankungen führen kann. Unter chronischem Schlafmangel leidet neben unserer Gesundheit auch unsere Motivation und Willenskraft. Kein Schlaf, kein Grit.

Bei vielen Menschen, die schlecht schlafen, schlägt abermals digitales Nutzungsverhalten unbarmherzig zu. Im Bett umarmen viele ihr Smartphone anstatt ihre Bettdecke. Das blaue Licht des Bildschirms senkt die Ausschüttung unseres Schafhormons Melatonin und wir können schlechter einschlafen. Die Einschlaflatenz (Zeitpunkt vom Zubettgehen bis zum Einschlafen) ist deutlich erhöht. Schlafzeit wird durch die Smartphonenutzung im Bett verdrängt.

Es entsteht ein Schlafdefizit. Durch täglichen Konsum von Bildschirmmedien von über vier Stunden entsteht zudem ein um 70 Prozent erhöhtes Risiko eines nächtlichen Schlafdefizits von mehr als zwei Stunden.[53]

- **FÜHRT BILDSCHIRMKONSUM IM BETT AUCH ZU MEHR SCHLAFUNTERBRECHUNGEN?**

Ich will es einmal bewusst defensiv ausdrücken: Zur Hölle, ja! Smartphones im Bett sind wie Presslufthammer in der Bibliothek: völlig fehl am Platz.

Bildschirmkonsum stört also in dreierlei Hinsicht unseren Schlaf: erhöhte Einschlaflatenz, mehr Schlafstörungen und kürzere Schlafdauer (mit anschließend resultierender Tagesmüdigkeit). Für unsere Regeneration – von Pause bis Schlaf – ist im Hinblick auf unser digitales Leben das A und O: abschalten und offline. Dann kommen wir zu mehr Erholung und tanken Antriebsenergie für unsere Wünsche und Ziele. Als Affirmation mit Akzentuierung auf die Regeneration formuliert: I train, eat, SLEEP, repeat.

Wer Anstrengung und Erholung in passender Balance umsetzt, kann auch über den gefühlten Erschöpfungspunkt hinausgehen. Es steckt noch mehr in uns. Die Frage ist, ob wir unbedingten Willens sind, ab einem gewissen Punkt weiterzugehen.

DIE ERFOLGREICHSTEN WOLLEN AM MEISTEN

Die amerikanische Langstreckenschwimmerin Diana Nyad wollte im Alter von 29 Jahren von Havanna, Kuba, bis Florida, USA, schwimmen. Eine der gefährlichsten Meerespassagen der Welt mit Haien, giftigen Quallen, unberechenbaren Winden und Strömungen.

Bei ihren ersten vier Anläufen wurde sie unter anderem durch Quallenstiche, Schulterschmerzen und einen Asthmaanfall zum Abbruch gezwungen. Es hat sie nicht aufgehalten. Bei ihrem fünften Anlauf schwamm Diana Nyad tatsächlich von Kuba nach Florida. 177 Kilometer ohne schützenden Haikäfig in der Rekordzeit von 53 Stunden.

Als ihre Füße am Ufer von Florida festen Boden berührten, war ihr erstes Statement zu den Menschen: „Gib niemals auf."[54] Bei dieser Herausforderung gab es viele Momente, in denen sie sich mit mentaler Stärke und Willenskraft gegen die Erschöpfung durchsetzte, wie folgende Aussage von ihr zum Ausdruck bringt:

„Natürlich gibt es Momente, in denen der Körper nicht mehr kann und man ins Zweifeln kommt. Aber ähnlich wie Bergsteiger, die unbedingt den Mount Everest bezwingen wollen, schaffe ich es, mir in solchen Momenten immer wieder Motivation aus dem simplen Fakt zu ziehen, dass ich die andere Seite erreichen möchte."[55]

Sie erreichte weit mehr als nur die andere Seite. Sie überquerte nicht nur Landesgrenzen. Sie pulverisierte scheinbare Altersgrenzen und damit Grenzen in unseren Köpfen: Am Tag ihres Triumphs war sie 64 Jahre alt.

Was die einen als Erschöpfung verstehen, begreifen die anderen als die eigentliche Mission. Oder wie der dreifache Marathonweltmeister und Weltrekordler Paul Tergat sagt: „Ein hartes Training ist einfach, sich zu fragen: ‚Kann ich noch mehr aus mir herausholen?' Die Antwort ist für gewöhnlich: ja."[56]

Auf einem Level, auf dem es alle unbedingt wollen, gewinnt derjenige, der es am meisten will. Das wusste schon Achilles, der in der griechischen Mythologie als nahezu unverwundbarer Krieger galt: „Ich will, was alle Männer wollen, ich will es bloß mehr!"

Manchmal strengst du dich an, bist erschöpft, erlebst Stagnation oder Rückschläge. Manchmal drückt dich das Leben unter Wasser.

- **WIE GEHST DU DAMIT UM?**

Mit dem Antrieb der Erfolgreichen: Motivation und Willenskraft. Damit erhöhst du die Wahrscheinlichkeit, zu gewinnen, denn Einsatz wiegt doppelt. Verlierer erwarten, motiviert zu werden, Gewinner motivieren sich selbst. Deine beste Version motiviert sich selbst *und* andere. Ich möchte es für dich wie folgt auf den Punkt bringen:

Erfolg

- Die Erfolglosen wollen ihn irgendwie.
- Die Erfolgreichen wollen ihn unbedingt.
- Die Erfolgreichsten wollen ihn am meisten.
- Die entscheidende Frage ist: Wie sehr willst du?

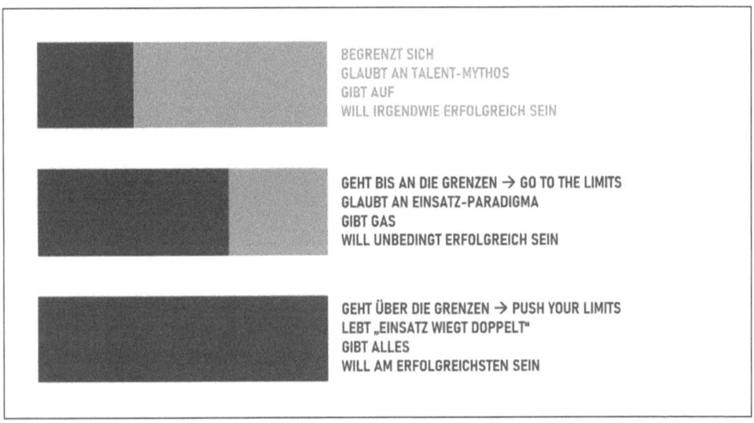

Erfolgsupdate Motivation und Willsenskraft

KAPITEL 8
ERFOLGSUPDATE TEAMFÄHIGKEIT – MIT TEAMSPIRIT ERFOLG VERVIELFACHEN

Stelle dir vor, du bist mit deinem Team beim Tauziehen. Nach Leibeskräften zieht jeder an dem Seil, um das andere Team über eine Linie zu ziehen.

- **WIRKLICH *JEDER*?**

Bei guten Teams ja. Bei schlechten Teams schleicht sich ein negatives Gruppenphänomen namens *Social Loafing* (soziales Faulenzen) ein und mindert die Erfolgsaussichten. Das Phänomen beschreibt, dass die Leistung eines Gruppenmitglieds sich in der Gruppensituation verringert, weil die eigene Leistung nicht erkennbar oder bewertbar ist.[57]

Schauen wir einmal in die Gesichter. Jeder scheint sich anzustrengen, während er da zieht. Aber wirklich sehen kann man nur, wie die Gruppenleistung ist. Wie stark jeder Einzelne zieht, ist nicht messbar. In schlechten Teams tritt der Effekt wahrscheinlicher auf. Sicherheitshalber könnten ja vielleicht noch ein paar mehr Leute mithelfen?!

Vorsicht, das führt gegebenenfalls zum *Ringelmann-Effekt*. Der Agraringenieur Maximilian Ringelmann ließ verschiedene Versuchsteilnehmer an einem Tau ziehen und fand heraus, dass die Zugkraft mit steigender Gruppengröße nicht, wie erwartet, linear anstieg. Vielmehr konnte er Produktivitätsverluste bei ansteigender Personenanzahl beobachten.

Mit anderen Worten: Die Summe ergibt weniger als ihre Einzelteile. Häh? Funktioniert das nicht eigentlich andersherum? Also, die Summe ergibt mehr als ihre Einzelteile. Ja, in guten Teams. In schlechten Teams schiebt man lieber anderen die Arbeit zu. Bei ihnen ist das Motto für TEAM eher Folgendes:

Toll, **e**in **a**nderer **m**acht's!

TOLL, EIN ANDERER MACHT'S UND WEITERE NEGATIVE GRUPPENPHÄNOMENE

Damit gewinnt man leider gar nichts. Nur noch weitere negative Gruppenphänomene. Erkennt nun jemand bei anderen Teammitgliedern soziales Faulenzen oder den Ringelmann-Effekt, kann er zum *Sucker* werden.

Der *Sucker-Effekt* beschreibt folgendes Phänomen: Beobachtet ein Gruppenmitglied das Trittbrettfahren anderer Gruppenmitglieder, kann es sein, dass es seine Leistung zurückfährt. Diese Reaktion lässt sich als Protest dagegen deuten, von anderen, die sehr wohl zu einem Beitrag in der Lage wären, ausgenutzt zu werden und infolgedessen als Trottel (Sucker) dazustehen. Ein häufiges Motiv für diese Reaktion ist der Wunsch, Beitragsgerechtigkeit herzustellen.

Das bedeutet im Klartext: *Wenn du dich weniger anstrengst, ist es nur fair, dass ich mich auch weniger anstrenge.* Ich sehe mich im Recht, bin aber eigentlich nur ein Sucker. Vielleicht sogar ein sozial faulenzender Ringelmann-Sucker. Denn wenn der andere mir Energie absaugt (to suck), kann ich das auch. Je mehr dieser Verhaltensweisen sichtbar werden, desto erfolgloser ist das Team.

- **KENNST DU SOLCHE TEAMS?**

Ich habe schon in solchen Teams gespielt. Glücklicherweise selten, aber es ist immer eine Lehre. Viel häufiger durfte ich Teil von Teams sein, die Außergewöhnliches erreicht haben und das meistens durch einen außergewöhnlichen Teamspirit. Dort gab es auch Social Loafing, aber um dem entgegenzuwirken, haben wir einiges getan: zum Beispiel, indem jedes

Teammitglied einen individuellen Beitrag leistet und sich darüber im Klaren ist, dass dieser nicht überflüssig oder ersetzbar ist.

Zum Ansporn können regelmäßige wertschätzende Rückmeldungen geleistet und zusätzliche Belohnungsanreize für den jeweiligen Beitrag angesetzt werden. Dazu muss die Leistung jedoch zurechenbar, messbar und transparent sein. Eine Stärkung der Identifikation mit der Gruppe und des individuellen Verantwortungsgefühls kann eine positive Wirkung entfalten. Die Umkehrung des sozialen Faulenzens ist der soziale Wettbewerb, das Sichtbarmachen der Einzelleistungen von Teammitgliedern, die idealerweise ähnliche Leistungspotenziale haben und sich dadurch gegenseitig anspornen, eine höhere Leistung abzuliefern.

- **UND WAS, WENN EINIGE GRUPPENMITGLIEDER DEUTLICH *SCHWÄCHER* SIND ALS ANDERE?**

Dann sind Führungskompetenzen der *Stärkeren* gefragt. Wenn leistungsstärkere Gruppenmitglieder sich mehr anstrengen, um schwächere Leistungen auszugleichen, sprechen wir von *sozialer Kompensation*. Dies schaffen Führungskräfte, die das Gruppenziel wertschätzen und auch die Leistungsschwächeren anerkennend mitnehmen. Dadurch können sie dieser positiven und vorbildlichen Einstellung nacheifern und verbessern sich ebenfalls.

Der Erfolg steht und fällt mit der Führungsqualität. Führung liegt jedoch keinesfalls nur in den Händen von den sogenannten *Führungskräften*. Führung ist vielmehr ein Resonanzphänomen. Sie entsteht durch Interaktion. Dem Zusammenspiel zweier oder mehrerer Personen. Führung, die von jemand ausgeht, braucht jemand anderen, der dieser Führung folgt. Geschieht das nicht, entsteht keine Resonanz und Führung läuft ins Leere.

Führung geht also alle an. Vom Chefcoach bis zum Nachwuchsspieler. Vom Geschäftsführer bis zum Praktikanten. Jeder ist daran beteiligt, wohin das Ganze führt. Jeder kann etwas beitragen und den Unterschied machen. Selbst in belasteten oder überlasteten Systemen kann man sein Bestes geben. Selbst in dysfunktionalen Teams kann man sein Bestes einbringen.

Die Alternative ist teamschädigendes Verhalten. Sprich: Was man bei anderen kritisiert, macht man selbst auch nicht besser. Gleichwohl ist es die größte Herausforderung in einem solchen Umfeld, ein Vorbild zu sein. Gelingt es dort, kann man überall ein wertvolles Teammitglied sein.

Ich habe über all die Jahre sehr viel über Teambildung und Teamentwicklung erfahren dürfen und auch dieser Erfolgsfaktor ist erlernbar. Teamfähigkeit und Teamführung fängt mit Selbstführung an, hat also ganz entscheidend mit Persönlichkeitsentwicklung zu tun. Und das Beste ihrer Persönlichkeit stellen alle in den Dienst der Gruppe.

Wir sind nicht bereits ein gutes Team, weil wir eine Ansammlung von Personen sind. Teambildung ist ein Prozess, der so lange andauert, wie das Team besteht. Teamspirit kann jeder Mensch lernen. Aus diesen ganzen Mannschafts- und Gruppenerfahrungen formte sich meine *TEAM-durch-TEAM-Philosophie*:

Toll, **e**in **a**ußergewöhnliches **M**iteinander
durch
totales **E**ngagement **a**ller **M**itglieder.

TEAM DURCH TEAM

Ich will dir anhand der folgenden Seiten näherbringen, was gute Teams ausmacht. Dazu schauen wir auf eins der erfolgreichsten Teams der Welt. Die neuseeländische Rugby-Nationalmannschaft: die All Blacks. In den vergangenen 100 Jahren blieben sie in 75 Prozent ihrer Wettkämpfe ungeschlagen. Eine beeindruckende Erfolgsgeschichte eines High-Performance-Teams, die uns viel über Leadership (Führungsverantwortung) und Teamspirit beibringen kann.

Wer zu den All Blacks gehören darf, wird zum Bewahrer eines Kulturerbes. Er übernimmt damit die Aufgabe, das Trikot dereinst an einem besseren Ort abzugeben, als dem, an dem er es zuerst übergestreift hat. Die Demut und das Verantwortungsgefühl, die daraus resultieren, machen die All Blacks zu besseren Spielern[58]. **T**oll. **E**in **a**ußergewöhnliches **M**iteinander.

Die All Blacks sind nicht einfach ein gutes Team. Sie gehören zu den Besten der Besten. Um dort oben zu bleiben, setzen sie unter anderem hohe Maßstäbe bei Teamkompetenzen an. Sie wählen ihre Spieler nach dem Charakter aus und verfolgen gemeinsam die Entwicklungsmentalität der *Aggregation of Marginal Gains*. Die Anhäufung minimaler Zugewinne.

Diese Mentalität basiert auf folgendem System: 100 Kleinigkeiten, die man um ein Prozent besser erledigt, ergeben in der Summe einen Wettbewerbsvorteil. Diese minimalen Verbesserungen können technischer, physischer, praktischer, operativer oder psychologischer Natur sein. Die Ernährung wird ein bisschen umgestellt, der Laufweg bei einem Spielzug um ein paar Zentimeter verändert, die Rituale in der Spielvorbereitung werden optimiert. Die All Blacks leben diese Mentalität auf individueller und auf Teamebene. Alle hängen sich voll rein. **T**otales **E**ngagement **a**ller **M**itglieder.

Diese Weiterentwicklungskultur, dieses System der ständigen Verbesserung, haben die neuseeländischen Rugbyspieler eingeführt, als sie schon an der Spitze des Erfolgs waren. Sie begeben sich mutig in einen ständigen Prozess der Erneuerung und haben sich das Konzept der Marginal Gains von *British Cycling*, dem britischen Radrennteam, abgeschaut.

Die Briten waren vor diesem System im sportlichen Niemandsland. Mit diesem System kam niemand mehr an ihnen vorbei. Großbritannien war vor diesem System nicht als Radrennnation bekannt. Daher überraschte es selbst die Experten, dass die Briten sich wie aus dem Nichts zu mehreren olympischen Medaillen strampelten.

Es ist wirklich wichtig, dass *alle* mitmachen. Eine Person mit Egomentalität kann den ganzen Spirit des Miteinanders vergiften. Es tauchen immer wieder Menschen auf, die sich selbst über die Mannschaft stellen.

Ich hatte einmal einen Spieler in einer Jugendmannschaft, der meinte, er könne auf einer Spielposition nicht so gut spielen, auf der ich ihn einsetzte. Nach einer gewissen Zeit hatte ich herausgefunden, wie das Gedankengut des Jungen wirklich aussah. Er meinte mit der Aussage: „Das ist nicht meine Position", dass eine andere Position ihm gehörte.

Positionen gehören aber *nie* einem Spieler. Sie gehören immer der Mannschaft. Es drückte sich in vielen Situationen unterschwellig aus, dass er vielmehr darauf bedacht war, auf sein eigenes Konto zu spielen. Ich fand heraus, dass der Junge Privilegien für sich beanspruchte (z. B. „meine" Position, mehr Einsatzzeiten), ohne seine eigenen Ansprüche und seine Leistung angemessen zu hinterfragen.

Es ist ein großer Unterschied, ob man besser ist oder sich für etwas Besseres hält. Das war eine Entwicklung, die ich für mein Team nicht wollte. Im Nachhinein habe ich den Spieler viel zu lange Zeit im Team behalten. Ich habe ein Verhalten zugelassen, das sich gegen die Teamwerte richtet. Das war mein Fehler. Denn: Was wir zulassen, wiederholt sich.

Glücklicherweise verabschiedete er sich ein paar Spiele vor Saisonende selbst aus der Mannschaft. Ein Zeitpunkt, zu dem kein mannschaftsdienlicher Spieler jemals von Bord gehen würde. Doch es war wie eine Befreiung für die Mitspieler. Der Spieler hatte keine Lücke hinterlassen, sondern Platz gemacht. Der Rest der Mannschaft hatte ohne ihn einen noch besseren Zusammenhalt, lief sportlich zur Höchstform auf und holte den Meistertitel. Die All Blacks würden sagen: *No Dickheads.* Schwachköpfe unerwünscht.

Es liegt mir fern, diesen Spieler hier an den Pranger zu stellen. Die Verantwortung lag bei uns als Trainerteam und wir haben es leider nicht geschafft, ihm eine kooperative Haltung beizubringen. Rückblickend betrachtet, haben wir viele gemeinschaftsstiftende Impulse geboten und uns auch eindeutig gegen narzisstisches Verhalten positioniert. Wir sind keine Sucker und brauchen auch keine Egozocker.

Vielleicht hatten wir damals viele gute Impulse. Heute wäre das Repertoire ein noch besseres, denn ich nutze solche Negativerlebnisse immer, um an meinen Führungskompetenzen zu arbeiten.

Es geht in meinen Augen darum, eine gemeinsame Weiterentwicklungskultur in einer Organisation zu etablieren. Sich zusammen weiterzuentwickeln, ist *Evolution*. Sich als wichtiger als alle anderen zu nehmen, bedeutet *Egolution*.

Mein ehemaliger Trainer Erik Wudtke brachte unserem Team bei: „In einer Mannschaft ist keiner der Wichtigste." Weder Superstar noch Torschützenkönig. Wir waren bei meinem Heimatverein BTB Aachen ein Haufen Freunde und Brüder. So spielten und hielten wir auch zusammen. Und das war maßgeblich für unseren Erfolg. Die Summe ergab mehr als ihre Einzelteile. Es gewinnt nicht der beste Einzelspieler, sondern das beste Team.

Herb Brooks nutzte das bei den Olympischen Winterspielen 1980. Der Eishockeycoach der USA setzte beim legendären Triumph über die als unschlagbar geltende UdSSR voll auf Teamspirit. Sie bezwangen mit einer Truppe aus Collegespielern eine dominante Mannschaft mit Superstars, die seit 12 Jahren auf dem ganzen Planeten keiner mehr geschlagen hatte.

Brooks wurde bei der Kaderzusammenstellung vom Co-Trainer ungläubig angeguckt, als er keine bekannten Namen auf dem Zettel entdeckte. Er sagte: „Es fehlen ein paar der besten Spieler . . ." Darauf Brooks: „Ich suche auch nicht nach den besten Spielern. Ich suche nach den *richtigen* Spielern."[59]

VOM GEGENEINANDER ZUM MITEINANDER

Man kann selbst dieser *richtige* Spieler werden. Seine Teamfähigkeit kann jeder Mensch entwickeln. Teamspirit kann jeder Mensch lernen. Damit es der Egozocker lernt, darf dieses Verhalten sich nicht für ihn lohnen. Er kann nur eine bessere Einstellung entwickeln, wenn wir mit ihm arbeiten, coachen und zeigen, wie es richtig geht. Wir dürfen uns da nichts vormachen: Auch unser eigenes Denken und Verhalten müssen wir immer wieder hinterfragen.

- **WIE IST UNSERE EIGENE HALTUNG?**
- **LEBEN WIR EIN MITEINANDER?**
- **HALTEN WIR SELBST DIE TEAMWERTE WIRKLICH HOCH GENUG?**

Wenn wir diese selbst unterwandern, können wir keine persönliche (und damit schon gar keine mannschaftliche) Größe entwickeln. Sonst hieße es ja *über*wandern. *Hintenrum* und *untendurch* bringt uns auf der Reise zum Gipfel des Erfolgs keinen Schritt weiter nach oben.

Es kann auch in guten Teams passieren, dass Leute zu spät kommen und sich dann der Pünktliche denkt: *Wenn die alle zu spät kommen, dann kann ich ja auch zu spät kommen.* Und schon geht es los mit dem sozialen Faulenzen. Wenn bei der Mannschaftsmahlzeit alle zusammensitzen und doch jeder für sich ist, weil er auf das Smartphone starrt, hemmt das – auch bei bestem Funknetz oder Internet – die (zwischenmenschliche) Verbindung. Smartphones führen nachweislich zu Empathieverlust und mehr Narzissmus, wie eine *Egotech-Studie* belegt.[60]

Die Fußball-Bundesligamannschaft des 1. FSV Mainz 05 und ihr Trainer Thomas Tuchel änderten die Regeln bei Mannschaftsmahlzeiten und fuhren danach die besten Resultate der Vereinsgeschichte ein. Der Coach verriet in einem Vortrag, dass sie sich Inspiration von den Besten der Besten geholt hatten. Etwa beim Handball-Rekordmeister THW Kiel, dessen Weltklasseathleten – deutsche Meister, Weltmeister und Olympiasieger – sich gegenseitig Brote für Auswärtsfahrten schmieren.[61]

Zusammenhalt können nicht nur Titelträger. Wenn wir im Sportunterricht oder Vereinssport Gegenstände auf- und abbauen, bediene ich mich gerne des Spruchs: „Viele Hände, schnelles Ende." Zusammen sind wir nicht nur besser, sondern auch schneller.

Teams, die es sich zum Ritual gemacht haben, technische Geräte beim gemeinsamen Essen wegzulassen und gemeinschaftsstiftende Verhaltensweisen in den Vordergrund zu stellen, pflegen bessere Kommunikation und Beziehungen. Der Teamspirit wächst. Aus diesen Erfahrungen folgt: Die Teamwerte müssen hochgehalten werden. Wenn dein Team gar keine definierten Teamwerte, Regeln und Rituale hat, solltet ihr diese gemeinsam festlegen. Das kann, muss aber nicht immer reibungslos verlaufen.

> Bei Teamgesprächen kann es heiß hergehen und sensible Konflikte kommen auf den Tisch. Starke Teams behandeln das aber in einer Atmosphäre von gegenseitigem Vertrauen. Dazu gehört das gegenseitige Anhören und Zulassen von Meinungen. Wenn alle sicher sein können, dass sie keine Missachtung erfahren, agieren sie ehrlich, ziel- und teamorientiert. Das nenne ich echte Diskussions- und Streitkultur.

Mario Reis, Wirtschaftswissenschaftler mit Fokus Organisationspsychologie, bringt es folgendermaßen auf den Punkt: „Ein High-Performance-Team muss sich fetzen können, ohne sich dabei zu zerfetzen."[62]

Klärt für euch:

- **WELCHES VERHALTEN IST NACH UNSEREN MASSSTÄBEN EIN ERFOLGSKILLER UND WELCHES EIN ERFOLGSBRINGER?**

Sonst läuft jeder (vielleicht sogar maximal einsatzbereit) in eine andere Richtung.

Gerade im digitalen Zeitalter wird es zur Herausforderung, diese gemeinsame Richtung zu finden. Teams sehen sich vermehrt an Bildschirmen, manche Teams arbeiten völlig *remote* und sehen sich nie live vor Ort.

- **WAS MACHT DAS MIT UNS?**
- **WAS MACHT DAS MIT DEM ERLEBEN UND ARBEITEN IN EINER GRUPPE?**

Teambildungs- und Teamentwicklungsprozesse müssen neu gedacht werden. Es braucht eine geeignete Mischung aus echter Begegnung mit Austausch von Angesicht zu Angesicht und ein *In-Berührung-Bleiben* mithilfe digitaler Technologien. So können wir uns schreiben, hören und sehen.

Mehr noch: Mario Reis, Mitgründer und Geschäftsführer der Teamarchitekturspezialisten *Monday.Rocks*, entwickelte mit seinem Team eine geniale Software, die, inspiriert aus dem Teamsport, wertvolle Daten für die Erfolgssteigerung in Unternehmen liefert.[63] Es können App-basierte Umfragen und Analysen eingesetzt werden, die Teamdynamik verstehen, fortlaufend die Teameffektivität analysieren und datenbasiert die erfolgreichsten Führungsvorschläge und Teammaßnahmen empfehlen. Das führt zu höherer Leistung bei gleichzeitig höherer Teamidentifikation.

Durch das evidenzbasierte Vorgehen mit IT-gestützten Werkzeugen, anstatt Entscheidungen aus dem Bauch heraus zu treffen, kann nachweislich Budget gespart werden und in Maßnahmen investiert werden, die dem Team aktuell am meisten weiterhelfen. Die beste Software einzusetzen, sollte natürlich nicht dazu führen, dass man ausschließlich mit der Software kommuniziert. Ohne den analogen Austausch vergeuden wir wertvolle Teampotenziale.

Die guten Organisationen investieren in Organisationsentwicklung, indem sie in die Persönlichkeits- und Teamentwicklung investieren. Der Fachbegriff aus dem Personalwesen lautet *Human Resources* und meint, dass die Menschen das wahre Kapital eines Unternehmens sind. Entwickeln wir ihre Potenziale und finden eine gemeinsame Richtung, kann das übergeordnete Teamziel besser erreicht werden.

Niemand ist wichtiger als das Team. Aber ist deswegen niemand wichtig? Die Gefahr, die aus dem Hochhängen des Teamgedankens resultieren kann, ist, dass der Einzelne vergessen wird.

Natürlich muss sich auch jeder Einzelne in einem Team entfalten können. Allzu schnell wird der Individualist als Egozocker fehlgedeutet. Jemand, der stark auf seine individuellen Stärken vertraut, hat vielleicht gute Erfahrungen damit gemacht, Dinge für die Gemeinschaft im Alleingang zu regeln. Diese individuellen Stärken gilt es, für das Team nutzbar zu machen.

Das unterstreicht der spanische Fußballphilosoph Jorge Valano mit folgendem Statement: „Es geht nicht darum, einem Individualisten beizubringen, wie er mit der Mannschaft klarkommt. Es geht darum, der Mannschaft beizubringen, wie sie mit einem Individualisten umgeht . . . Vor lauter kollektivem Denken ist das Talent unter die Räder gekommen!"[64]

Wenn jede Person macht, was sie will, haben wir ein chaotisches Team. Wenn alle sich starren Mannschaftsnormen unterwerfen, haben wir ein passives Kollektiv ohne individuelle Gestaltung. Wir brauchen eine passende Mischung aus persönlicher Individualität und mannschaftlicher Einheit. Jedes Teammitglied sollte einen angemessenen Handlungsspielraum im Rahmen von Teamvorgaben erhalten, um seinen bestmöglichen Beitrag für die Teamleistung erbringen zu können. Mit der Musketiermentalität ausgedrückt: einer für alle und alle für einen.

Die erfolgreichsten Teams verfolgen beides: Teamziele und persönliche Ziele. Wer auch mit gutem Gewissen egoistische Motive neben den noch wichtigeren selbstlosen Motiven im Blick haben darf, arbeitet motivierter und effektiver für den Gemeinschaftserfolg. Deswegen ist beides bedeutsam: Teamerfolg und persönlicher Erfolg. Wer sich dieses Erfolgsupdate vollends auf seine Festplatte im Kopf aufspielt, der kann seine Art, Erfolg zu haben, revolutionieren.

Ich sage zu Schulklassen, Sportmannschaften und Unternehmen oft, dass jede einzelne Person wertvoll ist. Dazu führe ich gerne Übungen wie *das wertvolle Teammitglied* durch (siehe Anhang, S. 215), bei der jedes Mitglied über jedes andere dessen Stärken nennt. Ich vermittle, was ich selbst beigebracht bekommen habe: „In einer Gruppe sind alle wichtig."

Erik Wudtke würde sagen: „In einer Mannschaft ist keiner der Wichtigste." Nun möchte ich aus beiden Zitaten ein gemeinsames Teamzitat machen: „In einem Team sind alle wichtig und keiner ist der Wichtigste." Diese Synergie bringt es noch besser auf den Punkt. Gemeinsam schaffen wir eben mehr.

Viele sehen meinen Torerekord als persönlichen Erfolg. Dabei ist er in meinen Augen ein Teamerfolg. Ein Teamerfolg vom TV Korschenbroich, einem der besten Teams, in denen ich je spielen durfte. Es braucht viele Komponenten, die zusammenlaufen müssen, damit eine Person 317 Tore in einer Handballsaison werfen kann. Unser Spielsystem legte einen Schwerpunkt auf Tempo- und Angriffshandball, was meiner Schnelligkeit und dem Wurfrepertoire entgegenkam.

Der Matchplan war oft darauf zugeschnitten, dass ich in vielen Spielsituationen zum sogenannten *Entscheidungsträger* wurde. Meine Mitspieler haben mir Räume freigehalten, um diese Entscheidungen leichter treffen zu können. Wenn Mitspieler einen Siebenmeter-Strafwurf rausholten, durfte ich den meistens werfen. Und es gab einen Trainer, der mir das Vertrauen und Einsatzzeiten gab.

In der Abwehr wurde zeitweise ein besserer Abwehrspieler für mich eingewechselt, was mir Pausen verschaffte und mehr Energie für die Angriffsaktionen übrig ließ. Gemeinsam schaffen wir mehr. Teamwork makes the dream work.

Dirk Nowitzki machte nicht alleine 30.000 NBA-Karriere-Punkte. Er hatte eine Mannschaft, einen Personal Trainer, ein Team mit Physiotherapeuten, Köchen und Beratern. Diana Nyad schwamm nicht alleine von Kuba nach Florida.

- **WAS DENKEN WIR EIGENTLICH?**
- **SIE NAHM SICH EIN MESSER ZWISCHEN DIE ZÄHNE UND SCHWAMM DRAUFLOS UND WENN EIN HAI KAM, HAT SIE DEN EINFACH ABGESTOCHEN?**

Nein, sie hatte ein Team. Ärzte, Psychologen, die beste Freundin, einen Partner für Ausrüstung, modernste Technologie, um Haie, Giftquallen und Unwetter im Vorfeld aufzuspüren. Die erfolgreichsten Persönlichkeiten sind keine Einzelkämpfer, sondern Teamplayer in Führungspositionen.

Es braucht Leute, die uns diese Haltung vorleben und beibringen. Es braucht in jedem guten Team Führungspersönlichkeiten. Leader. Diese sollten nicht über allen machtsüchtig thronen, wie der König über dem unterdrückten Volk.

Das Credo ist: Führe nicht, um zu herrschen, sondern um zu dienen. Du dienst dem maximal möglichen Erfolg des Teams. Du hältst eure lohnenswerten Ziele hoch. Du gibst Verantwortung ab und entwickelst damit Gruppenmitglieder, die sukzessive mehr Verantwortung übernehmen.

Oder in der Sprache der All Blacks gesprochen: Leader bringen Leader hervor. Das ist möglich in jeder Art von Team. Das gilt nicht nur für Sportmannschaften, sondern auch für Familien oder Unternehmen.

Eine kooperative Teamkultur schafft einen Wettbewerbsvorteil. Das ist besonders wichtig in einer Zeit, in der die Menschheit nach Unabhängigkeit und Selbstverwirklichung strebt. Wir sind abhängig von unseren Eltern und Schutzbefohlenen, doch wir streben mit zunehmendem Alter danach, uns abzunabeln. Selbstständig zu werden. Daher wird die Unabhängigkeit oft als höchstes Gut glorifiziert. Demnach seien wir erfolgreicher, je unabhängiger wir würden.

Es existiert jedoch eine höhere Stufe, in der sich Erfolg vervielfacht: Interdependenz, wechselseitige Abhängigkeit. Das bedeutet, dass wir gemeinsam mehr erreichen, als jeder für sich alleine je zustande bringen könnte. *Interdependenz* wird oft mit Abhängigkeit verwechselt, weil ich andere zum Erfolg brauche. Aber die andere Person braucht auch mich! Gemeinsam sind wir mehr als die Summe unserer Einzelteile. Der Sportpsychologe Lothar Linz drückt das so aus: „Das Wunder des Teams: Jeder gibt etwas und am Ende haben alle mehr.“[65]

Durch diese Kooperation funktionieren die erfolgreichsten Organisationen der Welt. Unternehmen, Vereine, Schulklassen, Sportteams, Familien, Freundschaften, Paarbeziehungen. Ob nun flache oder steile Hierarchien in einem System branchenüblich sind, sollte für den Umgang miteinander keine Rolle spielen. Wir können uns auf unterschiedlichen Hierarchieebenen befinden, treffen uns menschlich jedoch immer auf Augenhöhe. Die Qualität der Beziehungen ist der Schlüssel zur kooperativen Teamkultur und zu *Team Flow*, worauf wir später noch tiefer eingehen werden.

Stephen R. Covey schrieb mit *Die 7 Wege zur Effektivität* eines der einflussreichsten Wirtschaftsbücher unserer Zeit und half unzähligen Organisationen, ihren Teamspirit entscheidend zu verbessern.[66] Coveys Prinzipien kommen auf allen Kontinenten zum Einsatz. Sein emotionales Beziehungskonto kann als Fundament für Teamerfolg verstanden werden.

Genau wie bei einem Bankkonto, können Abhebungen und Einzahlungen bei einer Beziehung getätigt werden. Ist das Konto in den Miesen, besteht kein Vertrauen zum Gegenüber. Wir sind nicht bereit, etwas für diese Person zu tun. Für einige Leute hingegen würden wir quasi alles tun, weil wir ihnen blind vertrauen. Hier ist das Beziehungskonto prall gefüllt. Je voller das Beziehungskonto ist, desto größer wird unser gemeinsamer Erfolg.

Wenn wir in die Beziehung einzahlen und Abhebungen entschuldigen, sind wir auf dem richtigen Weg. Denn die zwischenmenschliche Führung sollte durch eine Win-win-Denkweise gekennzeichnet sein. Win-win ist eine Einstellung, bei der Herz und Verstand immer Vorteile für beide Seiten suchen. Es geht darum, nach der besten Lösung für alle zu streben. Im Wettkampf geht es um Win-lose (Wettkampfkultur).

Wir wollen gewinnen, der Gegner soll verlieren. Das erreichen wir am besten, mit einem Win-win-Zusammenhalt (Kooperationskultur). Dazu kommen Prinzipien der einfühlenden Kommunikation: erst verstehen, dann verstanden werden. Das kennen wir schon vom Entwicklungsfeld *Körpersprache* weiter oben in diesem Buch.

Der Schlüssel zu effektiver zwischenmenschlicher Kommunikation ist: zuhören, um zu verstehen, nicht, um zu antworten. Wenn der andere sich verstanden fühlt, ist er offener für meine Sichtweise. So können wir eine bessere gemeinsame Sichtweise entwickeln (Win-win).

Du solltest dir Folgendes bewusst machen: Es existieren verschiedene Menschen- und Persönlichkeitstypen. Es gibt Geschlechter- und Generationsunterschiede. Es gibt unzählige Meinungen und Sichtweisen. Das alles in einem Team übereinzubringen, geht besser, wenn wir einander *wirklich* verstehen.

Die Unterschiede werden oft als Problem angesehen, dabei können sie als Vorteil genutzt werden. Erfolgreiche Unternehmen betreiben *Diversity Management*. Den gewinnbringenden Umgang mit Vielfalt. Wie wir bereits wissen: Die guten Organisationen investieren in Organisationsentwicklung, indem sie in die Persönlichkeits- und Teamentwicklung investieren. Das erhöht signifikant die unternehmerischen Erfolgschancen.

Ich habe in verschiedenen Schulformen gelernt und gearbeitet. Darunter auch eine inklusive Gesamtschule, die vielfältigste Schulform, die wir in Deutschland haben. Alle Diversity-Dimensionen von Alter, Geschlecht über soziale Herkunft, Religion, körperliche und geistige Fähigkeiten bis hin zu Sexualität und Nationalität unter einem Dach. Ich halte das für das beste Lernfeld für Diversity Management.

Wir lernen, Andersartigkeit als Einzigartigkeit zu wertschätzen. Wir entwickeln Verständnis für den anderen und nutzen die Stärken von allen für die Gemeinschaft. So die schöne Theorie. In der Realität steht und fällt diese Erfolgsgeschichte mit den Führungskompetenzen von Leadern. Das fängt bei Klassensprechern und Lehrkräften an und hört bei Politikern und Staatsoberhäuptern auf.

Gelingt es uns, in Team- und Gemeinschaftskultur zu investieren, erreichen wir ein Erfolgslevel, das über dem Einzelkämpfertum steht. Covey würde von den *Prinzipien der kreativen Kooperation* sprechen. Echte Synergien entstehen durch das Win-win-Denken und einfühlende Kommunikation. Wir schaffen neue und bessere Lösungen, als es bisher gab. Die Summe ist dann mehr als ihre Einzelteile. Es entsteht ein Mehrwert durch Miteinander.

Verliererteams leben ein Gegeneinander oder ein Nebeneinander. Gewinnerteams leben ein Miteinander. Das Hin zum Miteinander ist ein wichtiger Entwicklungsschritt für Teams. Doch es ist noch mehr möglich.

VOM MITEINANDER ZUM FÜREINANDER

Ich komme noch einmal auf unser Team beim TV Korschenbroich zurück, mit dem wir Düsseldorf im Pokal geschlagen hatten, darüber hinaus auch viele andere vermeintlich stärkere Mannschaften. Dort hatten wir so ein Team, mit dem mehr möglich war. Der Kernwert *Zusammenhalt* wurde bei uns sehr großgeschrieben. Es gab lohnenswerte Teamziele, die gemeinsam erarbeitet wurden.

Es gab eine klare Rollenverteilung und eine Hierarchie, die stimmig war. Ein Trainer, der Ansagen machte, aber auch Mitbestimmung zuließ und dadurch Leadership entwickelte. Jeder wusste, was er zu tun und zu lassen hatte und fühlte sich als wertvoller Teil einer Mannschaft. Wir feilten ebenso an Abwehrsystemen und Spielzügen wie an Teamkörpersprache und Teamgeist.

Für die Fahrt zum Training bildeten viele eine Fahrgemeinschaft. Wir hielten die Stimmung auch in schlechten Phasen hoch. Besonders nach knappen Niederlagen fühlen sich ehrgeizige Leistungssportler mies. Wir stellten dann nicht destruktiv alles infrage, sondern konzentrierten uns auf die Anhäufung minimaler Zugewinne. Wir fragten uns:

- **WELCHE EINE SACHE KANN JEDER EINZELNE VERÄNDERN UND VERBESSERN?**

Diese Frage hat wieder Mut gemacht und Selbstvertrauen gegeben, denn es war für alle machbar, eine Sache um ein Prozent zu verbessern. Wenn wir das schafften, würden wir beim nächsten Mal knapp gewinnen.

Es gab Mannschaftsabende und Kabinenfeste. Ein Kabinenfest ist eine kleine Geburtstagsfeier nach einem Training in der Umkleidekabine, zu der das Geburtstagskind mit Essen und Trinken einlädt. Es gab einen Vergnügungsausschuss, der diese und weitere Aktivitäten initiierte. Es fand sogar ein *Bad Taste Training* zu Karneval statt, bei dem kostümiert trainiert wurde. Mit Spaß und guter Stimmung und gleichzeitig seriös und mit professioneller Zielgerichtetheit.

Auch die Mannschaftstour nach Mallorca durfte nicht fehlen. Während sich schlechte Mannschaften beim abendlichen Feiern in Bars und Diskotheken allzu schnell verstreuten, feierten wir sehr viele Stunden mit dieser verschworenen Gemeinschaft. „Denn nichts schweißt eine Mannschaft so eng zusammen, wie eine durchzechte Nacht", wusste es Phillip Crone, deutscher Hockeynationalspieler und Weltmeister, auszudrücken.[67]

Auch andere Teams haben Teamziele, Kabinenfeste und Mannschaftsfahrten. Aber der beste Teamspirit kann sich nur entwickeln, wenn wir statt dem Miteinander noch eine Stufe höher gehen. In dieser Mannschaft war die Meinung und der Gefühlszustand von jedem den anderen Teammitgliedern wichtig. Es entstand echtes Win-win-Denken.

Aus Konkurrenten auf einer Spielposition wurden auch Partner, die sich gegenseitig das Beste wünschten und füreinander in die Bresche sprangen. Wir fachten uns gegenseitig zu mehr Leistung an. Der Teamerfolg stand über allem. Der persönliche Erfolg wurde dem Mitspieler gegönnt und gewünscht. Für Egotrips war kein Platz. Kein Platz für negative Gruppenphänomene.

Wir waren dabei nicht perfekt und hatten auch Rückschläge. Doch 100 Kleinigkeiten machten wir um ein Prozent besser. Das Entscheidende dabei: Wir taten, was wir taten, für den Mann neben uns. Wir arbeiteten nicht bloß miteinander. Wir arbeiteten *füreinander.* Je besser wir das begriffen, desto erfolgreicher wurden wir.

Ich tue es für dich und du tust es für mich. Und wir tun es für unser Team. Mit dieser Einstellung spielten wir oft im Flow und schlugen trotz kleinem Budget und schwächeren Einzelspielern weitaus stärkere Gegner.

Der Sportpsychologe Lothar Linz, mit dem wir in Korschenbroich zusammenarbeiten durften, bringt den Unterschied, den Miteinander und Füreinander erzeugen, auf den Punkt:

„Menschen, die miteinander arbeiten, addieren ihre Potenziale. Menschen, die füreinander arbeiten, multiplizieren ihre Potenziale."

Die besten Teams leben ein Füreinander. Der Entwicklungsschritt vom Miteinander zum Füreinander kann die Art des Erfolgs revolutionieren. Aus einer Mannschaft, die man mag, wird eine Mannschaft, die man liebt. Aus beachtlichem Erfolg wird außergewöhnlicher. Mit den Worten der Musikband *Die fantastischen Vier*, die für den Hit *Zusammen* ein Team mit *Clueso* bildete: *„Wir sind zusammen groß. Wir sind zusammen eins."*[68] Aus dem Wir-Gefühl: *Das schaffen wir zusammen,* wird: *So zusammen war noch keiner!*

In ihrem Musikvideo zum Song singen *Die Fantastischen Fünf* vom Zusammensein, präsentieren sich aber verhasst und giften sich gegenseitig an.[69] Damit geben die Rapper durch die Blume einen weiteren Hinweis für den Erfolgsfaktor Teamspirit: Rede nicht nur von Zusammenhalt, sondern lasse Taten folgen! Floskeln dreschen kann nämlich jeder.

Zum Schein zusammensein,
macht den Erfolg nur klein.
Lass es sein.
Das schränkt nur ein.
Jeder für sich allein.
Nein!

Wow, ich hätte Rapper werden sollen. Überprüfe einmal mit der Checkliste: *Teamspirit stärken*, was alles auf dein Team zutrifft (siehe Anhang, S. 208). Es ist ein gewaltiger Unterschied, ob man TEAM labert oder TEAM lebt.

CHECKLISTE: TEAMSPIRIT STÄRKEN

Es geht übrigens nicht darum, ständig aufeinander zu hocken. Zu viel Miteinander kann nämlich auch ein Teamkiller sein. Es geht nicht um das physisch ununterbrochene Zusammensein, sondern um die enge psychische Verbindung. Ein Teamkamerad muss nicht zwingend der beste Freund sein, sehr wohl aber jemand, auf den man sich hundertprozentig verlassen kann.

Zusammensein ist eher ein örtliches Phänomen, zusammenhalten hauptsächlich ein emotionales. Tatsächlich gewinnt man dadurch nicht nur auf der emotionalen Ebene. Es ist ein Gewinn, Teil eines Teams zu sein, welches buchstäblich füreinander arbeitet. Und wie eingangs betont: Gewinnen ist ein großartiges Gefühl. So lebt man Zusammenhalt.

In einer solchen Umgebung des Zusammenhalts entsteht Team Flow. Wir erinnern uns: Flow, der produktive Zustand, in dem wir in unseren Tätigkeiten so aufgehen, dass wir Raum und Zeit vergessen können und die Dinge wie mühelos gelingen. Eine Passung zwischen Person und Situation, in der Fähigkeiten und Herausforderung so zusammenpassen, dass wir weder überfordert noch gelangweilt sind.

Diesen Zustand können auch Teams erleben. Es entstehen positive Effekte wie bessere Performance, mehr Kreativität und stärkere Ideen, Teampositivität und ein höheres Zufriedenheitsniveau.[70] Kurz gesagt: Der Zustand des Team Flows ist hochproduktiv und macht Riesenspaß. Erfolgreiche Teams erleben häufiger Team Flow.

Für Jef van den Hout ist Team Flow mehr als die Summe des optimalen Funktionierens mehrerer einzelner Personen. Der Niederländer identifiziert sieben Voraussetzungen für Team Flow[71], die sich auch in der TEAM-durch-TEAM-Philosophie und in den Beispielen in diesem Kapitel wiederfinden:

- kollektiver Ehrgeiz;
- ein gemeinsames Ziel;
- persönliche Ziele (die zum gemeinsamen Ziel passen und diesem dienen);
- hohe Passung unterschiedlicher Skills und Fertigkeiten;
- offene Kommunikation;
- eine Atmosphäre von Sicherheit (auch *psychologische Sicherheit* genannt);
- gegenseitige Verbindlichkeit.

Sind diese Voraussetzungen in einem hohen Maße erfüllt, entsteht ein Gefühl von Gemeinsamkeit, von gemeinsamem Fortschritt, Vertrauen und ein ganzheitlicher Fokus, genannt: Team Flow.

Zu einem ähnlichen Ergebnis kommen auch die Forscher der Deutschen Sporthochschule Köln, die das Phänomen als *Group Flow* systematisch erforschen[72]. Nach einem *Scoping Review* (Überblick über die bisherigen Forschungsergebnisse in diesem Feld) entwickelten sie eine integrative Group-Flow-Theorie, welche unterstreicht, dass es vor allem eine hohe Passung zwischen den Personen sowie zwischen Aufgabe und Personen für Group Flow geben muss. Dies wird insbesondere erleichtert durch eine positive Beziehungsqualität der Gruppenmitglieder untereinander.

Das ist der wissenschaftliche Hintergrund, weswegen ich neben all den Praxiserfahrungen den Teamspirit hier so hoch hänge. Eine Teamkultur des Füreinanders liefert die besten Ergebnisse und fühlt sich für alle am besten an. Teamfähigkeit ist damit in hohem Maße auch Kommunikations- und Beziehungsfähigkeit.

- **WAS KÖNNEN WIR KONKRET FÜREINANDER TUN?**

Je besser die Antworten sind, die wir darauf finden und danach handeln, desto mehr Erfolg werden wir gemeinsam erreichen.

WAS ERFOLGREICHE TEAMS AUSMACHT

Das alles und noch mehr macht erfolgreiche Teams aus und beschreibt für mich eine TEAM-durch-TEAM-Philosophie. Ich möchte sie als einen Weg vom *Ich* über das *Du* zum *Wir* skizzieren. Vom Selbst über die Verbindung zum Gegenüber zum gemeinsamen Team. Die Beantwortung folgender Fragen im Dreiklang Ich-Du-Wir bildet die Basis für erfolgreiche Teamentwicklung:

- **ICH: WIE KANN ICH EINE BESSERE VERSION VON MIR SELBST WERDEN?**
- **DU: WIE KANN ICH EINE EBENE MIT DIR FINDEN?**
- **WIR: WIE KÖNNEN WIR UNS GEMEINSAM FÜR DAS TEAM EINBRINGEN?**

Erfolgsmenschen leben die Gewinnermentalität, sich immerzu verbessern zu wollen. Du und ich können das auch. Dabei werden und müssen wir nie perfekt sein. Aber in jedem Menschen steckt seine beste Version. Unser Ziel ist es, diese Version zu entwickeln. Für uns bedeutet Erfolg demnach, das Beste aus sich herauszuholen. Das Gewinnen in Form des Ergebnisses ist davon ein Nebenprodukt. Denn wenn ich alles gebe, kommt das bestmögliche Ergebnis ohnehin heraus.

Zudem ist der Aspekt der Unabhängigkeit bedeutsam, um sich selbst zu verwirklichen. Dies ist das Fundament, um zu wahrer Größe aufzusteigen. Denn es existiert noch ein Erfolgslevel, welches über der Unabhängigkeit steht: Interdependenz, wechselseitige Abhängigkeit.

Diese Abhängigkeit ist etwas Positives. Wir erkennen, dass wir einander für den großen Erfolg brauchen. *Du bist wertvoll für mich und ich bin wertvoll für dich.* Finden wir eine gemeinsame Ebene, können wir unsere Potenziale voll ausschöpfen.

Es geht darum, unsere beste Version mit Teamfähigkeit in Win-win-Kooperationen so einzubringen, dass echte Synergien entstehen. Jeder ist dabei wichtig und kann einen Unterschied machen. Und Führung geht nicht nur allein *von denen da oben* aus, sondern ist ein Resonanzphänomen. Führung geht uns alle an. Vom Ich zum Wir. Mit Teamgeist ergibt die Summe mehr als ihre Einzelteile.

Je besser die Beziehungsqualität der Gruppenmitglieder untereinander ist, desto eher kann Team Flow entstehen. Das gilt für Sportteams, Geschäftspartnerschaften, Schulklassen, Familien und Paarbeziehungen. Gemeinsam schaffen wir mehr Wert. Gemeinsam erschaffen wir Mehrwert. Mit dieser gelebten Kooperationskultur vervielfachst du Erfolg.

Verliererteams leben ein Gegeneinander oder ein Nebeneinander und eliminieren ihre Potenziale. Gewinnerteams leben ein Miteinander und addieren ihre Potenziale. Die besten Teams leben ein Füreinander und multiplizieren ihre Potenziale. Füreinander da zu sein, ist in erster Linie eine Charakterfrage.

Für die neuseeländischen Rugbyspieler schlägt der Charakter das Talent. Das Mantra der All Blacks lautet: „Bessere Menschen bedeuten bessere All Blacks." *Die Fantastischen Vier* singen: „So zusammen war noch keiner." Das Credo der TEAM-durch-TEAM-Philosophie drückt es so aus: **T**oll, **e**in **a**ußergewöhnliches **M**iteinander durch **t**otales **E**ngagement **a**ller **M**itspieler.

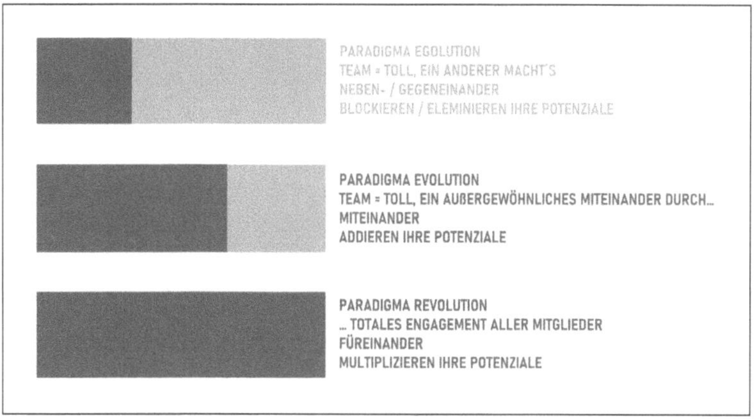

Erfolgsupdate Teamfähigkeit

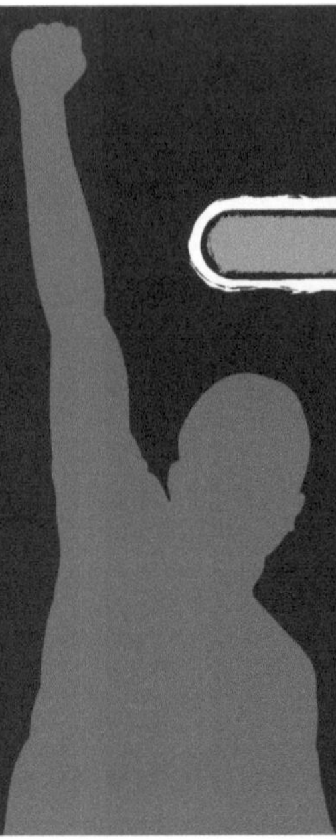

TEIL 3
IN DIE UMSETZUNG KOMMEN

Im zweiten Teil hast du dir einige Erfolgsupdates auf deinen Kopf geladen. Ich hoffe, bisher war lohnenswerter Input dabei, ganz gleich, wo du dich aktuell in deiner Entwicklung siehst. Vielleicht fühlst du dich in einigen Punkten bestätigt: „Das weiß ich doch schon." Glückwunsch. Das geht nicht allen Menschen so.

Ich frage mich in so einer Situation selbst: „Weiß ich. Und warum mache ich das dann noch nicht so?" Mit dieser Frage laufe ich nicht Gefahr, zum Besser*wisser* zu werden, sondern ergreife die Chance, mich zum Besser*macher* weiterzuentwickeln. Denn so komme ich ins Handeln. Meine Antworten auf diese Frage sind dann keine Worte, sondern Taten. Je besser mir das gelingt, desto erfolgreicher entwickle ich mich weiter.

Ich wünsche dir ebenfalls diesen Tatendrang, wenn es jetzt in Teil 3 an die Umsetzung geht. Und die Umsetzung beginnt wo? Richtig, im Kopf. Hier bilden wir durch wiederholte Gedanken *und* durch wiederholte Taten stabile Datenautobahnen und ganze neuronale Netzwerke. Ohne diese

Verknüpfungen bleibt alles blasse Theorie. Update unvollständig. Gehen wir also nun gemeinsam diesen wichtigen Schritt vom Denken zum Tun.

- **HAST DU BIS HIERHIN SCHON EINIGE IMPULSE FÜR DIE PRAXIS GENUTZT?**

Wenn ja: sehr gut, weiter so! Falls nicht, ist das überhaupt kein Problem. Das geht vielen Menschen so. Deswegen gehen wir in Teil 3 mit dir in die Umsetzung. Gewinner lassen sich nicht nur unterhalten, sondern wenden das Gelesene auch an. Sie programmieren sich auf Erfolg. Dafür trägst allein du die Verantwortung. Diese kann dir kein Coach und kein Buch abnehmen. Das Buch liefert Fachwissen, Methoden und Beispiele. Der Leser ist Experte für sich selbst und die Anwendung.

Wir hätten noch weitere Erfolgsfaktoren und Entwicklungsfelder beleuchten können, doch ich sagte ja schon eingangs, dass ich hier keinen Anspruch auf Vollständigkeit, sondern auf Bedeutsamkeit lege.

Im Grunde bekommst du in Teil 3 noch vier weitere Erfolgsupdates an die Hand. Ich verorte sie mal in den Bereich *Bildung und Lernen*. Sie etablieren erfahrungsgemäß eine Weiterbildungskultur und haben eine hohe Umsetzungsquote. Deswegen beschäftigen wir uns damit.

Ich möchte, dass du dein Leben zum Besseren verändern kannst und nicht nur mehr weißt. Weiterhin gilt: alles Schritt für Schritt. Du musst nicht alles auf einmal optimieren. Minimale Zugewinne. 100 Kleinigkeiten ein Prozent besser machen. Oder in einer Sache jeden Tag ein Prozent besser werden. Das sind die Herangehensweisen der Champions.

Wir werden uns jetzt anschauen, wie Erfolgsmenschen Ziele setzen. Wir werden erarbeiten, wie wir Vorbildern nacheifern können. Wir werden erkennen, wie sehr Coaching ein Erfolgskatapult sein kann. Der Abschluss ist gleichzeitig dein persönlicher Startschuss: 3-2-1-LOS!

Du wirst einen Stift brauchen, Übungen durchführen und alltagstaugliche Praxistipps erhalten. Sei bereit, jetzt ins Handeln zu kommen. Es gibt nichts Gutes, außer man tut es.

KAPITEL 9
ZIELE SETZEN – ZIELE VON GEWINNERN

Du hast nun einiges an Wissen über verschiedene Erfolgsfaktoren dazugewonnen. Du kennst jetzt Möglichkeiten, wie du deine mentale Stärke entwickeln kannst. Du hast eine Vorstellung davon, wie die Körpersprache von Gewinnern aussieht und wirst ab sofort einen besseren Blick dafür haben. Auch die Inhalte zum Thema Motivation und Willenskraft waren hoffentlich unterhaltsam und inspirierend.

Und dies alles verknüpft mit Teamspirit . . . wer soll dich noch aufhalten? Ich verrate es dir: die Untätigkeit. Um nun von dem Wissen zu profitieren, musst du die Gesetze der Umsetzung beachten. Schneide die Erkenntnisse dieses Buchs konkret auf dich zu. Leite daraus konkrete Ziele für dich ab. Ziele gehören zu den besten Ansätzen, um ins Handeln zu kommen.

- **WIE LAUTEN DEINE KONKRETEN ZIELE?**
    - Mentale Stärke?
    - Teamfähigkeit?
- **WIE SIEHT ES AUS MIT DEN VERSCHIEDENEN LEBENSBEREICHEN?**
    - Gesundheit?
    - Liebe?
    - Geld?
    - Sport?

Nur ein Schlagwort als Ziel im Sinn zu haben, ist etwas wenig. Doch genau das tun die meisten Menschen. Sie beschäftigen sich nicht oder nicht intensiv mit Zielen und wundern sich, warum sie keinen Erfolg haben. Wer kein Ziel hat, kann auch nicht ankommen. Oder wie der chinesische Philosoph Laotse (sechstes Jahrhundert vor Christus) sprach: „Nur wer sein Ziel kennt, findet den Weg."

AUS DEM NEBEL IN DIE KLARHEIT UND ZUM ERFOLG

Wer sich keine konkreten Ziele setzt, hat oft nur eine diffuse Vorstellung davon, wo es hingehen soll. Das ist, wie im dichten Nebel zu stehen. Du wirst ausgebremst und weißt nicht genau, ob du auf dem richtigen Weg bist. Ein guter Start ist, sich überhaupt Ziele zu setzen, denn ohne sie fehlt Orientierung. Ein besserer Start ist, sich von Anfang an smarte Ziele zu setzen.

- **WIE DAS GEHT?**

Dazu werden wir später kommen. Alles läuft Schritt für Schritt ab. Beim Weg nach oben zum Erfolgsgipfel musst du nicht alles auf einmal schaffen. Jetzt geht es darum, dich darauf einzustellen, nicht nur zu lesen.

Wir hatten weiter oben schon schriftlich festgehalten, dass du einen Stift brauchst. Denn nun solltest du einiges aufschreiben. Du kannst in dieses Buch oder auf ein Blatt schreiben. Alternativ kannst du auch auf einem Bildschirm deine Ausführungen eintippen. Du kannst auch mit einem Touch Pen handschriftlich auf ein Tablet schreiben. Nutze gerne moderne Technologie, doch nutze – um die Update-Analogie noch einmal aufzugreifen – vor allem dein Gehirn. Entfalte dein volles Potenzial durch das *Zielesetzen wie Erfolgsmenschen*.

Ich rate energisch davon ab, dieses Kapitel einfach zu überfliegen. Gehe die kommenden Seiten nicht nur theoretisch durch, sondern schreibe auf! Du wirst aus dem Nebel treten und eine klare Sicht gewinnen.

Studien belegen das: Studenten der Universität Yale wurden befragt, ob sie sich ihre Ziele aufschreiben. Das taten nur drei Prozent. 20 Jahre später wurden diese Menschen erneut befragt. Das Ergebnis war atemberaubend. Die drei Prozent mit den schriftlich fixierten Zielen hatten mehr Vermögen angehäuft als die restlichen 97 Prozent zusammen.[73]

Eine Studie aus Harvard kommt zu einem ähnlichen Ergebnis.[74] In einer Langzeitstudie, welche regelmäßig zum Thema *Werdegang von Studienabgängern über einen sehr langen Zeitraum* durchgeführt wird, zeigt sich Folgendes:

83 Prozent der Studienabgänger hatten sich keine Ziele für ihre Karriere gesetzt. 14 Prozent hatten eine klare Zielsetzung für ihre Karriere, die sie aber nicht schriftlich fixiert hatten. Ihr Einkommen lag im Durchschnitt dreimal so hoch wie das der *ziellosen* Abgänger. Drei Prozent der Studienabgänger hatten ihre klar formulierten Ziele aufgeschrieben. Sie verdienten 10-mal so viel.

Bitte gehöre zu den drei Prozent! Think it, then ink it. Es wird sich nicht nur auf deinen finanziellen Erfolg auswirken.

Es gibt noch viele andere Ziel- und Lebensbereiche, die für dich wichtig sind, richtig? Treten wir aus dem Nebel in die Klarheit. Zunächst solltest du dir Klarheit über folgende Frage verschaffen:

- **WIE WICHTIG SIND DIR DIE EINZELNEN ZIEL-/LEBENSBEREICHE?**

Bewerte dazu die Bedeutsamkeit auf einer Skala von 1-10 (1 = gar nicht wichtig. 10 = überaus wichtig). Du kannst gerne die vorgeschlagenen Bereiche anpassen oder weitere Bereiche ergänzen.

Ziel-/Lebensbereich	Wert (1-10)
Gesundheit/körperliche Fitness	
Schulische Laufbahn/berufliche Karriere	
Finanzen/Vermögen	
Persönliches Wachstum/mentale Fitness	
Liebe/Partnerschaft	
Familie/Freunde	
Lebenssinn/Lebensziel	

Ziel/Lebensbreich

Die genannten Beispiele sind gängige Einteilungen von Lebensbereichen. Du wirst sie in der Erfolgs- und Ratgeberliteratur so oder so ähnlich häufiger finden. Du kannst auch gerne im Schema des Buchs denken und die folgende Tabelle verwenden. Im Anhang findest du bei Bedarf eine *Übersicht Entwicklungsfelder/Erfolgsupdates* (S. 218f.)

Zielbereich als Entwicklungsfeld/Erfolgsupdate	Wert (1-10)
Mentale Stärke	
Körpersprache	
Motivation und Willenskraft	
Teamfähigkeit	

Zielbereich als Entwicklungsfeld/Erfolgsupdate

Glückwunsch! Damit würde ich dich noch nicht zu den goldenen drei Prozent zählen, jedoch lässt du die *Gruppe der Ziellosen* bereits jetzt hinter dir. Durch diese einfache Übung ergibt sich ein erster Überblick und eine Priorisierung. Machen wir weiter.

Von grob nach fein. Überlege dir, welcher Ziel-/Lebensbereich bzw. welches Entwicklungsfeld dir momentan am wichtigsten ist. In welchem Bereich möchtest du dich verbessern? Weitere Ziele können später folgen. Widme dich nun diesem einen Bereich und nähere dich einer Zielformulierung an. Notiere deine Gedanken zu diesem Bereich:

- **WAS KOMMT MIR SPONTAN IN DEN SINN?**
- **WAS GEHÖRT FÜR MICH DAZU?**
- **WAS WÜNSCHE ICH MIR?**
- **WOVON TRÄUME ICH?**

Tipp: Du kannst deine Gedanken als Schlagworte oder ganze Sätze aufschreiben. Auch eine Mindmap oder eine Skizze lassen wir gelten. Was dir mehr liegt. Nimm dir ausreichend Zeit, um die Gedanken zu sammeln. Das macht eine präzise Formulierung nachher leichter.

Mein wichtigstes Ziel-/Lebensbereich bzw. mein wichtigstes Entwicklungsfeld

Mein wichtigster Zielbereich

Meine Gedanken zu dem Bereich

Meine Gedanken zu diesem Bereich

Mittlerweile sollte dein Ziel wesentlich konkreter geworden sein. Nimm dir die Zeit, diesen Prozess zu durchlaufen. Es wird nun alles noch klarer. Keiner würde sagen: „Ich bin extrem motiviert, ich weiß nur noch nicht, wofür." Wenn es so wäre, liefe die Motivation völlig ins Leere. Wir würden unproduktiven und nicht erfüllenden Aktionismus betreiben. Nein, wir brauchen Ziele.

Ziele liefern uns den Grund für harte Arbeit. Ziele sind Motivation, etwas zu tun, um *dahin zu kommen, wo wir hinwollen*. Die Erfolg versprechendsten Ziele sind SMART. Auch die Forschung bestätigt: Selbstmotivation und Leistungssteigerung wird durch intelligente Zielsetzung gefördert.[75]

Deswegen spricht der Mentaltrainer Michele Ufer von gehirngerechtem Zielemanagement. Er machte sich in der (Ultra-)Laufszene einen Namen, weil er, ohne jemals einen Marathon, Halbmarathon oder ein 10-Kilometer-Rennen absolviert zu haben, nach nur viermonatiger Vorbereitung ein 250-Kilometer-Wüstenrennen überraschend mit dem siebten Platz abschloss. Für diese außergewöhnliche Laufgeschichte hatte der international gefragte Experte für Sport- und Managementpsychologie auch eine smarte Zielsetzung in seinem mentalen Werkzeugkoffer.

DIE SMART-FORMEL

Viele erfolgreiche Menschen nutzen die SMART-Formel.[76] So formulierst du nun dein aktuell wichtigstes Ziel. Falls du schon eine konkrete Formulierung im Kopf hast, überprüfe, ob sie auch SMART ist.

S = Spezifisch. Was genau soll erreicht werden?

M = Messbar. Gibt es eine eindeutige Messgröße/Überprüfbarkeit?

A = Aktiv und ausführbar. Sind konkrete Schritte zur Zielerreichung festgelegt?

R = Realistisch. Ist die Zielerreichung möglich? Passt das Ziel zu mir?

T = Terminiert. Wie lange wird es bis zur (Teil-)Zielerreichung dauern?

Hier ein Beispiel für eine SMARTe Zielformulierung:

Ich werde in den vier Entwicklungsfeldern mentale Stärke, Körpersprache, Motivation und Willenskraft sowie Teamfähigkeit täglich Übungen durchführen (spezifisch), um meine beste Version zu entwickeln. Im ersten Monat werde ich eine Visualisierungstechnik durchführen, im zweiten Monat kommt Power Posing dazu, im dritten Monat eine sportliche Willenschallenge, im vierten Monat bezahle ich auf Beziehungskonten ein (aktiv und ausführbar). Nach vier Monaten führe ich täglich alle vier Übungen durch (terminiert). Es ist machbar für mich, in jede Übung täglich zwei Minuten zu investieren (realistisch). Ich trage jede durchgeführte Übung in meinen Kalender ein (messbar).

Die Reihenfolge ist sekundär. Wichtig ist, so gut es geht, jede Komponente zu formulieren. Weitere *Beispiele für SMARTe Zielformulierungen* findest du bei Bedarf im Anhang (s. S. 220ff.). Wenn du so weit bist, lautet die Aufgabe nun: Formuliere dein SMARTES Ziel.

Mein SMARTES Ziel

Mein smartes Ziel

Jetzt hast du eine erste SMARTe Zielformulierung aufgeschrieben. Dein Ziel zu formulieren und aufzuschreiben, ist ein wichtiger Schritt. Doch es muss auch ein Ziel sein, das zu dir passt. Beantworte dir weiterführende Fragen, damit du sicherstellst, ins Handeln zu kommen und ausdauernd dein Ziel zu verfolgen. Folgende vertiefende Impulsfragen können dabei helfen.

Vertiefende Impulsfragen zu meinem Ziel	Meine Antworten
Warum möchte ich mein Ziel erreichen?	
Bin ich wirklich mit der Formulierung zufrieden? Wie könnte sie besser lauten?	
Brenne ich voller Leidenschaft für dieses Ziel?	
Welche kleinen Schritte werde ich jeden Tag für mein Ziel erledigen?	
Was tue ich, wenn ich auf schwierige Hindernisse stoße?	
Wer kann mich bei der Zielerreichung unterstützen?	

Vertiefende Impulsfragen

GROSSE ZIELE HERUNTERBRECHEN

Nachdem du dein Ziel nun noch einmal auf Herz und Nieren geprüft hast, gehen wir den nächsten Schritt. Du schreibst dein überarbeitetes Ziel noch einmal in der folgenden Tabelle auf. Lege als nächstes Etappen- bzw. Teilziele fest. Du solltest dir generell kurz-, mittel- und langfristige Ziele setzen. Echte Meilensteine und Lebensziele können zeitlich noch weit weg sein.

Hier lohnt es sich, Etappenziele festzulegen. Zergliedere auch große Ziele in Teilziele, damit du deinen Fortschritt zur Zielerreichung sichtbar und besser messbar machst. Außerdem darfst du Teilerfolge feiern. Das erhöht die Motivation.

Danach brichst du dein Ziel bis auf kleine, konkrete, tägliche Schritte herunter. So entdeckst du Handlungen, die du als alltägliche zielführende Gewohnheiten etablieren kannst. Jedes einzelne dieser kleinen Ziele ist machbar. Zusammengenommen können diese kleinen Siege irgendwann den entscheidenden Unterschied machen.

100 Kleinigkeiten, die man ein Prozent besser erledigt, ergeben einen Wettbewerbsvorteil. Diese 100 Kleinigkeiten formulierst du als konkrete tägliche Schritte. So kommst du deinem Ziel Schritt für Schritt näher und weiter *nach oben*.

Ziele herunterbrechen	
Mein Ziel	
Etappen- bzw. Teilziele	
Konkrete tägliche Schritte	

Ziele herunterbrechen

Geschafft! Für dein aktuell wichtigstes Ziel hast du dir nun intensiv eine Formulierung erarbeitet, die SMART ist. Du hast mit vertiefenden Impulsfragen überprüft, ob dieses Ziel wirklich zu dir passt. Die überarbeitete Version hast du in Teilziele bis hin zu konkreten täglichen Schritten heruntergebrochen. Nun sollte wesentlich mehr Klarheit für dich herrschen und du weißt, was zu tun ist.

Formuliere Ziele in allen Lebensbereichen, die dir wichtig sind. Mit smarten Zielformulierungen erhöhst du deine Erfolgschancen. Es muss nicht die erstbeste Formulierung sein. Feile daran, bis es für dich passt. Die Qualität unserer Ziele entscheidet über die Qualität unseres Lebens.

Wir könnten noch viel mehr über Ziele sagen. Wie erwähnt: Es gibt ganze Bücher über Ziele. Es muss nicht immer das SMART-Akronym sein. Auch andere Herangehensweisen sind auf ihre Art smart. Ich habe es hier verwendet, weil es einfach gute Ergebnisse liefert und ein gutes Gefühl verleiht, wenn man eine smarte Formulierung erarbeitet hat. Man fühlt sich dann auch smart. Der Gewinner in dir möchte sich smart fühlen.

SMARTE PRINZIPIEN FÜR ZIELE UND ZIELTYPEN

Wir biegen jetzt auf die Zielgerade mit dem Thema *Ziele* ein. Zum Abschluss befassen wir uns noch mit ein paar smarten Prinzipien für Ziele, die du im Hinterkopf haben kannst. Hier steckt viel drin, was wir von Vorbildern lernen können, deren Beispiel uns im folgenden Kapitel inspirieren kann. Lasse mich hier nun noch ein paar Worte über weitere Zieltypen verlieren.

Selbstbestimmte anstatt fremdbestimmte Ziele

Bisher habe ich dir wärmstens ans Herz gelegt, deine Ziele zu formulieren.

- **WIESO HABE ICH NICHT EINFACH ZIELE VORGEGEBEN?**

Es wäre doch schon Zeit gespart, wenn ich hier einfach die besten Ziele verraten würde.

Das wäre eine wenig wirksame Herangehensweise, denn die Motivationspsychologie hat herausgefunden, dass fremdbestimmte Ziele den selbstbestimmten nicht im Ansatz das Wasser reichen können. Selbstbestimmte Ziele sind viel motivierender, die Identifikation mit ihnen ist bedeutend höher und die selbstgewählte Formulierung passt persönlich haargenau. Fremdbestimmte Ziele sind auferlegt und laufen dem menschlichen Autonomiestreben zuwider.

Ich hatte für eine Schülerin ein Entwicklungsziel festgelegt, an das ich sie immer wieder erinnerte. Über einen recht langen Zeitraum. Doch ständig verweigerte sie die Anstrengung. Wenn ich ihr vor Augen führte, wie wichtig dieses Ziel für ihre Lern- und Persönlichkeitsentwicklung sei, blockte sie nur noch mehr ab.

Als ich mit einem Kollegen den Auftrag gab, sich selbst eigene Ziele zu setzen, geschah in der folgenden Unterrichtseinheit direkt Folgendes: Die Schülerin setzte sich das gleiche Ziel mit ihren eigenen Worten selbst. Und erreichte es quasi sofort! Etwas, was für sie vorher schwierig war, wurde durch die Selbstbestimmung nun einfach. Es war nicht irgendein Ziel. Es war *ihr* Ziel, zu dem sie sich 100 Prozent mentale Zustimmung gab.

Ergebnis- und Prozessziele

Wir alle wollen Resultate erzielen. Sportler wollen Wettkämpfe gewinnen, Schüler gute Noten schreiben, Unternehmen Jahresbilanzen verbessern. Doch es sollte nicht nur das nackte Ergebnis zählen.

- **WAS IST, WENN WIR EIN ZIEL NICHT ERREICHEN?**
- **WOMÖGLICH SEHR KNAPP VERFEHLEN?**

Ergebnisziele sind *Entweder-oder-Ziele*. Entweder wir erreichen unser Ziel oder wir sind ein Versager. Deshalb sind *Prozessziele* unheimlich wichtig. Sie betonen die Anstrengungen, die wir unternehmen. Die Aktivitäten und Handlungen, die wir ausführen, werden zum Ziel. Entwicklung und Fortschritt ist ein Prozess. Sich zu verbessern, ist ein Prozess. Wenn wir diesen Prozess in den Vordergrund stellen, entgehen wir einer Entweder-oder-Zielfixierung.

Wenn wir unsere Aufgaben für den Tag erledigt haben, ist das Prozessziel erreicht. Wir haben uns nichts vorzuwerfen, wenn das Ergebnisziel nicht erreicht wurde. Sieh es doch einmal so: Je häufiger du deine Prozessziele erreichst, desto näher kommst du deinem Ergebnisziel. Schaue noch einmal auf die Tabelle, in der du dein Ziel herunterbrechen solltest. Die Spalte der konkreten täglichen Schritte lässt sich wunderbar in Form von Prozesszielen formulieren.

Vergleichsziele und individuelle Bezugsnormen

Vergleiche dich nicht immer nur mit anderen, sondern mit dir selbst.

- **BIN ICH HEUTE BESSER ALS GESTERN?**
- **KANN ICH MEINE PERSÖNLICHE BESTLEISTUNG KNACKEN?**

Individuelle Bezugsnormen lenken die Konzentration auf das persönlich Machbare. Das Messen mit sich selbst. Das fördert eine realistische Selbsteinschätzung und die Persönlichkeitsentwicklung. Sich mit anderen zu vergleichen, ist aber nicht falsch. Im Gegenteil. Es kann ein großer Antrieb sein, besser als andere werden zu wollen. Deswegen solltest du für beide Zielarten offen sein und herausfinden, was dir mehr liegt.

Anstrebungs- anstatt Vermeidungsziele

Formuliere deine Ziele stets positiv. Sportteams, die als Ziel haben, nicht abzusteigen, versuchen, etwas zu vermeiden. Sie kämpfen gegen den Untergang. Das kostet zusätzliche Kraft. Eine einfache Umformulierung macht aus demselben Wunsch ein Anstrebungsziel: den Klassenerhalt schaffen. Es ist ein feiner Unterschied, der Gewinner von Verlierern trennt. Auf den ersten Eindruck ist die Wortwahl vielleicht unbedeutend.

- **DOCH WAS PASSIERT IN UNSEREM GEHIRN?**

Beim Ziel *nicht verlieren* assoziiert unser Gehirn Bilder und Gedanken vom Verlieren. Niederlage, Abstieg, schlechte Noten, Umsatzeinbrüche. Beim

Ziel *Gewinnen* entstehen die gewünschten Bilder: Sieg, Klassenerhalt, gute Noten, Umsatzsteigerung. Anstrebungsziele sind Energie für unsere Motivation und Willenskraft.

Individuelle Ziele und Gruppenziele

Als wir über Teamspirit gesprochen haben, ist es schon deutlich geworden: Eine Mischung aus persönlichen und Teamzielen verspricht den größten Erfolg. Die gleiche Übung, die du mit der Erarbeitung deines smarten Ziels absolviert hast, kann man auch im Team durchführen. Idealerweise schließen sich persönliche und Teamziele nicht aus, sondern lassen sich verknüpfen. So kann persönlicher Erfolg immer dem Team dienen und Teamerfolg kann immer persönlichen Erfolg ermöglichen.

Sein-Ziele anstatt Haben-Ziele

Die bedeutsamste Kategorie von Zielen sind für mich *Sein-Ziele*. Erfolglose wollen Erfolg *haben*. Erfolgreiche wollen erfolgreich sein. Sie sind erfüllt vom Sein. Sie wollen zuverlässig *sein*. Fleißig *sein*. Hilfsbereit *sein*. Bei diesen Menschen kommt das *Haben* meist von ganz alleine (digitale Geräte haben, Auto haben, Geld haben, Status haben, . . .). Sie leben Werte, die mit Geben zu tun haben. Dadurch erzeugen sie mehr Wert und das zieht Wertvolles an. Ihre Ziele passen zu ihren vorbildlichen Werten und zu ihrem persönlichen Leitbild.

Überprüfe, ob das auch auf dich zutrifft. Gib zum Beispiel Vertrauen, Hilfsbereitschaft und Anerkennung. Genau das wirst du zurückbekommen. Wenn deine Ziele zu deiner Identität passen, wirken sie wie ein Erfolgsmultiplikator.

MIT KLAREM BLICK UND SMARTEN ZIELEN

- **WARUM SETZEN SICH SO WENIGE MENSCHEN ZIELE?**

Laut dem Zieleexperten Brian Tracy liegt das am Irrglauben, Ziele seien nicht so wichtig, an einer fehlenden Methode, an der Angst vor dem Versagen oder an der Angst vor Zurückweisung.[77]

Du weißt es besser. Wage den Aufstieg zu den oberen drei Prozent. Setze dir für den Rest deines Lebens immer wieder konkrete Ziele. Nimm dir die Zeit, deine Ziele immer mal wieder zu überarbeiten. Schaue mal auf das Betriebssystem deines Smartphones. Die wievielte Version ist das? 1.0? Von wegen! Das wird ständig erneuert.

- **WENN WIR IMMER WIEDER SOFTWAREUPDATES MACHEN, WIESO MACHEN WIR DAS NICHT MIT UNSEREN ZIELEN?**
- **WARUM DENKEN WIR, DASS ES AUSREICHT, WENN WIR EINMAL EIN ZIEL FORMULIEREN?**

Die Mühe der Überarbeitung lohnt sich. Zieleupdates sind Erfolgsupdates.

Wenn du Ziele aufschreibst, erhöhst du damit deine Erfolgschancen. Richte es ein, dass du deine aufgeschriebenen Ziele oft siehst. Hier können die vielen Displays auch mal positiv genutzt werden: Mache deine Ziele sichtbar auf Smartphone, Tablet oder Notebook. Sie werden deine Motivation und deine Willenskraft stärken, weil sie wie Treibstoff für deinen Erfolgsmotor sind.

Lohnenswerte Ziele beeinflussen dein Gewinnerdenken positiv, denn deine Ziele wirken wie Glaubenssätze und können auch täglich als Affirmationen wiederholt werden, um tief in dein Unterbewusstsein zu gelangen und dich dort auf Erfolg zu programmieren. Dort werden sie wie selbstverständlich ein Teil von dir und bringen bessere Entscheidungen und Handlungsweisen hervor.

Deine Ziele verwandelst du in visualisierte Gedanken von deinen Wunschszenarien. Ich sehe dein Wunsch-Ich bildlich vor mir.

- **SIEHST DU ES AUCH?**

Mit charismatischer Körpersprache stehst du zielfokussiert da. Den Gipfel erreicht. Und den nächsten Gipfel schon fest im Visier. Mit klarem Blick und smarten Zielen.

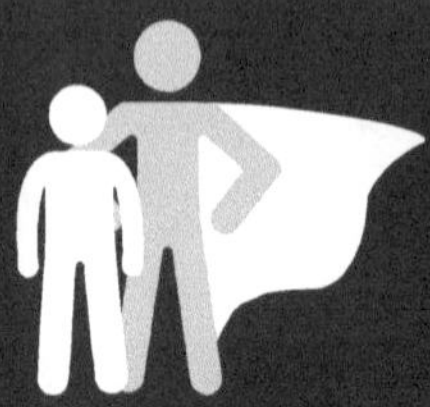

KAPITEL 10
VORBILDERN NACHEIFERN – VON GEWINNERN LERNEN

- **WENN DU EINE SUPERKRAFT HABEN KÖNNTEST, WELCHE WÄRE DAS?**
    - Möchtest du fliegen können?
    - Dich an jeden Ort beamen können?
    - Unsichtbar sein?
    - Die Zeit anhalten können?

Du darfst jetzt mal so richtig illusorisch rumspinnen.

Die Superheldenfrage wende ich gerne an, weil man kreativ fantasieren darf und vom Utopischen schließlich zum Realistischen gelangen kann. Uns allen sind die übernatürlichen Superkräfte aus Comics und Filmen nicht gegeben. Wir können jedoch natürliche Superkräfte entwickeln.

- **WAS KANN DENN DEINE REALISTISCHE SUPERKRAFT SEIN?**
- **UND WER SIND DIE ALLTAGSHELDEN, VON DENEN DU SIE DIR ABSCHAUEN KANNST?**

Dieses Abschauen fängt schon ganz früh an.

Bereits vor der Geburt werden im Mutterleib erste sinnliche Erfahrungen sehend, schmeckend und fühlend gemacht. Im Gehirn verdrahten sich Nervenzellen miteinander. Diese Verbindungen werden mit jeder Erfahrung weiter ausgebaut. Diesen Vorgang nennt man *Lernen*. Die emotionalen und motivationalen Rahmenbedingungen, die es dazu braucht, sind erstaunlich vielfältig.

Im Alter von null bis drei Jahren sind vertrauensvolle Vorbilder der wichtigste Faktor für das Lernen, wie die Neurowissenschaften mittlerweile erforscht haben. Auch im weiteren Lebensverlauf ist die Wichtigkeit von Vorbildern sehr hoch. Daher wird eine Form des Lernens wohl niemals aussterben: das *Nachmachen*.

Schon als Baby haben wir angefangen, das Verhalten unserer Umgebung nachzuahmen. Wir haben es uns von unseren Eltern, Geschwistern oder anderen Familienmitgliedern abgeschaut. Als wir größer wurden, wurde auch unser Umfeld größer. Mehr Menschen, von denen man sich etwas abschauen konnte. Lehrer, Trainer, Freunde, Superstars, Superhelden. Sie dienen uns als Beispiel, wie man es macht. Wir wollen das Gleiche können oder erreichen wie sie.

Es kann ein antriebsstarkes Ziel sein, so werden zu wollen, wie sie. Um von Gewinnern zu lernen, können wir unseren Vorbildern nacheifern. Wir kopieren, imitieren, machen nach. Wir machen uns zu eigen, was uns anspricht und zu uns passt. Bis es zu einem Teil von uns selbst geworden ist.

Ich war kein besonders guter Schüler in der Oberstufe. Als Jugendlicher war mein Schwerpunkt bereits der Handballsport. Vorbilder verhalfen mir zu mehr Grit für meinen Schulabschluss. Auf meinen Schulordner hatte ich von meinem größten Handballvorbild ein Foto aufgeklebt: Magnus Wislander. Damit hatte ich mir unbewusst einen der Besten herausgepickt, denn später wurde er zum Handballer des 20. Jahrhunderts gewählt.

Dieses Bild habe ich mir jeden Tag angesehen und mir gedacht: *Ich will dahin, wo er jetzt ist: in die Bundesliga. Ich trainiere fleißig und mache die Schule fertig, dann kann ich da auch spielen.* Ich weiß nicht, wie oft ich mit meinem Bruder das legendäre Weltmeisterschaftsendspiel 1990 zwischen der damaligen Sowjetunion und Schweden mit eben jenem Wislander gesehen habe. Mein Vater hatte dieses epische Aufeinandertreffen aufgenommen und irgendwie haben wir das in die Finger bekommen und nie wieder hergegeben. X-Mal haben wir das geschaut.

Ein Spiel, in dem Schweden den haushohen Favoriten bezwang. Später spielten mein Bruder und ich in Teams, die den haushohen Favoriten erstaunlich oft besiegen konnten. Ich hatte nie Angst, als Underdog gegen den großen Favoriten anzutreten. Ich wusste genau, wie Wislander und seine blau-gelben Helden das zustande gebracht hatten. Das konnten wir auch schaffen. Vorbilder können uns beibringen, was alles möglich ist.

In einem Play-off-Spiel zur Ersten Bundesliga mit meinem damaligen Club, TSV Bayer Dormagen, wurde ich nur für Siebenmeter-Strafwürfe eingewechselt. Man kommt für diese paar Sekunden von der Auswechselbank und macht diesen einen Wurf. Danach flitzt man wieder raus. Diese Aktion gilt als psychisch anspruchsvoll, weil man für eine sehr wichtige Spielhandlung *kalt von der Bank* kommt. Manche wollen das gar nicht machen.

Ich habe diese Momente geliebt. Ich dachte einfach nur an Björn Jilsén. Der schwedische Kapitän hatte im 1990er-Finale genau das vorgemacht. Er kam nur für die Siebenmeter und traf alle. Ansonsten hatte er nicht eine Sekunde gespielt. Ich musste einfach nur diesen Gedanken anzapfen, um mich selbstbewusst und bereit für diese Aufgabe zu fühlen. 10 Würfe, 10 Tore.

Unsere Mannschaft hatte schwer dafür geackert, diese Strafwürfe zu erkämpfen. Ich musste einfach nur zum Strich gehen und in einer Gesamtspielzeit von etwa 60 Sekunden 10 Würfe in Tore verwandeln. Ob der Druck hoch war? Ja, enorm hoch. Es war ein Play-off-Spiel. Und gleichzeitig, so paradox es klingt: Es fühlte sich an wie das Leichteste der Welt. Mit Vorbildern im Kopf.

Wie ich in der Recherche zu diesem Buch herausfand, hatte Björn Jilsén gar nicht alle Würfe getroffen und sogar einige Einsatzzeiten gehabt. Das habe ich damals aber gar nicht wahrgenommen. Wie die Geschichte zeigt, hat das der Wirkung, die er als Vorbild für mich hatte, nicht geschadet. Und seinem Triumph wohl auch nicht. Denn er wurde mit einer tollen Leistung Weltmeister.

Diese Vorbilder, die ich von meinem Vater geschenkt bekommen habe, zusammen mit Glaubenssätzen meiner Mutter wie: *Du kannst alles schaffen*, wuchs die Überzeugung und das Selbstvertrauen über Jahre. Ich glaubte wie selbstverständlich an meine Erfolgschancen.

Man kann gar nicht genug Vorbilder haben. Sie sind Orientierung, Motivation und Inspiration. Es gibt sie im direkten Umfeld wie Familie, Freunde oder Arbeitsplatz. Ich kann Vorbilder in meiner Schule, Ausbildung oder meinem Studium genauso finden wie in der ganzen Welt. Einfache Menschen taugen ebenso zu Vorbildfunktionen wie Berühmtheiten. Es lohnt sich, nach ihnen zu suchen. Ich darf dazu mit dir einmal mehr in die Welt des Spitzensports hineinblicken.

VORBILDER VON WELTKLASSEFORMAT

Im *Club 30* (30 oder mehr Tore in einer Bundesligasaison) sind nur sieben Fußballer.[78] Nur zwei davon knackten die Marke von 40 Treffern. Gerd Müller hielt seit 1972 den ewigen Rekord, bis 2021 Robert Lewandowski kam und die Marke um ein Tor erhöhte. Der polnische Nationalspieler schoss nicht nur 41 Tore in einer Saison, sondern erreichte auch andere Rekorde wie sechs Titel als Torschützenkönig oder fünf Tore in neun Minuten in einem Bundesligaspiel.

Bei einem Auftritt beim *Global Trends Festival* verriet Lewandowski, dass er auf Selbstdisziplin, Ausdauer, Beständigkeit und Konzentration setzt.[79] Neben diesen Erfolgsfaktoren aus dem Bereich der Persönlichkeitsentwicklung dürfte er auch recht häufig gegen einen Fußball getreten haben. Er sei einer Reihe von Zweiflern begegnet, darunter auch jemand, der ihm sagte, er sei zu klein für einen Stürmer. Das kommt mir bekannt vor ... Größe ist jedoch keine Frage der Körperlänge, wie wir bereits wissen.

Es braucht Vorbilder wie Lewandowski, die vorleben, dass jeder Mensch es mit der richtigen Einstellung zu persönlicher Größe bringen kann. Der Weltklasse-Fußballer betont, dass es in einer Mannschaft sowie in Unternehmen starke Führungspersönlichkeiten brauche. Auch er hatte selbst Vorbilder für diese Einstellung: Seine Mutter spielte professionell

Volleyball, der Vater trainierte Judo. Den Sportsgeist habe er durch seine Eltern erlangt.

Bei den Olympischen Spielen 2020 (aufgrund der Corona-Pandemie 2021 ausgetragen) machte eine 14-jährige Jugendliche namens Hongchan Quan beim Wasserspringen auf sich aufmerksam.[80] Der Teenager sprang wie die Erwachsenen auch vom 10-Meter-Sprungturm. Wer dachte, dass ein Mädchen von gerade einmal 14 Jahren unter Springerinnen von internationaler Klasse nicht die gleiche Qualität bei den Sprüngen zeigen würde, sollte recht behalten. Doch anders, als gedacht.

Sie sprang nämlich besser! Der Chinesin gelang, was überaus selten vorkommt: Sie sprang die perfekte 10,0-Punkte-Wertung. Ihr gelang außerdem, was noch niemandem bei Olympischen Spielen im Wasserspringen gelang: Alle Kampfrichter gaben die Höchstwertung! Sie wiederholte bei jedem Durchgang ihre Darbietung auf allerhöchster Qualität und untermauerte, dass es sich nicht um Zufall, sondern um Können handelte.

Bei insgesamt drei perfekten Sprüngen gab es nur einmal eine 9,5-Wertung, welche gestrichen wurde. Es war für Experten und ein Weltpublikum beeindruckend, dass ein so junger Mensch bei den ersten Olympischen Spielen nicht vor Aufregung zerriss, sondern mit einer unglaublichen Konzentration und mentaler Stärke performte. Sie verzog während des Wettkampfs keine Miene, freute sich nicht zu früh, um konzentriert und im Flow zu bleiben.

Das Siegerlächeln fiel umso freudiger aus, als der Triumph feststand. Hongchan Quan stürzte sich mutig in die Tiefe, um schließlich zu aller Überraschung ganz oben auf dem Treppchen zu stehen. Ein goldener Moment Olympiageschichte, welcher nicht nur Jugendlichen Mut machen sollte, das Beste aus sich herauszuholen und große Träume mit Leidenschaft zu verfolgen.

2010 spielten John Isner und Nicolas Mahut ein historisches Tennisspiel in Wimbledon.[81] Obwohl es ein Erst-Runden-Match war und damit so weit weg vom Finale wie nur möglich, ging das Spiel in die Geschichte ein. Mit einem 6:4, 3:6, 6:7, 7:6 und 70:68(!) gewann John Isner in 11 Stunden und fünf Minuten das längste Tennismatch aller Zeiten. Beide schlugen sich über drei Turniertage verteilt die Bälle um die Ohren und zogen immer mehr Zuschauer in ihren Bann. Es war ein Privileg, diesen Spielern mit diesem heldenhaften Durchhaltevermögen zuzusehen. Es war eine vorbildliche Demonstration davon, was *nicht aufgeben* und *immer weitermachen* bedeutet.

Beim anschließenden Interview auf dem Court wurden beide beglückwünscht zum längsten jemals gespielten Match. *Beide* wurden damit Rekordhalter. Ein Moment, der zeigt, dass auch Verlierer Gewinner sein können. Vorbilder sind in meinen Augen beide Sportler. Auch wenn Isner im Anschluss wahrscheinlich stärker als Vorbild wahrgenommen wurde.

DER MOMENT DES SIEGES

Es gibt einen bestimmten Moment, der hohe Wirkung auf unser Vorbildbewusstsein hat. Also eine Wirkung darauf, ob wir eine Person künftig als Vorbild für uns wahrnehmen. Es ist der Moment, in dem wir diese Person beim Gewinnen beobachten. Wir erkennen, dass dieser Mensch anscheinend gerade viel richtigmacht und speichern das für uns als Erfolg versprechendes Verhalten ab.

Für mich steigert es die Wirkung um ein Vielfaches, wenn es zu dem Moment des Sieges kommt. Begeben wir uns dazu einmal in ein Leichtathletikstadion, in dem Siegesmomente in den verschiedenen Disziplinen am Fließband produziert werden.

Berlin. Leichtathletik-Weltmeisterschaft 2009. Als Usain Bolt seinen epischen 100-Meter-Weltrekord läuft, steht die Leichtathletikwelt Kopf. Das hebt alles aus den Angeln, was davor für menschenmöglich gehalten wurde. In dem Moment, in dem er die Ziellinie überquert, weiß Bolt, dass er Gold gewonnen hat. Nur Sekundenbruchteile später registriert er, dass er seinen eigenen Weltrekord noch einmal gebrochen hat. Von 9,69 Sekunden auf 9,58 Sekunden.

Ab da nimmt er alle mit auf seine persönliche Feier. Es beginnt die Usain-Bolt-Show. Die Freude sprudelt aus ihm heraus und überträgt sich auf die Massen. Man muss diesen Ausnahmeathleten einfach lieben. Er feiert mit den Zuschauern im Stadion, begibt sich in unverkennbare Gewinnerpose vor die Kameras und flachst mit dem WM-Maskottchen.[82]

Es kommt auf den Moment an, in dem jemand weiß, dass er gewonnen hat. Und wie er danach darauf reagiert. Im gleichen WM-Turnier wird Robert Harting Weltmeister im Diskuswerfen. Mit seinem letzten Wurf geht er in Führung. Zunächst verhaltener Jubel. Die Leistung ist schon erbracht, aber das Thema ist noch nicht durch. Denn sein Kontrahent hat noch einen Versuch. Er kann selbst nichts mehr machen und muss sich gedulden. Als beim letzten Wurf der Diskus den Boden berührt, muss Harting die Messung gar nicht mehr abwarten. Deutlich kürzer. Er weiß sofort, dass er gewonnen hat.

Jetzt lässt er alles heraus, zerreißt sein Trikot und rennt jubelnd durch das Stadion. Ob jemand ihn jetzt als Vorbild wahrnimmt, hängt davon ab, ob man diesen *Feiermodus* mag.

- **FINDE ICH ES GUT, DASS ER SEINE KLEIDUNG ZERFETZT?**
- **GEFÄLLT MIR DIE ART, MIT DER ER INS PUBLIKUM JUBELT?**
- **SAGT MIR DIE EXTROVERTIERTE KÖRPERSPRACHE IM SIEGESMOMENT ZU?**
- **ODER FINDE ICH DIE BIS ÜBER BEIDE OHREN GRINSENDE STEFFI NERIUS GUT, DIE IHRE ARME EINFACH GEN HIMMEL AUSSTRECKT, ALS SIE ZUM ABSCHLUSS IHRER KARRIERE NOCH EINMAL GOLD IM SPEERWERFEN HOLT?**

Es hängt vom Betrachter ab, wie sehr ihm das Siegesverhalten zusagt. Das kann extrovertiert und die Welt umarmend sein oder introvertiert, ganz bei sich. Wenn wir eine Verbindung fühlen, entsteht ein Vorbild für uns *in diesem Moment*. Einen Moment, den man selbst auch erleben will.

Nicht unbedingt ein Augenblick von Ruhm und Ehre. Man kann auch abseits von allem Rampenlicht gewinnen. Dieser Sieg ist sogar viel wichtiger. Feiere ihn nicht nur, wenn andere es mitbekommen. Wenn er persönlich für dich sehr bedeutsam ist – bestandene Prüfung, Schulabschluss, Gehaltserhöhung, ein gewonnener Wettkampf, eine persönliche Bestleistung, was auch immer – feiere ihn im Moment des Sieges.

Alle Anstrengungen, die dafür erforderlich waren, dürfen sich jetzt entladen. Koste diesen Moment aus. Er wird dein ganzes Leben nicht verblassen. Denn dieser Moment ist der lebendigste, den es gibt.

- **WILLST DU IHN WIEDER ERLEBEN?**

Dann tue wieder, was erforderlich ist. Das Training. Die Quälerei. Die Wiederholungen. Alles das ist es wert. Für dieses unbeschreibliche Gefühl. Du verschmilzt mit diesem Augenblick. Du hast ihn möglich gemacht. Er ist passiert. Keiner kann ihn dir jemals wegnehmen. Er ist für immer dein. Dein Moment des Sieges.

Jetzt sind wir vom Moment des Sieges eines Vorbildes zu deinem Moment des Sieges gewandert. Dazwischen liegt immer viel Arbeit, mit Höhen und Tiefen. Mal geht es leicht und macht Riesenspaß. Mal tun wir uns schwer und die Freude trieft nicht aus allen Poren. Ganz gleich, ob es uns auf dem Weg zum Ziel gut oder schlecht geht, Vorbilder können uns immer begleiten. Bis wir ganz oben am Erfolgsgipfel angekommen sind. Und dann nehmen wir sie mit bei der Besteigung des nächsten Berges.

UNSERE VORBILDER BEGLEITEN UNS

Bleiben wir bei dem *Gipfelstürmervergleich* und klettern einmal gedanklich auf den höchsten Berg der Welt, den Mount Everest (Nepal/Tibet).

Es ist ein langer Weg, bis man eine Besteigung des Mount Everest überhaupt in Angriff nehmen kann. Der Körper muss sich erst einmal an die dünne Luft dort oben akklimatisieren (anpassen). Und dazu gibt es mehrere Basislager auf verschiedenen Höhen, zu denen man nach einem Aufstieg immer wieder zurückkehrt. Bis man schließlich am Ende auf 8.848 Metern auf dem höchsten Punkt der Erde steht, auf den ein Mensch einen Fuß setzen kann.

Vor einer Everest-Expedition begeben sich Bergsteiger auf andere Berge. Am besten einen der 14 Achttausender oder mehrere davon. Um sich an diese Liga zu gewöhnen. Wenn man so will, gibt es bei Bergen auch eine Champions League, Bundesliga bis hinunter zu den Amateurligen.

Will man also den Everest besteigen – ganz gleich, ob der echte Berg oder, sinnbildlich gemeint, deine höchsten Ziele –, kostet es viel Schweiß, Mühe und Opfer. Die großen Erfolge gibt es nicht im Vorübergehen.

Eine K2-Expedition mit acht Personen hing 1953 hoch oben in einem Schneesturm fest und musste ausharren, bis sie zum Gipfel weitersteigen konnte. Einer zog sich ein Blutgerinnsel zu, das beim Aufenthalt in großen Höhen entstehen kann. Um das Leben des Mannes zu retten, mussten sie ihn durch den Sturm nach unten bringen.

Auf 7.600 Metern rutschte einer der Bergsteiger aus und riss vier weitere mit sich in die Tiefe. Pete Schoening wickelte reflexartig das Seil, an dem alle miteinander verbunden waren, um Schultern und Eispickel. Irgendwie schaffte er es, den Verletzten nicht abrutschen zu lassen und seine fünf Kameraden am Seil zu halten, ohne dabei aus dem Stand gerissen zu werden.

Jon Krakauer beschreibt diese Rettungsaktion in seinem Buch *In eisigen Höhen* als „... ein unglaubliches Bravourstück, das in die Annalen des Bergsteigens einging".[83] Der Mann war ein Held, ein Vorbild, trotz gescheiterter Expedition.

1958 gelang ihm ein paar Jahre später die Erstbesteigung des Hidden Peaks (8.068 Meter, Pakistan). Doch Berühmtheit erlangte er unter Bergsteigern wegen seiner heroischen Rolle am K2.

Als Krakauer selbst bei einer Expedition auf dem Mount Everest dabei war, bekam er mit, dass der Amerikaner eine lebende Legende des Bergsteigens war. Dieser war in einem anderen Team unterwegs und Krakauer fragte deren leitenden Bergführer, was er dabei fühlte, einen Kunden wie Schoening den Berg hinaufzuführen. Dieser verbesserte ihn umgehend: „Jemand wie ich ‚führt' Pete Schoening nirgendwohin. Ich betrachte es vielmehr als große Ehre, mit ihm im gleichen Team zu sein."

Pete Schoening erlangte einen Heldenstatus und wurde damit zum Vorbild für viele Bergsteiger. Er rettete mit unglaublichem Einsatz seine Teamkameraden vor dem tödlichen Absturz. Er steht sinnbildlich für die Persönlichkeiten, die das auch für *ihre Teams* tun. Es gibt diese Persönlichkeiten überall. Leute, die mit unglaublichem Einsatz *den Laden zusammenhalten*. In Schulen, Sportteams, Vereinen, Unternehmen und Familien.

Ich kenne eine imponierende Frau mit drei Kindern. Ihr Mann ist von jetzt auf gleich auf tragische Art und Weise verstorben. Es ist nicht in Worte zu fassen, durch welches finstere Tal man da schreiten muss. Trotz diesem unsagbaren Verlust hält sie den Laden zusammen. Sie hat ihre Kinder großgezogen, aus denen *was geworden* ist. Beruflich hat sie einen beeindruckenden Weg durch Schulungen, Aus- und Weiterbildungen gemeistert. Als Diplom-Pädagogin, Entspannungspädagogin und Eutonie-Therapeutin hilft sie anderen Menschen mit Beratung und zertifizierten Präventionskursen.

Und das, obwohl das Leben über die Jahre weitere Tiefschläge ausgeteilt hat. Zwei Jahre nach dem Tod ihres Mannes starb ihr Vater, der ihr und den Kindern eine wichtige Stütze war. Der beiden geliebten Menschen beraubt, räumten Diebe auch noch das Zuhause aus. Stahlen viele Wertsachen, darunter auch die Trauringe.

- **WIE MACHT MAN TROTZ DIESER HÄUFUNG AN SCHICKSALSSCHLÄGEN IMMER WIEDER WEITER?**

Trotz diesem Leid managte sie gleichzeitig Job und Familie. Mit Jon Krakauers Worten: ein unglaubliches Bravourstück.

Ob unsere Rückschläge und Verluste nun klein oder groß sind: Wir sind damit nicht allein. Unsere Vorbilder begleiten uns. Sie geben uns Kraft, Mut und Durchhaltevermögen. Sie leiten uns durch das finstere Tal oder auch in eisige Höhen.

Du kannst dir Vorbilder in allen Lebensbereichen suchen. Manche vereinen sogar sehr viele der im Buch genannten Entwicklungsfelder. Und es muss nicht immer eine echte Person sein. Auch fiktive Figuren können uns ein Beispiel geben.

In den Filmen aus der *Rocky-Saga* macht uns die Hauptfigur Rocky Balboa vor, wie wir uns durch einen Boxkampf und durch das Leben schlagen können. Er besitzt das Gewinnerdenken *niemals aufgeben*. Der Höhepunkt seiner Trainingsszenen ist das Bezwingen der Treppen vor dem Museum of Art in Philadelphia, USA.

- **WAS MACHT ER, WENN ER OBEN ANGEKOMMEN IST?**

Die Arme in die Höhe strecken. Power Posing, Körpersprache. Er scharrt für alle seine Wettkämpfe seine Engsten um sich. Mit Trainern, Freunden und Familie hat er ein verschworenes Team. So zusammen war noch keiner. Einer boxt alleine im Ring, aber alle kämpfen füreinander. Seine Motivation und Willenskraft hat ein weltweites Publikum inspiriert.

Im *Film Rocky Balboa* (Rocky 6) erklärt er seinem Sohn: „Du und ich und auch sonst keiner kann so hart zuschlagen wie das Leben. Aber der Punkt ist nicht der, wie hart einer zuschlagen kann. Es zählt bloß, wie viele Schläge er einstecken kann und ob er trotzdem weitermacht. Wie viel man einstecken kann und trotzdem weitermacht. Nur so gewinnt man."[84]

Die Identifikation mit dieser Figur ist so groß, dass Menschen in Philadelphia den Rocky-Schauspieler Sylvester Stallone nicht mit seinem echten Namen ansprechen. Sie nennen ihn Rocky.

Wie bereits erwähnt, müssen Vorbilder nicht immer Berühmtheiten oder Superhelden sein. Als Anfänger können Stars unerreichbar erscheinen. Es kann sehr hilfreich sein, Vorbilder zu haben, die *nah an dir dran* sind. Vorbild für die Oberstufenschüler ist nicht immer der Firmenchef, sondern eher der Abiturient. Für den Auszubildenden im ersten Lehrjahr die Person im letzten Lehrjahr. Für den kleinen Jungen die große Schwester.

Menschen, die für uns in Reichweite liegen, nicht nur örtlich, sondern vielmehr von ihrem Leistungs- und Entwicklungsstand her, bieten eine wertvolle Orientierung. Sie haben dir vielleicht etwas Zeit voraus, aber was sie erreicht haben, erscheint auch für dich erreichbar.

DEINEN PERSÖNLICHEN VORBILDERN NACHEIFERN

- **WER IST EIN VORBILD FÜR DICH?**
- **WELCHE VORBILDER FALLEN DIR ZU DEN EINZELNEN ENTWICKLUNGSFELDERN ODER ZU VERSCHIEDENEN LEBENSBEREICHEN EIN?**

Führe folgende Übung zum Thema *Vorbilder* schriftlich durch.

Vorbildfragen	Meine Antworten
Wer ist ein Vorbild für mich? (Notiere 1-5 Personen!)	
Warum sind diese Personen Vorbilder für mich?	
Welche Eigenschaften, Fähigkeiten, Werte sind für mich vorbildlich?	
Meine Vorstellung von Erfolg wurde geprägt von?	
Was unterscheidet Erfolgsmenschen meiner Meinung nach von erfolglosen Menschen?	

Vorbildfragen

Jetzt hast du mindestens ein Vorbild für dich notiert. Vielleicht sogar mehrere. Super. Wenn du sie mit den weiteren Fragen näher unter die Lupe genommen hast, erkennst du gegebenenfalls bereits, dass sie auch nur Menschen aus Fleisch und Blut sind. Sie vollbringen Taten, die menschenmöglich sind. Sie erreichen das persönlich Machbare. Sie haben gelernt (vielleicht sogar auch von Vorbildern abgeschaut) und sich angeeignet, was zu tun ist.

- **WIESO SOLLTEST DU DAS NICHT AUCH KÖNNEN?**

Interessant sind auch folgende Fragen:

- **KENNST DU DIE ZIELE DEINER VORBILDER?**
- **PASSEN IHRE ZIELE AUCH AUF DICH?**
- **KANNST DU ALSO AUCH IHREN ZIELEN NACHEIFERN?**

Mache sie zu deinen eigenen Zielen. Mit dem Nacheifern wirst du übrigens nicht zur Kopie deines Vorbildes. Du bleibst einzigartig. Du nutzt dein Vorbild lediglich als Vorlage und Orientierung, um zu entwickeln, was in deinem Einflussbereich liegt.

An dieser Stelle darfst du dir noch einmal die Gedanken aus Kap. 2 ins Gedächtnis rufen. Bei der Suche nach dem Erfolgsmenschen kommst du schlussendlich wieder bei dir selbst an: den Erfolgsmenschen nicht nur im Außen, sondern in sich selbst entdecken und entfalten.

Nutzen wir die Erkenntnisse aus Kap. 5. Dort habe ich dir das Visualisieren nähergebracht. Jetzt kannst du die Visualisierungstechnik *Die Haut des Vorbilds* durchführen.

Übung: Die Haut des Vorbilds

1. **Vorbereitung:** Du begibst dich in eine entspannte Atmosphäre und Position. Schließe die Augen.
2. **Visualisierung:** Stelle dir dein Vorbild vor und denke an den Charakterzug Deines Vorbildes, den du selbst gerne verkörpern würdest (z. B. Geduld, Kampfgeist, Souveränität).
3. **Praktische Umsetzung:** Diese Eigenschaft beherzigst du nun selbst in deiner Performance. Bette die visualisierten Momente in deinen Alltag in den gewünschten Lebensbereich ein. Lasse diese Eigenschaft Teil deiner Identität werden und mache sie so zu deinem Superhelden-Umhang.

Übung: Die Haut des Vorbilds

Diese Visualisierungstechnik führen Sportler sogar während eines Trainings oder Wettkampfs durch. Als mentale Trainingseinheit oder Wettkampfvorbereitung schauen sie auch ein Video ihres Vorbildes und motivieren sich so zusätzlich. Gelingt zum Beispiel bei Strafwürfen oder dem Bezwingen von Favoriten, kann ich aus Erfahrung sagen.

Es wird nicht immer alles so perfekt funktionieren wie bei deinem Vorbild, doch du steigerst deine Erfolgschancen. Kopiere die Stärken deines Vorbildes und mache deine eigenen Stärken daraus. Du kannst es ihnen gedanklich und real nachmachen. Du kannst es damit dir und anderen vormachen.

LERNEN VON DEN BESTEN

Das Vor- und Nachmachen wird niemals aussterben. Man kann natürlich auch etwas Schlechtes nachmachen. Der Konsum von Bildschirmmedien liegt bei Jugendlichen im Schnitt zwischen schädlichen 6-9 Stunden täglich.[85] Sie scheinen die Nutzungsdauer von ihren Eltern zu lernen, bei denen der Konsum bei über neun Stunden liegt. Jugendliche mit Eltern, die nur selten Bildschirmmedien konsumieren, konsumieren selbst auch wenig. Jugendliche mit Vielnutzereltern sind ebenfalls Vielnutzer.

Von Rauchern lernt man rauchen, von den Unzuverlässigen Unzuverlässigkeit. Von Kriminellen lernt man kriminelles Verhalten. Von Verlierern lernt man verlieren. Es gibt definitiv auch die falschen Vorbilder. Doch du solltest nicht nur in Schwarz und Weiß denken. Gute Vorbilder haben ihre Schattenseiten. Die darfst du auch haben. Du darfst auch einzelne vorbildliche Eigenschaften oder Verhaltensweisen von einem Vorbild loslösen.

Manchmal finden wir eine Handlung oder Fähigkeit einer Person beeindruckend, aber nicht die Person.

- **IST ES DANN NICHT SINNVOLL, DIESER FÄHIGKEIT NACHZUEIFERN, ANSTATT EINER PERSON, MIT DER WIR UNS NICHT IDENTIFIZIEREN KÖNNEN?**
- **IST ES DANN NICHT SINNVOLL, SICH VON VIELEN MENSCHEN DAS BESTE ZUM VORBILD ZU NEHMEN UND DAS WENIGER GUTE NICHT NACHZUMACHEN?**

Ich möchte zum Punkt die *falschen Vorbilder* nämlich noch auf etwas anderes abzielen. Es gibt gute Vorbilder, denen man vielleicht jahrelang nacheifert, dabei gäbe es noch bessere. Das Gute ist der offensichtliche Feind des Bösen. Doch der heimliche Feind des Besten ist das Gute. Wir geben uns zufrieden mit gut, dabei könnten wir noch besser sein. Deswegen sollten wir auch von den Besten lernen. Das ist das wirkungsvollste Abgucken, das erfolgreichste Nachmachen. *Modelling of Excellence.*

Von den Besten zu lernen, bedeutet, schneller und besser zum Ziel zu kommen. Sicherlich braucht es auch kreative, ungelenkte Exploration. Nur zu, erkunde deine Welt. Doch unbedingt solltest du auch auf gezieltes und bewusstes Lernen setzen.

- **WELCHE VORBILDER MACHEN ES AM BESTEN VOR?**
- **WER KANN DICH DABEI UNTERSTÜTZEN, DAMIT DU NICHT ALLEINE LOSZIEHEN MUSST UND ZEIT VERGEUDEST?**

Es gibt auch Vorbilder, deren Leidenschaft es ist, es dir beizubringen: Coaches. Und ich möchte den Begriff hier einmal bewusst weit fassen. Alle, die anderen etwas beibringen oder Weiterentwicklung in ihnen anstoßen, können in einer Coachingrolle sein. Eltern, Trainer, Lehrer, Ausbilder, Vorgesetzte, Mentoren und so weiter. Du kannst das Rad selbst neu erfinden, musst es aber nicht.

Sich Unterstützung zu holen, ist keine Schwäche. Es ist das Gegenteil. Die größten Erfolgsmenschen holen sich alle Unterstützung. Sie nutzen die Erfahrung und das Feedback anderer. Auch in dieser Einstellung darfst du Vorbildern nacheifern. Und so schließlich selbst zu einem werden.

Denn Gewinner sind Vorbilder. Sie geben ein Beispiel, wie man es macht und inspirieren so andere. Der deutsch-französische Arzt Albert Schweitzer sagte sogar: „Ein Beispiel zu geben, ist nicht die wichtigste Art, wie man andere beeinflusst. Es ist die Einzige."

Willst du selbst ein Vorbild sein, braucht es vorbildliches Denken und Verhalten. Hier ein Weg, wie du damit beginnen kannst. Stelle dir die Superheldenfrage:

- **WENN DU EINE SUPERKRAFT HABEN KÖNNTEST, WELCHE WÄRE DAS?**

KAPITEL 11
COACHING NUTZEN – GEMEINSAM GEWINNEN

Coaching kann ein wahres Erfolgskatapult sein, doch es gibt viele Aneignungsformen, mit denen Menschen sich verbessern. Wir werden daher in diesem Kapitel etwas ausholen, um die verschiedenen Möglichkeiten der Weiterentwicklung zu überblicken, welche Einstellung in der Zusammenarbeit bedeutsam ist und natürlich bekommst du auch Coachingimpulse, die dich in die Umsetzung bringen sollen.

Man kann autodidaktisch vorgehen und sich alles selbst beibringen. Beim Kochen kann man ein paar Zutaten in den Topf werfen und herausfinden, was zusammenpasst. Man wird so häufig Fehler machen und *die Suppe versalzen*. Man wird aber vielleicht auch mit kreativen Ideen etwas Neues entdecken. Und mit der Zeit wird man besser. Schneller kommt man sicherlich ans Ziel mit einem Kochbuch. Man liest sich etwas durch, was schon jemand tausendmal erprobt hat und macht das nach.

Bücher sind eine gute Quelle zur Wissensaneignung. Für das Kochen, die Weiterbildung und die persönliche Weiterentwicklung. Es wird nicht immer so lecker sein, wie es in dem Kochbuch aussieht, aber man kann noch einen Schritt weitergehen und an einem Kochkurs teilnehmen. Es gibt Onlinekurse oder reale Treffen mit Topf, Pfanne, Zutaten und anderen Teilnehmern. Und einem Kochlehrer.

In praktischen Workshops ist der Lerneffekt besonders hoch, weil man mit allen Sinnen Wissen aufnimmt und es gemeinsam Schritt für Schritt umsetzt. Um nun ein richtig guter Koch zu werden, reicht ein einziger Kochkurs wahrscheinlich nicht aus. Mit *Learning by Doing* wirst du natürlich mit der Zeit besser, kommst aber über ein gewisses Niveau selten hinaus. Mit *Learning by Coaching* wirst du in kürzerer Zeit besser und kannst durch Anleitung, Feedback und reflektierte Erfahrung ein Spitzenniveau erreichen.

Es gibt Gruppencoachings, bei denen ein großer Mehrwert im Austausch der Lernenden besteht. Man lernt unter der Leitung des Experten mit- und voneinander. Das kennen wir zum Beispiel aus dem Teamsport, der Schule, der Ausbildung oder der Uni.

Die intensivste Form des Coachings ist das Einzelcoaching, bei dem ein Eins-zu-eins-Betreuungsschlüssel besteht. Der Coach ist nur für den Coachee da. Der Lehrer nur für seinen einen Schüler. Noch bessere Betreuungsschlüssel lassen wir mal bewusst außen vor. Kaum jemand hat mehrere Trainer gleichzeitig für sich alleine.

Wir gehören nicht zum Hochadel, werden von den Zofen massiert und angekleidet, bekommen gleichzeitig Trauben und Cocktails gereicht und mit dem Palmenfächer die sanfte Brise zugewedelt. Auch die wenigsten Spitzensportler haben gleichzeitig mehrere Coaches.

Ein Einzelcoaching ist eine ganz intensive Zusammenarbeit. Du kommst tief in die Umsetzung. Dein Lernprozess wird eng begleitet. Durch die Interaktion lernst du die Inhalte viel durchdringender, als wenn du sie nur lesen würdest. Der Austausch und das Umsetzen bringen dich aufs nächste Level.

COACHING ALS PROZESS

Coaching ist ein Prozess, bei dem ein Coach dich intensiv begleitet und individuell unterstützt. Der Coach liefert wertvolle Impulse, wendet Fragetechniken an, gibt Umsetzungstipps und erarbeitet mit dir zusammen zukunftsorientiert Lösungswege. Der Coach ist dabei hauptsächlich ein Begleiter, der wertfrei unterstützt und ressourcenorientiert arbeitet. Das bedeutet, dass die Lösung im Coachee selbst steckt und er sein eigener Experte ist.

Das ist eine ganz andere Herangehensweise, als sie viele aus ihrer Schulzeit kennen. Ich beobachte in Schulen häufig, dass Lehrkräfte das löbliche Motiv, *etwas beibringen zu wollen*, oft falsch angehen, also so, dass die Wirkung verpufft. Lehrkräfte versuchen häufig, zu belehren. Die meisten Menschen wollen sich aber nicht belehren lassen. Schüler erleben das als aufgezwungen und Eltern fühlen sich nicht selten in die eigene Schulzeit zurückversetzt, wenn sie zum Elterngespräch eingeladen sind. Der Beratungston ist belehrend und damit oft demotivierend.

Der Mensch kann einen Ratschlag dann nicht annehmen, auch wenn er gut gemeint ist. Dazu hat unsere Spezies ein viel zu großes Autonomiestreben. Sie möchte Entscheidungsfreiheit und Selbstbestimmung. Gesprächs- und Unterrichtserfolge könnten größer sein, wenn wir nicht immer nur versuchen würden, zu überreden, sondern zu überzeugen. First delight, then instruct (erst Freude wecken, dann instruieren).

Wir sollten uns in der Kommunikation mit dem Gegenüber mehr Mühe geben, Begeisterung zu wecken und das Vertrauen zu gewinnen.

- **VON WEM NEHMEN WIR DENN BEREITWILLIG INSTRUKTIONEN UND ANWEISUNGEN ENTGEGEN?**

Es sind diejenigen, die nicht in erster Linie ihr Anliegen durchboxen wollen, sondern uns als Person ernst nehmen und uns menschlich auf Augenhöhe begegnen. Den Rat des gefühlskalten, unsympathischen Fachmanns lehnen wir eher ab, auch wenn er sachlich richtigliegt. Bei einem guten Freund hingegen neigen wir dazu, der gleichen Sache zuzustimmen. Die emotionale Verbindung hat einen großen Stellenwert. Vertrauen schafft Zustimmung.

Noch größere Überzeugung und mehr Vertrauen entsteht durch Coaching. Schaue dir einmal die folgenden drei Herangehensweisen an:

Belehrung: „Das machen Sie falsch. So, wie ich es sage, geht es richtig. Sie müssen das so machen!"

Beratung: „Da haben Sie Verbesserungspotenzial. Sie haben die drei genannten Optionen. Sie entscheiden, welche Sie auswählen."

Coaching: „Was läuft Ihrer Meinung nach falsch? Welche Lösungsmöglichkeiten gibt es? Für welche Lösung entscheiden Sie sich?"

Die Effektstärken für Verhaltensänderung sind bei Belehrung niedrig, bei Beratung mittel, bei Coaching hoch.

- **SPÜRST DU DEN UNTERSCHIED ZWISCHEN DIESEN HERANGEHENSWEISEN?**

Belehrung ist ein demotivierender Monolog. Beratung ein hierarchischer Dialog. Coaching ein Dialog auf Augenhöhe.

Coaching stellt viele Fragen, die sich der Gefragte selbst beantwortet. Es wird keine fremde Anweisung auferlegt, sondern die eigenen Ressourcen werden angezapft. Jetzt kann sich jemand der Lösung öffnen. Die Identifikation ist hoch, weil man selbst mitentwickeln durfte. Das spendet Selbstvertrauen, stärkt Überzeugung und verleiht Empowerment (Selbstbemächtigung).

In einem Coaching fließen wohldosiert oft auch Mentoring-, Beratungs- und Trainingsimpulse ein. So werden eigene Erfahrungen des Coachs weitergegeben, Ratschläge erteilt oder Kompetenzen geübt und trainiert. Da werden die Berufsfelder nicht immer scharf abgegrenzt. Ein Coach ist jedoch nie Therapeut oder Arzt (außer, er hat in diesem Bereich eine Ausbildung). Wer also ohne Ausbildung Störungen therapieren und Krankheiten heilen will, arbeitet unseriös.

Unseriös wäre es auch, Coaching als das einzig wahre Rezept zur Weiterbildung anzupreisen. Wir können Bücher lesen oder hören, Seminare oder Kurse buchen, Workshops oder Kongresse besuchen und einiges mehr.

WEITERE LERN- UND ANEIGNUNGSFORMEN

• WELCHES LERN- ODER WISSENSFORMAT IST DAS BESTE?

Das lässt sich nicht so pauschal beantworten. Was wir festhalten können, ist, dass jeder Mensch mit allen Sinnen lernt. Es heißt, es gibt verschiedene Lerntypen.

Der *auditive* Typ hört lieber ein Hörbuch. Der *visuelle* Typ schaut lieber einen Videokurs. Der *motorische* Typ lernt durch das praktische Anwenden in einem Workshop. Ich halte das Lerntypenmodell nur für bedingt zutreffend. Es gibt sicherlich Vorlieben und Tendenzen. Du musst für dich herausfinden, wie du am besten lernst. Doch Fakt ist auch, dass Lernen durch den Kontext beeinflusst wird.

Je nachdem, in welcher Umgebung man ist, desto mehr bietet sich das eine oder andere Format an. Im Zug kann man ein Hörbuch oder einen Onlinevortrag mit den Kopfhörern hören, in einer Bibliothek kann man in konzentrierter Stille lesen. Bei einem Gruppencoaching oder Workshop kommt man in kommunikativen Austausch und zur praktischen Anwendung. In einem Teamevent lernen Mannschaften, Schulkassen oder die Abteilung einer Firma zusammen. Beim Einzelcoaching geht es nur um mich. Bei fast allen Formaten gibt es eine Offline- und Onlinevariante.

Alles sollte sinnvoll genutzt werden. Der Erfolgsupdates-Ansatz steht dem technologischen Fortschritt nicht entgegen, sondern verfolgt die gesunde und smarte Nutzung digitaler Möglichkeiten. Die Mischung aus den verschiedenen Wissens- und Lernformaten macht es. Dein Erfolgsrezept ist so individuell wie deine Leibspeise.

Mache dir nun einmal Gedanken, welche Gewichtung der einzelnen Formate zu dir passt. Die folgende Skalierung kann helfen (1 = hat kein Gewicht für mich, 10 = sehr hohe Gewichtung). Ergänze weitere Formate nach Belieben.

Lern- und Wissensformate	Offline (1–10)	Online/digital (1–10)
Bücher		
Hörbücher		
Vorträge		
Kongresse		
Workshops		
Seminare/Webinare		
(Online-)Kurse		
Gruppencoachings		
Einzelcoachings		

Lern- und Wissensformate

- **WAR GAR NICHT SO EINFACH, ODER?**

Es bestehen so viele Wege, sein Können zu verbessern. Diese Übung macht dir einerseits bewusster, welche Wege tendenziell die Richtigen für dich sind. Andererseits ist es auch schwer, dass für sich alleine herauszufinden. Der Austausch mit Experten ist daher immer hilfreich. Sie können nicht nur einordnen, welche Inhalte relevant sind, sondern wissen auch, welche Formate die effektivsten Ergebnisse bringen.

Am Anfang des Buchs habe ich dir schon versprochen, dass ich dir nicht alle Erfolgsfaktoren vorstelle, sondern nur die wichtigen. Es existieren mit Sicherheit noch mehr, aber in den abgehandelten vier sein volles Potenzial zu entwickeln, bringt dich in fast allen Lebensbereichen auf die Siegerstraße.

- **WELCHE FORMATE NUN DIE EFFEKTIVSTEN SIND?**

Ich habe schon betont, dass es die Mischung macht. Und keinesfalls solltest du nur auf eins setzen. Doch wenn ich mich entscheiden müsste, wäre es das Coaching. Eine Mischung aus Gruppencoaching, der Arbeit in Kleingruppen und Einzelcoachings.

COACHING IST NICHT GLEICH COACHING

Doch Coaching ist nicht gleich Coaching. Im Sport gibt es Coaches, die nur Spitzenergebnisse im Sinn haben und ihre Athleten verschleißen.

- **IST JEMAND, DER DIE GESUNDHEIT SEINER SCHÜTZLINGE RISKIERT, EIN GUTER COACH?**

Ein guter Coach will nicht *um jeden Preis gewinnen*. Ein ehemaliger Mitspieler von mir wurde von einem seiner Vereinstrainer trotz schwerer Schulterverletzung zum Einsatz gezwungen. „Die Bizepssehne hing nur noch an einem Zipfel", verriet er mir einmal. Die Muskulatur in seiner Wurfarmschulter war so stark beschädigt, dass der Einsatz irreparable Schäden zur Folge haben konnte. Doch man hatte zu spielen und wenn man das schlecht tat, bekam man noch einen Anschiss. Eine körperlich und psychisch unzumutbare Situation.

Mein Mitspieler hat das besser weggesteckt, als das zu vermuten wäre, aber folgenlos ist diese *Folter* nicht geblieben. Der Mann ist heute Arzt und kann glücklicherweise einwandfrei seinem Beruf nachgehen. Aber er kann heute nur noch so fest werfen wie Grundschulkinder. Sein Coach wollte gewinnen um jeden Preis. Ist es das wirklich wert?

Gute Coaches sehen ihre Schützlinge nicht als Material, um ihre Interessen rücksichtslos durchzusetzen. Nachhaltige Topleistung kann nicht mit einer ungesunden Philosophie erreicht werden. Die schwarzen Schafe erkennt man daran, dass sie immer nur kurzfristig gewinnen wollen, anstatt den Spieler, Auszubildenden oder Angestellten langfristig zu entwickeln.

Bruce Arians, Footballcoach, bringt auf den Punkt, worauf es guten Coaches ankommt: „Für mich geht es beim Coaching nicht um gewinnen oder verlieren. Es geht darum, einen Kerl so gut zu machen, wie er sein kann."[86] Das gilt natürlich nicht nur für Kerle, sondern auch für Frauen und genderqueere Menschen, für Kinder und Jugendliche. Diese Überzeugung vom NFL-Coach eint die Top-Coaches über alle Sportarten und Lebensbereiche hinweg: Sie wollen das volle Potenzial ihrer Schützlinge zur Entfaltung bringen. Sie wollen langfristig das absolut Beste aus ihnen herausholen und entwickeln.

Es reicht aber nicht, wenn der Coach das will. Der Coachee trägt die volle Verantwortung für seine Entwicklung. Ein Coach gibt Impulse, Tipps und Hilfestellungen zur Umsetzung. Doch Handeln muss der Coachee selbst. Wenn du diese Einstellung nicht mitbringst, wird kein guter Coach lange mit dir arbeiten wollen.

Im Leistungssport ist es so: Nicht nur Athleten suchen sich Coaches aus, sondern auch die Coaches ihre Athleten. Gute Coaches wollen nur mit zuverlässigen und fleißigen Schützlingen arbeiten. Ihnen ist ihre Zeit einfach zu kostbar, um sie an jemand zu verschwenden, der nicht lernen will. Leute mit einer erstklassigen Einstellung dürfen mit erstklassigen Coaches zusammenarbeiten. Leute mit einer zweitklassigen Einstellung müssen mit zweit- oder drittklassigen Coaches zusammenarbeiten.

Mache dir also bewusst: Coaching ist keine Einbahnstraße. Das bedeutet auch, dass der Coach sich mit dir weiterentwickeln will. Beide verbessern sich für den gemeinsamen Erfolg. Wir gewinnen gemeinsam. Das optimale Verhältnis ist eine Win-win-Beziehung.

Gemeinsam schaffen wir mehr Wert. Gemeinsam erschaffen wir Mehrwert. Zusammen vervielfachen wir Erfolg. Coach und Athlet(en) sind zusammen ein Team. In welcher Liga auch immer sich jemand befindet, menschlich sollten wir uns immer auf Augenhöhe begegnen. Diese Zutat schmeckt in jedem Erfolgsrezept.

Coaches sind nicht nur Lehrende, sondern auch Lernende. Gute Coaches setzen daher auf die eigene Weiterentwicklung und lassen sich selbst coachen (Coach the Coach). Wenn du also in einer Coachingrolle bist – Teamleiter, Lehrer, Dozent, Eltern, große Schwester, erfahrener Freund –, solltest du vorleben, wie man sich verbessert. Du bist Vorbild und lehrst, wie man lernt. Dazu solltest du dich auch als lebenslang lernend begreifen.

Ich schaue an der Stelle genau hin. Es gibt Leute, die sagen, sie haben 30 Jahre Erfahrung. Sie gehen aber nie auf eine Fortbildung, kennen nicht die zeitgemäßen Entwicklungen und berufen sich nur auf Erfolge von gestern. Solche Leute haben 30 Jahre Erfahrung, die aber 29 Jahre veraltet ist.

Es ist auch nicht immer die einzige Option, denen zu folgen, die sagen: „Lasse es dir von jemandem erklären, der schon da war, wo du hinwillst." Es ist eine gute Strategie, auf die Erfahrung einer Person zu setzen, doch nicht die ausschließliche. Wer zu stark mit „Mache es so wie ich" coacht, läuft Gefahr, *nur* autobiografisches Wissen zu vermitteln.

Gute Coaches berücksichtigen aber noch viel mehr: Ihre persönlichen Erfahrungen ergänzen sie mit denen anderer Erfolgsmenschen. Erfolgsgeschichten, Lebenserfahrungen, inspirierende Storys. Sie blicken in die Wissenschaft, ziehen Experimente und Studien heran, beleuchten seriöse Statements und Interviews mit Forschern, untermauern für dich Inhalte mit Zahlen, Daten und Fakten.

Diese Coaches zeigen auch auf, was sich in der Praxis dann bewährt und bezahlt macht und geben alltags- und praxistaugliche Impulse, zeitlos gültige Prinzipien, Lebensweisheiten und Konzepte. Es zählt nämlich konkret umsetzbares Wissen. Zudem stellen sie die *richtigen* Fragen, damit du die Antworten in dir selbst findest. Wenn du gecoacht werden willst: Suche dir solche Coaches. Wenn du coachen willst: Sei dieser Coach.

Ich selbst bin bestrebt, diese Aspekte im Coaching zu vereinen und ungeachtet der ausgewählten Methoden dem Anspruch gerecht zu werden, eine kompetente, leidenschaftliche, unterhaltsame und inspirierende Vermittlungsart hinzubekommen. Dabei bin ich nicht perfekt, aber immer besser werdend. Coaches sind selbst auch Lernende.

Übrigens: Ich hatte schon Top-Coaches, die in einer höheren Liga coachen, als sie selbst früher gespielt haben. Wie gut man als Athlet war, sagt nicht zwangsläufig etwas darüber aus, wie gut jemand als Coach ist. „Lasse es dir von jemand erklären, der schon da war, wo du hinwillst", gilt also auch diesbezüglich nicht immer. Mehrere meiner besten Coaches coachen sehr erfolgreich Bundesligisten und Nationalteams, waren aber nicht selbst als Sportler auf dieser Leistungsebene.

Ich bin nicht nur dankbar, dass ich von ihnen lernen durfte. Sie sind auch der Beweis, dass man als Coach bis zu einer Spitzenklasse aufsteigen kann, die einem als Athlet versperrt geblieben ist. Anders formuliert: Was sie als Sportler zweitklassig gemacht haben, machen einige als Coach heute erstklassig oder sind Weltklasse, auch in tieferen Ligen.

COACHING NUTZEN: COACHBAR SEIN UND FEEDBACK EINHOLEN

Es ist wichtig, Respekt vor einem Coach zu haben und von ihm - ungeachtet seiner eigenen Erfolge - den richtigen Input anzunehmen. Sei nicht beratungsresistent, sondern *coachbar*. Andersherum solltest du auch Coaching und Feedback einholen, wenn es ausbleibt. Du kannst auch Leute, die dir gegenüber noch keine Coachingrolle eingenommen haben, dazu bringen, dich zu coachen. Mit folgender Übung gelingt dir das auf eine charmante Art.

Übung: Skaliertes Feedback

1. **Kein/oder unspezifisches Feedback:** Erkenne, wenn jemand zögert, dir ein Feedback zu einer Idee, Entscheidung oder Leistung zu geben.
2. **Skalierte Bewertung:** Frage nach einer Bewertung von 1-10.
3. **Anschlussfrage:** In der Regel sagt keiner 10. Frage dann: Wie kann ich näher an eine 10 herankommen?
4. **Coaching:** Nun wird es leichter, präzise zu coachen. Es motiviert den anderen, anzufangen, dich zu coachen und dich motiviert es, coachbar zu sein. Du willst lernen, die Lücke bis zur 10 zu schließen.

Übung: Skaliertes Feedback

Ich habe schon Mitspieler erlebt, die zum Coach gehen und fragen: „Warum bekomme ich so wenig Einsatzzeiten?" Das bringt meistens eine unnötige Spannung in die Beziehung. Der Trainer fühlt sich angegriffen, wertet das als Kritik an den Trainerentscheidungen und als eine unangebrachte Forderung. Nachher sind beide nicht gut aufeinander zu sprechen.

Besser wäre, die Frage, angelehnt an das skalierte Feedback, zu formulieren: „Was kann ich tun, um mehr Einsatzzeiten zu bekommen?" Diese Frage wertet ein Coach als positive Einstellung. Er nimmt wahr, dass der Spieler sich verbessern will und ihn um einen Rat fragt. Er bekommt damit Respekt in seiner Rolle als Coach entgegengebracht. Die Beziehung wird nicht belastet, sondern gestärkt. Ein konkretes Feedback muss dann aber natürlich kommen, sonst ist es für den Coachee wiederum frustrierend.

Eine anders formulierte Frage kann sehr viel verändern. Stelle diese Frage häufiger und du wirst nicht nur wahrgenommen als jemand, der sich selbst verbessern will. Du entwickelst auch die Gewinnermentalität, dich selbst verbessern *zu wollen*. Du zeigst: Ich will (noch besser) gewinnen lernen.

- **WAS KANN ICH TUN, UM EINE BESSERE NOTE ZU BEKOMMEN?**
- **WAS KANN ICH TUN, UM EINE GEHALTSERHÖHUNG ZU BEKOMMEN?**
- **WAS KANN ICH TUN, UM EIN BESSERER FREUND ZU SEIN?**
- **WAS KANN ICH TUN, UM EIN BESSERER TEAMPLAYER ZU SEIN?**

Diese Frage kannst du in viele Lebensbereiche transferieren.

Eine 1-10-Skala macht es konkret. Erinnere dich an deine smarten Ziele. Aus messbarem Feedback kannst du messbare Ziele ableiten.

- **WIE KANN ICH MIT MEINEM GEWINNERDENKEN NÄHER AN EINE 10 HERANKOMMEN?**
- **WIE KANN ICH NÄHER AN EINE KÖRPERSPRACHEN-10 KOMMEN?**
- **WAS FEHLT MIR NOCH ZU EINER 10ER-MOTIVATION?**

Der Lernende und der Lehrende müssen nicht immer die besten Freunde sein. Viel wichtiger ist eine vertrauensvolle und verlässliche Verbindung. Denn Lernen geht über Beziehung, wie mir mein Sportfachleiter in der Lehramtsausbildung auf dem Weg zum zweiten Staatsexamen stets verdeutlichte. Richtige Anweisungen verändern nicht so nachhaltig das Denken und Verhalten wie gute Beziehungen.

In der Schule hast du wahrscheinlich am meisten bei den Lehrkräften gelernt, die eine respektvolle Beziehung zu dir gepflegt haben. In allen Schulformen, in denen ich Schüler und/oder Lehrer war, bestätigt sich dieses Phänomen. Beide Parteien können und sollten daher Einzahlungen auf zwischenmenschlicher Ebene tätigen.

WEITERENTWICKLUNG ALS WERTVOLLE INVESTITION

Beim Lernen in der Schule gibt es einen Vorteil: Für unsere öffentlichen Bildungseinrichtungen muss man keinen finanziellen Beitrag zahlen. Bildung ist kostenfrei. Weiterbildung oft nicht. Für Weiterentwicklung muss man also Geld ausgeben. Wobei das so nicht ganz richtig ist. Es existiert ein Unterschied zwischen Ausgaben und Investitionen. Ausgaben kommen gar nicht mehr oder nur zum Teil wieder rein.

Bei qualitativ hochwertiger Weiterbildung bezahlst du etwas und bekommst mindestens das Gleiche oder sogar mehr wieder heraus. Das nennt man *Investition*. Man kann in Immobilien investieren oder in Aktien. Die beste Investition, die ich kenne, ist die in sich selbst. Ein Coaching ist eine Investition in dich selbst. Eine Fortbildung ist eine Investition in dich selbst. Ein Webinar, ein Workshop, ein Buch sind Investitionen in dich selbst.

Du bezahlst zunächst etwas, doch bekommst du einen *Return of Invest*. Bei Produkten und Dienstleistungen mit hoher Qualität ist der Gewinn höher als deine Einzahlung.

Man sollte sich ständig weiter- oder fortbilden. Du darfst dir die Frage stellen: Bin ich mir das wert?

Du erinnerst dich an die überaus erfolgreichen neuseeländischen Rugbyspieler. Die All Blacks sind sich das wert, wenn es nach dem Autor James Kerr geht: „In vielen Unternehmen ist Weiterbildung eine Abwechslung von der eigentlichen Arbeit und beschränkt sich auf einen gelegentlichen Tag außerhalb des Büros. Wirksame Weiterbildung dagegen ist intensiv, regelmäßig und basiert auf Wiederholung. Für alle, die Weltklasseresultate erzielen wollen, sollte sie ein zentrales Element der Firmenkultur sein."[87]

Die All Blacks sind die erfolgreichste Sportorganisation weltweit. Eines ihrer Erfolgsupdates ist es, sich immer wieder weiterzuentwickeln und nicht nur auf Altbewährtem stehen zu bleiben. Sie erfinden sich neu, bevor sie Gefahr laufen, ausrechenbar und damit überholt zu werden. Mit anderen Worten: Eine überholungsbedürftige Organisation wird von anderen überholt.

Für Bildungseinrichtungen, Unternehmen, Vereine, Sportteams, Familien und auch für dich gilt: Man sollte ein festes Budget für Qualifizierung von Personal beziehungsweise für Fort- und Weiterbildungen kalkulieren. Das sollte ein fester Bestandteil im Jahresetat sein. Ein Qualifizierungs- und Fortbildungsbudget fördert die positiven Effekte Wertschätzung der Mitarbeiter, gesunde Kalkulation und die Etablierung einer Weiterbildungskultur von Weltklasseorganisationen.

So, wie du Geld für den Urlaub beiseitelegst, solltest du das auch für Weiterbildung tun.

- **BIST DU DIR DAS WERT?**
- **BIST DU BEREIT, ZEIT UND GELD IN DICH ZU INVESTIEREN?**

Mache für dich den kurzen Test, ob dir die positiven Effekte von Weiterbildungsinvestitionen wichtig sind.

Positive Effekte von Weiterbildungs-Investitionen	Wichtig (ja/nein)
Wertschätzung: Du zeigst dir selbst/deinem Personal, dass dir an Entwicklung gelegen ist.	
Gesunde Kalkulation: Du verhinderst, dass Qualifizierungs- und Fortbildungsveranstaltungen als unerwartete Kosten *obendrauf* kommen. Es kommt nicht zur Situation: „Das ist ein wertvolles Angebot, aber wer bezahlt das jetzt?" Weiterentwicklung ist finanziell eingeplant und so schreibt man schwarze Zahlen. Wird das Budget in einem Jahr nicht vollständig ausgeschöpft, hat man ein unerwartetes Plus erwirtschaftet.	
Weiterentwicklungskultur: Du verankerst in den Finanzen die feste Absicht und Gewinnerdenkweise, in Weiterentwicklung zu investieren. Mir/uns geht es immer besser, denn ich/wir werde(n) immer besser.	

Positive Effekte von Weiterbildungs-Investitionen

Konntest du mindestens eine der Aussagen mit ja beantworten? Dann ist meine Empfehlung, ein festes Weiterbildungsbudget festzulegen. Dein Wunsch-Ich wird es dir danken.

Zeit musst du für Weiterentwicklung immer investieren. Doch nicht immer Geld. Das theoretische Wissen ist fast überall und manchmal sogar kostenfrei verfügbar, aber die meisten Menschen scheitern an der Umsetzung.

Wenn es dir nur um das Wissen geht, dann kaufe dir ein Buch oder informiere dich im Internet. Wenn du nicht in die Umsetzung oder zu langsam vorwärtskommst, setze auf Coaching. Trage dabei auch die Verantwortung, dem Coaching Taten folgen zu lassen.

Ich rate meinen Schützlingen Folgendes: „Es bringt nichts, wenn du das Coaching bezahlst, die gelernten Inhalte aber nicht anwendest. Das Geld ist dabei gar nicht das Wichtigste. Wir beide würden Zeit verschwenden, die wir nie wieder zurückbekommen. Es muss also in unser beider Interesse liegen, dass du maximal erfolgreich wirst. So investierst du Geld und Zeit in deine eigene Entwicklung."

EINE GESUNDE FEHLERKULTUR IST TEIL DER WEITERENTWICKLUNGSKULTUR

Zu dieser Entwicklung gehört eine weitere wichtige Zutat. Du und dein Coach dürfen Fehler in der Entwicklung machen. Viele Menschen haben davor Angst. Eine befreundete Coachin sagt dazu: „Angst vor Fehlern ist der Hauptgrund, warum Menschen sich nicht trauen, etwas zu tun." Wir fangen aus Angst gar nicht erst an. Manchmal ist schädlicher Perfektionismus die Bremse für Veränderung.

Fehler machen alle Menschen. Erfolgsmenschen lernen aus ihren Fehlern. Sie machen die gleichen Fehler nicht immer wieder. Daher sollte man sich, so paradox es auch klingen mag, über seine Fehler freuen. Sie sind ein Geschenk zum Lernen. Wenn Menschen hier an ihre Grenzen stoßen, bedeutet das selten, dass sie nicht *können*. Oft bedeutet es, dass sie nicht genug *wollen*.

Daher lautet die Botschaft: Wenn du nicht lernen willst, kann dir keiner helfen. Wenn du unbedingt lernen willst, kann dich keiner aufhalten. Gute Coaches lehren dich einen gesunden Umgang mit Fehlern. Sie freuen sich natürlich auch, wenn du diese Einstellung schon mitbringst. Mit dieser Einstellung signalisierst du: *Gewinnen kann jeder Mensch lernen, und ich bin bereit dazu.* Daher nimm dir folgenden Dialog zu Herzen:

„Warum sind Sie so erfolgreich?"

„Richtige Entscheidungen."

„Wie treffen Sie richtige Entscheidungen?"

„Erfahrung."

„Wie erlangten Sie die nötige Erfahrung?"

„Falsche Entscheidungen."

Ich habe mich von diesem Dialog coachen lassen. Er hat meine Fehlerkultur wirkungsvoll verbessert. Die Akzeptanz für Fehlbarkeit wächst. Die Chance, die in Fehlern und Rückschlägen steckt, wird besser erkannt. Frage dich bei Problemen in der Praxis konkret:

- **WAS LÄUFT HIER FALSCH?**
- **WAS LEHRT MICH DIESE ERFAHRUNG?**
- **WIE KÖNNTE ES NOCH BESSER GEHEN?**
- **WIE LAUTET DIE RICHTIGE ENTSCHEIDUNG?**

In der folgenden Checkliste sind weitere Umsetzungstipps für die Praxis zusammengestellt, die du in diesem Buch schon bekommen hast.

Checkliste der Umsetzungstipps aus diesem Buch (unvollständige Aufzählung)
☐ Visualisiere, um dein Gewinnerdenken und mentale Stärke auszubauen.
☐ Stärke dein Selbstvertrauen durch positive Glaubenssätze.
☐ Wende Power-Posing an, um dich stärker, dominanter und selbstsicherer zu fühlen.
☐ Mache dich so groß, wie du geschaffen bist.
☐ Führe Übungen zur Stärkung deiner Motivation durch, um wichtige Aufgaben zu erledigen.
☐ Nutze die Quellen der Willenskraft, um deinen Willensmuskel zu kräftigen.
☐ Lebe eine Win-win-Denkweise und schaffe so einen Mehrwert für alle Beteiligten.
☐ Verfolge die Team-Challenge: So zusammen war noch keiner.
☐ Setze dir smarte Ziele als Antrieb und Orientierung für deinen Erfolg.
☐ Eifere Vorbildern nach (z. B. mit der Visualisierungstechnik *Die Haut des Vorbilds*).
☐ Entwicklungsbeschleunigung: Nutze Weiterentwicklungsformate von Büchern bis Coaching.

Checkliste der Umsetzungstipps

Mache nicht alles auf einmal, sondern fange mit dem Umsetzungstipp an, der für dich aktuell am wichtigsten ist oder erscheint. Wenn du nur einen Tipp nachhaltig verbesserst, wird das eine spürbare Wirkung auf deinen Langzeiterfolg haben. Vielleicht setzt du bereits etwas aus dieser unvollständigen Liste um. Dann darfst du dich bestätigt fühlen.

Diese Bestätigung schenkt Selbstvertrauen, denn du darfst dir vergegenwärtigen: Die erfolgreichsten Persönlichkeiten machen es ebenfalls so. Doch auch sie wollen sich weiter verbessern.

Erinnere dich noch einmal an die Abbildung mit deinem aktuellen Ich und deinem Wunsch-Ich. Mit Blick auf dein Wunsch-Ich, auf deine beste Version, habe ich dich bereits in Teil 1 aufgefordert, dich selbst zu fragen:

- **„WARUM BIN ICH NOCH NICHT DIESER MENSCH?"**

Zwischen diesen beiden Ichs besteht eine Lücke. Und diese Lücke müssen wir mit etwas füllen, um der Mensch zu werden, der wir sein wollen. Wir können uns in den angesprochenen Entwicklungsfeldern coachen lassen und somit für künftige Ergebnisse säen. Um Erfolg ernten zu können, musst du Erfolg versprechendes Denken und Verhalten immer wieder wiederholen.

Denn dies ist das Geheimnis, wie Erfolgsfaktoren und Entwicklungsfelder wirklich zum Tragen kommen. So entwickelst du Gewinnergewohnheiten für deinen Langzeiterfolg. Das gilt für privaten, sportlichen, schulischen und beruflichen Erfolg. Für dich und die Teams, in denen du spielst und arbeitest. Durch die Macht der Wiederholung steigen deine Gewinnchancen auf lange Sicht spektakulär.

- **WO STEHST DU IM JEWEILIGEN ENTWICKLUNGSFELD?**
- **WIE VIEL IST EIGENTLICH SCHON GELADEN BEI DEINEN JEWEILIGEN ERFOLGSUPDATES?**

Male dazu die folgenden Ladebalken aus. Daraus ergibt sich deine persönliche Ladestandanzeige. Beschrifte auch die nicht beschrifteten Ladebalken. Nutze dazu die Impulse aus dem Buch (z. B. aus Kap. 4 und 9). Male deinen Aktuelles-Ich-Avatar aus. Dieser dient dir als eine Art Gesamtanzeige.

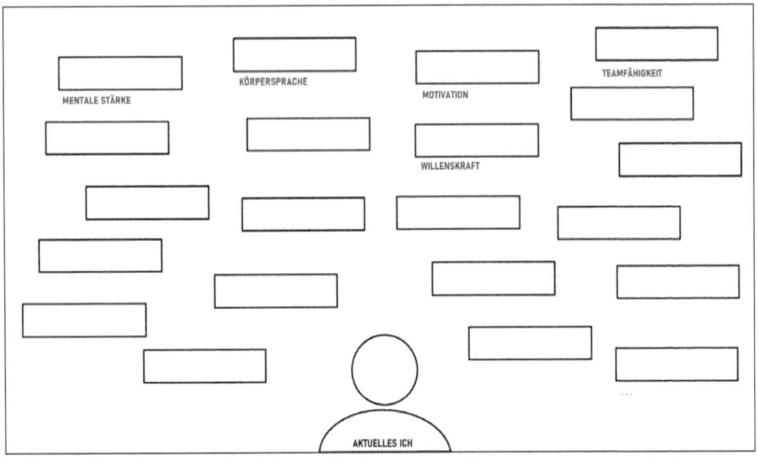

Meine persönliche Erfolgsupdates-Ladestandsanzeige

Nun hast du einen schönen Überblick, wo du aktuell stehst.

- **UM WELCHE BALKEN WILLST DU DICH ALS NÄCHSTES KÜMMERN?**

Mit Blick auf die Übung *Skaliertes Feedback:*

- **WO WILLST DU NÄHER AN DIE 10 HERANKOMMEN?**

Sei dabei realistisch und versuche nicht, von null auf 10 zu kommen, sondern deiner Entwicklung Zeit zu geben. In manchen Feldern ist es für dich zudem nicht unbedingt erforderlich, eine 10 anzustreben.

- **WIE KANNST DU DIE QUALITÄTEN, DIE DU BEREITS HAST, NUTZEN, UM DEINEN ZIELEN NÄHERZUKOMMEN?**
- **WO SOLLTEST DU DICH VERBESSERN, UM DEINE ZIELE ZU ERREICHEN?**

GEMEINSAM GEWINNEN

Du hast in diesem Kapitel (Coaching-)Impulse an die Hand bekommen, auf welche Erfolgsupdates es ankommt, wie du Feedback einholen kannst und wie du eine Selbsteinschätzung deines aktuellen Ichs vornimmst. Etabliere die für dich wichtigsten Erfolgsupdates als Gewinner-Gewohnheiten, um dich auf Erfolg zu programmieren. Das geht nicht von heute auf morgen. Das ist ein Entwicklungsprozess.

- **WANN DU DAMIT BEGINNEN SOLLTEST?**

Dazu gebe ich dir im folgenden Kapitel eine Empfehlung. Du musst diesen Weg nicht alleine gehen. Du kannst Coaching nutzen und mit einer Win-win-Kultur kombinieren. So begibt man sich auf die Erfolgsstraße und wird gemeinsam gewinnen.

Wenn du die Umsetzungstipps dieses Buchs konsequent anwendest, werden sich die nächsten Schritte von selbst ergeben. Falls nicht, stehe ich und viele andere Coaches dir zur Verfügung. Coach und Coaching (und alle übrigen Weiterentwicklungsformate) müssen zu dir passen.

Es ist beim Coaching wie beim Kochen: Es gibt viele Erfolgsrezepte. Nicht jedes trifft deinen Geschmack. Das eine, das jeder gut findet, gibt es nicht. Richtig für dich ist, was gesund ist und dir schmeckt.

KAPITEL 12

3-2-1-LOS! – JETZT MIT DEM GEWINNEN BEGINNEN

Wir sind beim abschließenden Kapitel angekommen. Großartig. Ich sage gleichermaßen Glückwunsch und Danke, dass du bis hierher gelangt bist. Es erwartet dich ein finaler Countdown und was dann noch kommt, wird heutzutage als *Call to Action* bezeichnet. Eine Handlungsaufforderung. Ich lade dich ein, jetzt mit dem Gewinnen zu beginnen. Ich hoffe, dass mir dafür noch ein paar inspirierende Zeilen gelingen. Wir fassen dazu noch einmal die Buchinhalte zusammen und extrahieren die Quintessenz.

- **Drei** Buchteile.
- **Zwei** Kernbotschaften.
- **Ein** Ziel.
- **Los** geht es!

DREI

Drei Buchteile. Was nehmen wir mit? In Teil 1 ging es darum, was Gewinnen bedeutet. Es ist weit mehr als der Sieg in einem Wettkampf. Gewinnen ist ein Lernprozess zu Gesundheit, Erfolg und Erfüllung. Wir haben beleuchtet, dass man in sämtlichen Lebensbereichen kleine alltägliche Siege einfahren kann, die die Erfolgschancen erhöhen. Diese kleinen Siege summieren sich zu außergewöhnlichen, ja manchmal sogar rekordverdächtigen Erfolgen auf.

So werden nicht nur aus Verlierern schließlich Gewinner, sondern auch aus Anfängern Profis und aus erfolglosen Menschen erfolgreiche Persönlichkeiten. Dies gelingt durch persönliches Wachstum. Wir haben festgestellt, dass jeder Mensch lernen kann, ein Gewinner zu sein. Beruflich wie privat. Persönlich wie im Team. Die Update-Analogie hat uns dabei aufgezeigt, wie dies in unserem digitalen Zeitalter möglich ist.

Im zweiten Teil haben wir herausgefiltert, auf welche Erfolgsupdates es ankommt. Der Schwerpunkt lag auf der Persönlichkeitsentwicklung und auf mentalen Updates. Denn Gewinner entstehen im Gehirn und die Saat für persönliches Wachstum sind Gedanken. Wir haben vier Erfolgsupdates unter die Lupe genommen: mentale Stärke, Körpersprache, Motivation und Willenskraft sowie Teamfähigkeit. Wie betont, ist das keine vollständige Liste von Erfolgsfaktoren. Doch es sind die entscheidenden. Kurz und knapp gesagt, haben wir uns nun Folgendes auf unsere Festplatte zwischen den Ohren geladen:

- Die Gewinnerdenkweise, mit der wir mentale Gesundheit und mentale Stärke aufbauen sowie in stressigen Situationen einen kühlen Kopf durch mentale Werkzeuge und Erfolgsstrategien behalten.
- Die Körpersprache von Erfolgsmenschen, die uns zu einer verbesserten Kommunikation, Körperhaltung und Überzeugungskraft bei gestärkter Stressresistenz befähigt.
- Den Antrieb der Erfolgreichen, der aus Motivation und Willenskraft besteht und mit dem wir begeistert in Bewegung kommen, ausdauernd durchhalten und scheinbar Unmögliches möglich machen.
- Unsere Teamfähigkeit, durch die wir negative Gruppenphänomene eliminieren, eine Win-win-Teamkultur etablieren sowie mit Zusammenhalt, Leadership und Team Flow unseren Erfolg vervielfachen.

In Teil 3 ging es darum, in die Umsetzung zu kommen. Das ist die Staffelstabübergabe an dich. Du bist verantwortlich, das Wissen aus den ersten beiden Teilen für dich umzusetzen. Der dritte Teil sollte dich dabei begleiten und wertvolle Impulse für die Starthilfe geben.

Das Zielesetzen (und das Aufschreiben!), die Verbindung zu deinen Vorbildern und die Coachingimpulse sollten dich unterstützen, ins Handeln zu kommen. Nun fällt mit dem Abschluss des Buchs hier im letzten Kapitel gleich der endgültige Startschuss für deine aktive Veränderung zu dem Erfolgsmenschen, der in dir steckt.

ZWEI

Zwei Kernbotschaften möchte ich dir noch einmal mitgeben, die sich durch das ganze Buch wie ein roter Faden gezogen haben. Lasse es mich ein weiteres Mal mit einem Vergleich aus dem Sport skizzieren.

- **UM WAS GEHT ES IN DER SPORTART HANDBALL?**

Man muss kein Experte sein, um das Spiel in Grundzügen zu verstehen. Wie beim Fußball, Hockey, Eishockey, Wasserball und anderen Torspielarten geht es darum, Tore zu erzielen. Das Tor kann auch ein Korb wie beim Basketball oder eine Endzone wie beim Rugby oder Football sein. Das Tor kann auch ein runder Ring wie in der *Harry-Potter-Romanreihe* sein, in dem es im fiktiven Spiel *Quidditch* ums Erzielen von Toren geht.

Es geht in all diesen Spielen jedoch auch darum, dass eigene Tor sauber zu halten. Gegnerische Torerfolge zu verhindern. Keiner käme auf die Idee, ins eigene Tor zu schießen, oder?

In unserem digitalisierten Leben sieht das leider anders aus. Eine überdosierte Nutzung von Bildschirmmedien ist wie Tore zu kassieren. Es ist sogar so, als würde man Eigentore schießen. Es ist, als hätte die Menschheit sich in der Richtung verirrt und würde aufs eigene Tor zulaufen. Wie bekloppt schießen wir da dauernd rein. Wer gewinnt? Na, unser Gehirn schon einmal nicht.

Unser Gehirn ist auch im digitalen Zeitalter immer noch das wichtigste Endgerät von allen. Daher sollten wir es hegen und pflegen. Und zwar durch aktive Benutzung. Es verschleißt dadurch nicht, sondern wird besser. Wir steigern dadurch unseren Erfolg und die Lebensqualität.

Viele Studien und Praxiserfahrungen deuten stark auf einen kausalen Zusammenhang zwischen Smartphones und Lebensqualität hin: Smartphones lenken nachweislich ab. Wer abgelenkt ist, hat keinen Fokus. Wer keinen Fokus hat, lernt schlechter. Wer schlechter lernt, hat eine geringere Bildung. Wer eine geringere Bildung hat, hat weniger Erfolgschancen. Wer weniger Erfolgschancen hat, hat eine schlechtere Lebensqualität.

Die folgenden Faustformeln bezüglich einer angemessenen Updatedosierung kannst du in den Alltag mitnehmen:

Technische Endgeräte plus digitale Updates = Erfolgsreduzierung durch Ablenkung.
Gehirn plus mentale Updates = Erfolgssteigerung durch persönliches Wachstum.

Erfolgsmenschen bekommen die *Display-Life-Balance* mit diesen Faustformeln hin. Gewinnen war noch nie so einfach wie im digitalen Zeitalter, sofern man die angemessene Dosierung hinbekommt. Dann kann jedes Update ein Erfolgsupdate sein.

Kompetitiv gesprochen: Man lässt einen Großteil der Menschheit schon hinter sich, wenn man das gesunde Maß trifft. Die Nebenwirkungen verblassen oder verschwinden und die gewünschte Wirkung wird um ein Vielfaches verstärkt. Die digitale Faustformel wird dann endlich außer Kraft gesetzt. Die herausragenden Chancen moderner Technologien und Erfindungen werden dann auch messbar positive Effekte auf Erfolg haben.

Bringen wir es also auf den Punkt: In der heutigen Zeit braucht es eine bewusste Dosierung von digitalen und mentalen Updates. Die beiden Kernbotschaften dieses Buchs sind:

1. Wir sollten die Nebenwirkungen digitaler Updates reduzieren.
2. Wir sollten die positiven Wirkungen mentaler Updates erhöhen.

Dies kann ich nur als allgemein gültige Botschaft auf gesellschaftlicher Ebene formulieren. Du musst für dich persönlich in ehrlicher Selbstreflexion überprüfen, ob du eine angemessene Dosierung erreicht hast oder in diesen beiden Punkten ein Unter- oder Übermaß besteht.

Kernbotschaft	Nebenwirkungen digitaler Updates reduzieren	Positive Wirkungen mentaler Updates erhöhen
Faustformel	Technische Endgeräte + digitale Updates = Erfolgsreduzierung durch Ablenkung	Gehirn + mentale Updates = Erfolgssteigerung durch persönliches Wachstum
Wirkung	Digitale Balance	Mentale Gesundheit

Kernbotschaften und Faustformeln

Das Übermaß des Digitalkonsums kann sehr herausfordernd sein, weil wir es mit einem weit verbreiteten Phänomen zu tun haben und wir uns einreden können, diese Überdosierung sei normal. Außerdem kann der gut gemeinte Verzicht dazu führen, dass man immer genau an das denken muss, auf das man verzichten will. Haben wir das Smartphone aus der Hand gelegt, aber unsere Gedanken kreisen darum oder um die Dinge, die wir damit anstellen wollen, fällt der Verzicht umso schwerer.

Um im Spektrum zwischen Suchtverhalten und mentaler Gesundheit mehr in die gesunde und Erfolg versprechende Richtung zu gelangen, ist es so unglaublich wichtig, die Aufmerksamkeit auf die gezielte Beschäftigung mit mentalen Updates zu lenken. Wir haben im gesamten Buch viele Stellschrauben aufgezeigt, an denen man drehen kann. Und ich kann, kritisch betrachtet, aus eigener Erfahrung sagen: Es gibt immer etwas zu drehen.

EINS

Ein Ziel möchte ich mit dir gemeinsam erreichen. Jedes kleine Rädchen, das wir da drehen, führt zu Fortschritt. Oder anders gesagt: Nur was wir auf unseren Entwicklungsfeldern säen, kann später geerntet werden.

- **UND WAS WOLLEN WIR ERNTEN?**
- **WAS IST DAS ÜBERGEORDNETE ZIEL?**

Sportlich gesprochen: Tore erzielen und keine Eigentore schießen, um zu gewinnen. Auf den großen Lebenssinn abgehoben: höhere Lebensqualität und Lebenszufriedenheit. Mehr Gesundheit, Erfolg und Erfüllung.

Die positiven Effekte mentaler Updates bringen dein bestes Ich zum Vorschein. Aus deinem Wunsch-Ich wird Wirklichkeit. Deine beackerten Entwicklungsfelder führen zu persönlichem Wachstum.

Auch dein Umfeld sucht nach Menschen mit Persönlichkeitskompetenzen: Unternehmen, Bildungseinrichtungen, Vereine, Sportclubs, Freunde, Familie, Lebenspartner. Viele Gründe mehr, um loszulegen.

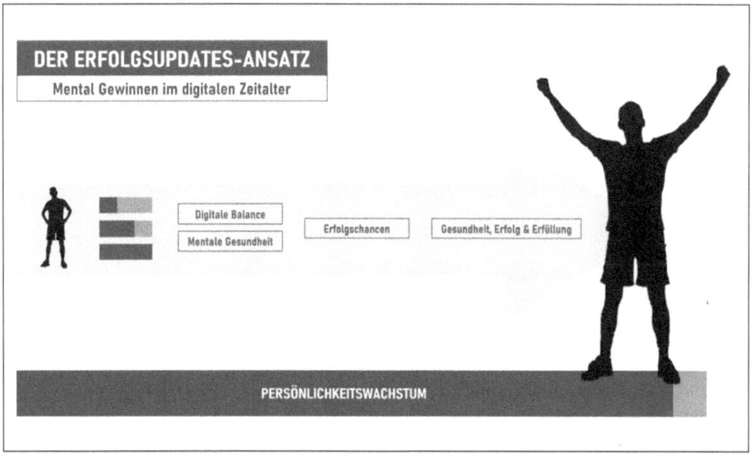

Zum Ziel mit dem Erfolgsupdates-Ansatz

LOS

Es gibt nichts Gutes, außer man tut es, hieß es schon weiter oben. Deine Zeit ist jetzt, wenn du sie nicht auf die lange Bank schiebst. Du solltest jetzt mit dem Gewinnen beginnen. Vom Beginner zum Gewinner. Als Beginner machst du bereits den ersten Schritt zum Gewinner, denn Beginner beginnen. Wer nicht beginnt, darf sich noch nicht einmal Beginner nennen.

Vermeide beim Anfangen unbedingt den Anfängerfehler, dich nur nebenbei mit Neuem zu beschäftigen. Einer der größten Erfolgskiller ist Ablenkung. Durch die unreflektierte Nutzung digitaler Endgeräte lenken viele Menschen ihr Gehirn unbewusst ab.

Wer behauptet, er würde Multitasking beherrschen, gibt zu, sich eine Aufmerksamkeitsstörung antrainiert zu haben. Es ist wissenschaftlich erwiesen, dass Multitasking unsere kognitive Leistungsfähigkeit reduziert. Von den im Buch aufgeführten Nebenwirkungen unseres digitalisierten Lebens ist Ablenkung eine ganz entscheidende, denn: Wir vermindern unseren Erfolg und bekommen es nicht mal mit. Erfolgsmenschen schalten digitale Geräte mehr aus und ihr mentales Gerät (Gehirn) mehr ein.

Mit der passenden Dosierung werden wir im digitalen Zeitalter erfolgreich. Ich hoffe, es wurde erkennbar, was relevant ist und das Buch unterstützt dich beim Fokus auf das Wesentliche. Um nun fokussiert in die Umsetzung zu kommen, hilft die *Strategie 72*, oder auch die *Magische 72*, wie der Erfolgs- und Persönlichkeitscoach Jörg Löhr sagt.

Wir empfehlen, innerhalb von 72 Stunden dein Anliegen ins Handeln zu bringen. Es ist nicht immer machbar, eine Handlung, Tätigkeit oder ein Projekt in 72 Stunden zum Abschluss zu bringen, aber ein erster Schritt kann und sollte dafür getan werden. Nach den 72 Stunden sinkt die Erfolgschance laut Löhr auf unter 10 Prozent.[88]

Triff also jetzt Entscheidungen. Aus falschen Entscheidungen können wir lernen, wie wir herausgefunden haben. Nur gar keine Entscheidungen zu treffen, ist fatal. Ich hoffe nur, dass niemand mit der *Magischen 71* ankommt. Dann sind wir mit unseren überholten Umsetzungstipps aufgeschmissen.

Doch Spaß beiseite. Der Countdown läuft. Gerne mit dieser abschließenden Übung. Bereit? 3-2-1-los!

3-2-1-los!	Deine Antworten
Welche **drei** Erkenntnisse über das *Gewinnen lernen* nimmst du mit?	
Welche **zwei** Erfolgsupdates/ Entwicklungsfelder sind für dich momentan die wichtigsten?	
Was ist deine Handlung Nummer **Eins**, mit der du noch heute in die Umsetzung kommst?	

Übung: 3-2-1-los

Genug der Worte, lasse Taten sprechen. Komme jetzt in Gang. Du brauchst keine Sekunde mehr zu zweifeln, ob du das Zeug zum Gewinner hast. Die Wahrheit ist, wenn du bis hierhin gelesen hast, hat sich schon viel in dir getan. Bringe zur Entfaltung, was in dir steckt. Lasse es uns zum Abschluss noch einmal aus tiefster Überzeugung gemeinsam sagen: *Gewinnen kann jeder Mensch lernen. Auch du kannst das.* Und Gewinnen ist ein großartiges Gefühl. Ich wünsche dir einen erfolgreichen Start.

3-2-1-los!

NACHWORT

Nun hast du sie dir fast komplett *heruntergeladen*, die Erfolgsupdates aus diesem Buch. Du hast dich in einen Lernprozess begeben, um ein (noch besserer) Gewinner zu werden. Du hast dazu wertvolles Wissen über die wichtigsten Erfolgsfaktoren mit Schwerpunkt auf Persönlichkeitsentwicklung erlangt und Hilfestellungen zur Umsetzung bekommen (weitere befinden sich im Anhang). Es liegt ganz bei dir, was du daraus machst. Erfolg durch Performance. Performance durch Persönlichkeit.

Performance bedeutet Leistung. Die Arbeit dafür darf Freude und Erfüllung bringen. Damit das klappt, sollte man hart *und* smart arbeiten: Gehirn häufiger einschalten, Bildschirm häufiger ausschalten. Der Erfolgsupdates-Ansatz hilft dir, zu entscheiden, was du in deinem Leben priorisieren solltest.

- **WÄHLST DU DIGITALE DEMENZ DURCH UNGESUNDES NUTZUNGSVERHALTEN MIT TECHNISCHEN GERÄTEN ODER DIGITALE BALANCE UND DEINE PERSÖNLICHE ENTWICKLUNG?**

Mentale Stärke, Körpersprache, Motivation und Willenskraft sowie Teamfähigkeit darfst du als Entwicklungsfelder verstehen. Was du dort säst, wird sich auszahlen. Die Ernte findet nicht immer gleich sofort statt. Ich wünsche dir daher Ausdauer und Durchhaltevermögen.

Größe ist keine Frage der Körperlänge, sondern der Einstellung. Kein Mensch ist dafür zu untalentiert, zu blöd, zu langsam, zu dick oder zu klein. Nicht jeder kann olympische Rekorde brechen. Aber jeder kann persönliche Rekorde aufstellen und es damit zu wahrer persönlicher Größe bringen. Genau genommen hast du die richtige Größe, um über dich hinauszuwachsen. Anders ausgedrückt: Größe ist keine Frage des Körperlängenwachstums, sondern des Persönlichkeitswachstums.

Wir haben viel über Gewinner und die beste Version gesprochen. Setze dich damit nicht übertrieben unter Druck. Damit meine ich den Irrglauben, perfekt sein zu müssen. Perfektionismus erreicht schnell eine giftige Dosis. Er wirkt wie ein toxisches Pestizid auf deine Entwicklungsfelder.

In manchen Feldern kann man sogar Anfänger oder Verlierer sein, aber ein Gewinner im Leben. Man kann seine Schwächen mit seinen Stärken und Ressourcen also kompensieren. Anders ausgedrückt: Du brauchst nicht perfekt zu sein, nur immer etwas besser werden. Mit jedem kleinen Fortschritt lässt du dein Selbstvertrauen und deine Persönlichkeit wachsen.

Erinnere dich daran, dass die Anhäufung minimaler Zugewinne *(the Aggregation of Marginal Gains)* zu großartigen Erfolgen führt. Jeder kleine Sieg, den du einfährst, kann in Summe scheinbar Unmögliches möglich machen. Sich in 100 Kleinigkeiten ein Prozent verbessern oder sich jeden Tag ein Prozent verbessern, ist eine Herangehensweise von Champions, die jeder Mensch übernehmen kann. Verbesserung heißt Veränderung.

Wenn du dich jeden Tag um ein Prozent verbesserst, bist du in 100 Tagen ein komplett neuer Mensch. Das wird nicht immer gelingen, denn es gibt ja auch Rückschläge, doch du brauchst die Bereitschaft zur Veränderung.

Die Frage ist:

- **BIST DU BEREIT, DIE PERSON ZU VERÄNDERN, DIE DU BIST, FÜR DIE PERSON, DIE IN DIR STECKT?**

Alle wahren Gewinner verfahren so: Sie suchen nach Möglichkeiten, sich weiter zu verbessern. Sie wissen, dass man nicht immer große Sprünge erwarten kann. Sie wissen aber auch, dass jedes verbesserte Prozent eine Auswirkung auf den Gesamt- und Langzeiterfolg hat.

Mit dieser Herangehensweise kannst du eine erfolgreiche Bildungslaufbahn in Schule oder Studium absolvieren, in Unternehmen aufsteigen oder selbst ein Unternehmen zum Erfolg führen oder den Traum Bundesligaprofi angreifen. Mich hat diese Reise in die stärkste Liga der Welt geführt: die Handball-Bundesliga. Ich fühlte mich dort lebendig und angekommen. Ich fühlte mich dort zu Hause. Wie in meinem Kinderzimmer, in dem ich mit meinem Bruder unzählige Male Bundesliga gespielt habe. Das Update Bundesliga war schon seit 20 Jahren in meinem Kopf einprogrammiert. Deswegen wurde daraus ein Langzeiterfolg.

Ich hoffe, du bist jetzt nicht enttäuscht, aber ich selbst beherrsche nicht alle Inhalte aus diesem Buch perfekt. Ich habe viele Fehler gemacht und mache auch heute noch welche. Ich begreife mich auf dem lebenslangen Weg zu meiner besten Version. Mit Blick auf die Update-Analogie: Da ist noch ein Stück Ladebalken übrig. Es ist noch nicht alles heruntergeladen, was geht. Da ist irgendwo noch Potenzial, das entfaltet werden kann.

Eine kleine Bitte: Teile das Wissen dieses Buchs mit Menschen und Organisationen in deinem Umfeld, damit wir gemeinsam Erfolg vervielfachen können. Nutze dazu auch das Bonuskapitel *Vermittlungsempfehlungen* (s. S. 223ff.).

Ich wünsche dir, dass du in deinem Leben eine Weiterentwicklungskultur einpflanzt und wachsen lässt. Für mich waren und sind die Erkenntnisse und Erfahrungen aus dem Spitzensport und dem (Weiter-)Bildungssektor dabei immer Orientierung in allen Lebensbereichen. Ich hoffe, dass sie es auch für dich sein können. Ganz gleich, ob in der Rolle des Lernenden oder Lehrenden.

Möge dein Leben das eines Gewinners sein und möge dein Leben ein Gewinn für andere sein.

Viel Spaß dabei, ein (noch besserer) Gewinner zu werden.

Dein Persönlichkeits- und Mental Coach

David Breuer

ANHANG

Auf den Anhang wurde an ein paar Textstellen verwiesen. Du findest hier auch noch weitere Inhalte, die zwecks besserer Lesbarkeit erst hier hinten auftauchen, deswegen aber nicht weniger bedeutsam sind. Betrachte sie daher als wertvolles Bonusmaterial und nutze sie für deinen Erfolg.

1 CHECKLISTEN ZU DEN BEHANDELTEN ERFOLGSUPDATES

Es ist mir ein Bedürfnis, dir hier Checklisten zur Verfügung zu stellen. Erfahrungsgemäß geben sie einen prägnanten Überblick und helfen, in die Umsetzung zu kommen. Du kannst sie gerne als To-do-Liste verwenden und Erledigtes abhaken. Die Checklisten können auch Orientierung für deine persönliche Checkliste sein, welche noch besser zu dir passt. Denn besser als irgendeine Checkliste ist deine Checkliste.

Checkliste: Gewinnerdenken und mentale Stärke entwickeln
☐ Mit positiven Gedanken die Gehirnaktivität fördern: Jeder Gedanke verändert uns.
☐ Positive Formulierungen wählen (unser Gehirn denkt in Bildern und kennt kein Bild für *nicht*).
☐ Weichmacher eliminieren, eine positive und entschlossene Sprache kultivieren.
☐ Positive Erwartungseffekte nutzen (z. B. Pygmalion-Effekt, selbsterfüllende Prophezeiung).
☐ Kognitive Dissonanz durch Überheblichkeit und Selbstüberschätzung vermeiden.
☐ Emotionale Öffnung zu Themen wie Mindset, mentale Stärke, (Sport-)Psychologie.
☐ Vorbilder erzeugen positive Gedanken, Bilder, Emotionen und geben Orientierung.
☐ Umgang mit Stress und Angst: Umdeutung zu gesunder Anspannung und Begeisterung.
☐ Mentaltechnik Visualisieren: Erfolgsmomente, Bewegungsfertigkeiten, Bewältigung schwieriger Situationen.
☐ Mentaltechnik Affirmationen: Glaubenssätze wiederholt aufsagen.

Checkliste: Gewinnerdenken und mentale Stärke

Checkliste: Körpersprache – Kompetenzen verbessern
☐ Mache dich so groß, wie du geschaffen bist (Übung: Marionettenspieler).
☐ Nicht größer (wirkt hochnäsig), nicht kleiner (wirkt unsicher).
☐ Ruhige Handbewegungen, die man stehen lässt, wirken kompetent und überzeugt.
☐ Power Posing durchführen (für alle Lebensbereiche anwendbar).
☐ Gewinnergesten einsetzen (z. B. die Faust ballen, den Daumen hochhalten, Augenzwinkern, Gewinnerlächeln).
☐ Häufiger lächeln/lachen (macht gesünder, glücklicher, sympathischer).
☐ Geheimtipp Thymusdrüse klopfen: Das stärkt das Immunsystem und das Selbstvertrauen.
☐ Von Körpersprachen-Vorbildern lernen: Abschauen, imitieren, zu einem Teil von dir werden lassen.
☐ Umarmungen und zärtliche Berührungen (hebt die Laune, senkt den Blutdruck, stärkt dieStressresistenz).
☐ Die Körpersprache lesen lernen: Immer situationsabhängig und kontextbezogen interpretieren.

Checkliste: Körpersprache – Kompetenzen verbessern

Checkliste: Übungen zur Motivation
☐ Denke an deine Stärken: Was kann ich gut? Worauf kann ich stolz sein?
☐ Visualisiere vergangene Erfolge und male dir künftige aus.
☐ Nutze positive Glaubenssätze und Affirmationen.
☐ Vermeide den Eigenlobmythos: Eigenlob stinkt nicht, sondern motiviert.
☐ Nimm das Lob und die Kritik anderer als Ansporn.
☐ Belohne dich bei kleinen Erfolgen.
☐ Setze dir realistische und motivierende Ziele.
☐ Verfolge gemeinsam mit anderen Ziele. So reißt ihr euch gegenseitig mit.
☐ Nutze Fehler als motivierendes Feedback: Was muss ich ändern für den Erfolg?
☐ Bringe dich mit deiner Lieblingsmusik in eine Stimmung der Begeisterung.

Checkliste: Übungen zur Motivation

Checkliste: Willenskraft – Stärkung verfolgen
☐ Sinn erleben durch Klärung des Warums und Werteorientierung.
☐ Lohnenswerte Ziele formulieren und verfolgen.
☐ Fokus: Sich auf das Wesentliche konzentrieren anstatt Entscheidungsunlust durch Multitasking (z. B. unreflektierten Bildschirmkonsum).
☐ Proaktiv sein: Die Energie auf Veränderbares lenken.
☐ Lösungsorientierung: (Emotionale) Probleme überwinden.
☐ Einschränkende durch positive, entfesselnde Glaubenssätze ersetzen.
☐ Mentale Werkzeuge nutzen, z. B. Visualisieren, an vergangene und künftige Erfolge denken.
☐ Sich auf Unvorhersehbares vorbereiten.
☐ Die Fähigkeit zur Problemlösung trainieren.
☐ Feedback einholen, Beratung und Coaching nutzen.
☐ Für Menschen etwas Bedeutsames tun.
☐ Ein wertvolles Teammitglied sein.
☐ Sich auf die eigenen Stärken konzentrieren.
☐ Sich an Vorbildern orientieren.

Checkliste: Willenskraft - Stärkung verfolgen

Checkliste: Den Teamspirit stärken
☐ Negative Gruppenphänomene vermeiden (z. B. Social Loafing, Ringelmann-Effekt, Sucker-Effekt).
☐ Positive Gruppenphänomene aktiv erzeugen (z. B. Sichtbarmachen von individuellen Beiträgen, sozialer Wettbewerb, soziale Kompensation).
☐ Hohe Maßstäbe an Teamkompetenzen anlegen: Charakter ist wichtiger als Talent.
☐ Gemeinsam das Prinzip der Anhäufung minimaler Zugewinne verfolgen.
☐ Kein Platz für Egolution: Schwachköpfe sind unerwünscht, denn keiner ist der Wichtigste.
☐ Musketier-Mentalität implementieren: Einer für alle und alle für einen.
☐ Teamziele und persönliche Ziele verfolgen, um den maximalen Gesamterfolg zu erzielen.
☐ Auf das Beziehungskonto einzahlen und durch hohe Beziehungsqualität Team Flow wahrscheinlicher machen.
☐ Win-win-Denken als Kooperationskultur verankern: Vom Gegeneinander zum Füreinander kommen.
☐ TEAM-durch-TEAM: Mit außergewöhnlichem Zusammenhalt Potenziale multiplizieren.

Checkliste: Den Teamspirit stärken

Checkliste: Die richtige Dosierung – vom unreflektierten Digitalkonsum zur maßvollen Digitalkultur
☐ Schlafroutinen: Die letzte Stunde vorm Schlafengehen bildschirmfrei gestalten, den Handywecker mehr als zwei Meter vom Bett entfernt platzieren.
☐ Ein Ziel für Maximal-Digitalzeit aufstellen (u. a. Social Media, Messenger, Gaming, Internet) sowie Bewegungs- und Schlafziele verfolgen (Erfolgsüberwachung durch Tracking von Bildschirmzeit, Schritten und Schlaf).
☐ Sicherheit im Straßenverkehr: Den Blick auf das Handydisplay als Verkehrsteilnehmender vermeiden.
☐ Face-to-Face-Kommunikation anstatt Face-to-Display (abgelenkte Kommunikation).
☐ Aufrecht durchs Leben: Lange Phasen gebeugter Haltung bei Handynutzung vermeiden.
☐ Ablenkung verringern: Das Handy auf stumm schalten, die Nachrichten auf Sperrbildschirm ausstellen.
☐ Smarte Raumeinteilung: Digitalfreie Räume/Zonen einrichten.
☐ Smarte Zeiteinteilung: Fokuszeiten, Pausenzeiten, Mahl-, Mail- und Messengerzeiten einrichten.
☐ Digital Detox: Das Smartphone häufiger ausschalten bis hin zum Handyfasten.
☐ Digitale Balance: Gemeinsam Ziele zum gesunden Digitalkonsum verfolgen.
☐ Sich selbst und andere für bewusste Digitalkultur loben und wertschätzen.

Checkliste: Die richtige Dosierung

2 ÜBUNGEN ZUR PRAKTISCHEN VERTIEFUNG

Du darfst die folgenden Übungen durchführen, um das Gelesene praktisch zu vertiefen und so dein Persönlichkeitswachstum aktiv voranzutreiben.

Übung mentale Stärke: Visualisieren (angelehnt an die WOOP-Methode nach Oettingen)
1. **Wish (Wunsch):** Was ist dein Wunsch? Denke an ein Entwicklungsfeld oder an einen Lebensbereich. Nimm einen Wunsch, der herausfordernd ist, den du dir aber erfüllen kannst. 2. **Outcome (Ergebnis):** Was wäre das beste Ergebnis? Male dir das ideale Erfolgserlebnis lebhaft in deiner Visualisierung aus. Wie sieht das aus? Wie fühlt sich das an? 3. **Obstacle (Hindernis):** Welches Hindernis kann auftreten? Konzentriere dich auf Hindernisse, die in dir selbst liegen oder für dich beeinflussbar sind. Male dir aus, was dir im Weg steht. 4. **Plan:** Wie lautet dein Wenn-dann-Plan? Visualisiere, was du tun kannst, um das Hindernis zu überwinden. Zeichne die Bilder in deinem Kopf mit der Formel „Wenn [Hindernis], dann werde ich [Handlung, die Hindernis überwindet]."
Wiederhole diese vier Schritte. Sie werden mit der Zeit beim Visualisieren immer einfacher nacheinander ablaufen. Du siehst deinen Wunsch konkret als bestmögliches Ergebnis. Es folgen Szenarien, die Hindernisse hervorbringen. Darauf antwortest du mit deinem Plan: Handlungen, die zur Lösung beitragen. WOOP, WOOP!

Übung: Visualisieren

Übung mentale Stärke: Affirmationen

Mit der einfachen Übung „Affirmationen sprechen" gehst du wie folgt vor:

1. Sich vor den Spiegel stellen (wahlweise anderer Ort).
2. 10-20-mal hintereinander die Affirmation sprechen.
3. (Mehrmals) täglich durchführen.

Affirmationen sind kurze positive Statements bzw. Glaubenssätze, die dich in dem Vorhaben unterstützen, besser zu werden bzw. sich auf Erfolg zu programmieren. Du löst damit deine limitierenden Überzeugungen und ersetzt sie durch entfesselnde Gedankenstrukturen. Deine Affirmationen sollten dich persönlich ansprechen, regelmäßig und wiederholt angewendet werden, klar und prägnant sowie positiv formuliert sein und für dich selbst glaubwürdig sein. Schreibe deine Affirmationen auf *(think it, then ink it)* und erhöhe die Wirkung, indem du sie dort platzierst, wo du sie oft im Alltag siehst.

Um destruktive und selbstzerstörerische Denkmuster abzubauen, folge dem Dreischritt **IAE**: „Negative Glaubenssätze identifizieren, auflösen, ersetzen":

1. **Identifizieren:** Schreibe deine bewussten negativen Glaubenssätze auf (z. B. *Geld verdirbt den Charakter*). Schaue besonders in Lebensbereiche, in denen es nicht so gut läuft. Dort hast du meistens viele oder starke negative Glaubenssätze. Unbewusste negative Glaubenssätze kannst du entdecken, wenn du dich schlecht fühlst. Meistens hast du dann gerade negative Gedanken. Schreibe diese Gedanken auf. Hier offenbaren sich weitere limitierende Glaubenssätze.
2. **Auflösen:** Lies dir die Liste mit den negativen Glaubenssätzen laut vor. Bei manchen fällt dir sofort auf, dass dies absoluter Blödsinn ist. Dann hast du den Glaubenssatz quasi schon aufgelöst. Für die hartnäckigeren suchst du nun Gegenbeweise, dass dieser Gedanke nicht stimmt (z. B. *Ich kenne gute Menschen, die viel Geld haben. Also verdirbt Geld nicht zwangsläufig den Charakter.*). Lasse schlechte Gefühle, die bei diesem Prozess entstehen, zu. Diese helfen, den Glaubenssatz als dysfunktional zu erkennen und dadurch aufzulösen.
3. **Ersetzen:** Finde nun positive Formulierungen anstelle der negativen (z. B. *Ich kann mit Geld viel Gutes tun* anstatt *Geld verdirbt den Charakter*). Schreibe die negativen neben die positiven Glaubenssätze und lies beide Seiten täglich als Affirmationen durch. In deinem Unterbewusstsein wird an den negativen Glaubenssatz allmählich der positive gekoppelt. Immer wenn du negativ denkst, kommt gleich der positive Satz hinterher. Nach ein paar Wochen kannst du nur noch die positiven verwenden (wie oben unter „Affirmationen sprechen" beschrieben).

Übung: Affirmationen

Übung Motivation: Rekordjagd (nach der REKORDJAGD-Strategie)

1. **Rekord aufstellen:** Suche dir eine Handlung/eine Tätigkeit und stelle einen Rekord auf. Starte klein (z. B. mit einer Wiederholung). Ein kleiner Rekord ist noch kein Grund für Ovationen, doch ein Erfolg versprechender Anfang. Sehr geeignet sind Serienrekorde. Jeder kann an Tag 2 die Handlung wiederholen und damit eine Serie starten.
2. **Eintragen:** Notiere dir deinen Rekord. Schreibe dir Datum, Handlung und Rekord auf. So machst du deine Bestmarken und Entwicklung messbar und sichtbar. Das ist die Basis, um eine Fortschrittsüberwachung anzulegen, die dich motiviert und dein Verlangen weckt, Rekorde zu brechen. Das Eintragen steigert mit jedem neuen Rekord-(Versuch) dein Selbstvertrauen.
3. **Knacken:** Dein aktueller Rekord ist da, um von dir gebrochen zu werden. Es ist ein gutes Gefühl, immer ein bisschen besser zu werden. Du verschiebst alte Grenzen und setzt neue Marken. Nimm vor allem deine aktuelle Bestleistung in den Blick und nicht nur weit entfernte Ziele. Diese Herangehensweise lässt dich erkennen, dass Rekorde nicht unmöglich sind. Sie sind machbar. Immer nur ein kleines Stück entfernt.
4. **Optimieren:** Stelle dir die Frage: Was kann ich verbessern, um meinen Rekord zu überbieten? Schaue auf veränderbare Rahmenbedingungen, bessere Vorbereitung, Prioritätensetzung. Du musst nicht unendlich gut werden. Es reicht, immer ein kleines bisschen besser zu werden. Das kann jeder schaffen. Mit der Optimierung von Verhalten und Prozessen.
5. **Rekordkategorien:** Es gibt viele Arten von Rekorden. Finde heraus, welche Rekorde du noch alle mit deiner Handlung aufstellst und verfolgen kannst. Es gibt Tages-, Wochen-, Monats-, Jahres- und Lebensrekorde. Es gibt Bestmarken, gemessen in Wiederholungen, Zeiten, Höhen, Weiten, Serien. Im Sport gibt es Hinrunden-, Rückrunden- und Saisonrekorde. Einzel- und Teamrekorde. Verfolge die Rekordkategorien, die dich antreiben, neue Rekorde anzugreifen und trage sie in deine Fortschrittsüberwachung ein.
6. **Durchhalten:** Wahre Gewinner sind nicht für immer mit einem Rekord zufrieden. Sie wollen dieses Rekordgefühl immer wieder erleben. Halte auch bei Durststrecken durch. Wenn eine Serie reißt, starte eine neue. Wenn du eine Marke länger nicht geknackt hast, bleibe dran. Die Besten der Besten tun, was es erfordert, ungeachtet der Zeit und Mühen, die es kostet. Die Belohnung ist es wert. Allein die Rekordeinstellung hat auf viele Lebensbereiche eine positive Wirkung.
7. **Jubeln:** Nach jedem Rekord und sogar Rekordversuch kannst du eine Gewinnergeste einbauen: die Faust ballen, Augenzwinkern, die Arme ausstrecken, jubeln. Was auch immer zu dir passt. Unser Gehirn verknüpft die Geste mit der vorher ausgeführten Handlung und neigt dann dazu, dieses lohnenswerte Verhalten zu wiederholen.

8. **Ausweiten:** Hast du mit einer Handlung deine Rekordjagd fest etabliert, kannst du diese Methode auf weitere Handlungen ausweiten. Besser ist, wenige intensiv zu verfolgen, als viele halbherzig. Lasse deine Rekordeinstellung allmählich wachsen.
9. **Genießen:** Genieße deine Rekorde. Erkenne deine kleinen Siege an, juble über Teilerfolge, feiere deine Meilensteine. Teile deinen Erfolg mit deinen Unterstützern. Erkenne bei allem Streben nach Verbesserung, dass du jetzt schon wertvoll bist, so, wie du bist. Du bist der goldene Kern von der Person, die du sein wirst. Der Erfolglose wird erfolgreich, wenn er seinen ausdauernden Einsatz zu wertschätzen weiß. Der Erfolgreiche wird glücklich, wenn er seinen Erfolg auch genießen kann.
10. **Deine beste Version:** Beachte die vorangegangenen Aspekte und Tipps, damit dein Selbstvertrauen und deine Persönlichkeit wächst. Pflanze diese Rekordeinstellung in dir selbst ein und lasse sie zum Teil deiner Identität werden. Begreife dich dabei als jemanden, der lebenslang nach seiner besten Version strebt. Du wirst und musst dazu niemals perfekt sein. Auch Champions machen Fehler. Deine beste Version ist der imperfekt perfekte Erfolgsmensch. Ein Mensch, der sein Leben lang eine Rekordeinstellung lebt, lebt ein Rekordleben.

Weitere Praxiserfahrungen, die nützlich für dich sein können:

- Nicht perfektionistisch sein, sondern immer ein bisschen besser werden wollen.
- Nicht rastlos von Rekord zu Rekord hetzen wollen, sondern Erfolge und Teilerfolge feiern.
- Nicht absolute, sondern persönliche Rekorde verfolgen.
- Nicht nur Ergebnisrekorde, sondern Prozessrekorde anstreben.
- Nicht nur das Ergebnis zählt, sondern auch die Quote und die Performance.

Je intensiver du die Rekordjagdstrategie verfolgst, desto näher kommst du an deine beste Version heran. Es ist nichts Falsches daran, die Rekordjagdstrategie nur gemäßigt zu verfolgen. Zu verbissen an die Sache heranzugehen, kann kontraproduktiv wirken. Finde ein Maß/eine Herangehensweise, die zu dir passt.

Die Tipps unterliegen zudem keiner festgeschriebenen Reihenfolge und sind keine strengen Gesetzmäßigkeiten, sondern Impulse, die dich unterstützen, deine Rekorde zu verbessern. Das REKORDJAGD-Akronym ist eine Orientierung, die individuell flexibel anpassbar ist. Mit anderen Worten: Du nimmst dir, was dir den meisten Erfolg bringt. Du ergänzt, was für dich noch besser funktioniert.

Übung: Rekordjagd

Übung Körpersprache: Power Posing (nach Cuddy)

1. Nimm eine selbstsichere Pose ein (z. B. Superheldenpose: Sich schulterbreit hinstellen, so groß, wie du geschaffen bist, die Hände in die Hüften gestemmt, der Blick geradeaus) und bleibe in dieser Haltung für zwei Minuten; nahezu überall durchführbar.
2. (Mehrmals) täglich durchführen (z. B. morgens und abends).

Power Posing zeigte in einer Studie von Amy Cuddy nach nur zwei Minuten positive Effekte auf die Hormonausschüttung (Dominanzhormon Testosteron, Stresshormon Cortisol). Auch wenn andere Studien nicht zu diesen Ergebnissen kamen, zeigt sich in der Praxis ein positiver Effekt auf Ausstrahlung, Selbstvertrauen und Stressregulation.

Übung: Power Posing

Übung Willenskraft: Eine Wiederholung (WDH) mehr

1. Starte eine 1-WDH-mehr-Challenge. Ich empfehle dazu eine sportliche Übung (z. B. Liegestütz, Kniebeugen, Burpees). Starte klein mit einer Wiederholung und baue die Serie dann jeden Tag um eine weitere Wiederholung aus: Tag 1, eine Wiederholung. Tag 2: zwei Wiederholungen.
2. Bitte halte Rücksprache mit medizinischen oder sportlichen Fachleuten (z. B. Ärzte, Physiotherapeuten, Fitnesstrainer, Personal Coach), denn die Wiederholungszahlen werden immer größer. Auch hier stellt sich irgendwann die Frage nach der gesunden Dosierung.

Mit der 1-WDH-mehr-Challenge stellst du immer wieder neue Rekorde auf (siehe auch REKORDJAGD-Strategie) und trainierst so deinen Willensmuskel und dein Selbstvertrauen. Es wird für dich zur Gewohnheit, Grenzen zu verschieben.

Übung: 1 WDH mehr

Übung Teamspirit: Wertvolles Teammitglied
1. Jedes Mitglied des Teams schreibt über jedes andere Mitglied auf, warum es so wertvoll für das Team ist. Das kann ein Schlagwort, ein Satz oder ein paar Zeilen sein. Verboten sind negative oder verachtende Statements. 2. Die Teamleitung stellt die Rückmeldungen zusammen, sodass ein Stärken-Feedback von jedem Mitglied entsteht. 3. In einer Teamsitzung erhält jeder dieses positive Feedback seiner Mitspieler. Die Teamleitung kann die einzelnen Feedbacks vorlesen. Noch effektvoller ist es, wenn jede Person ein Feedback aus einem Topf zieht und es vorliest, ohne den Namen zu nennen. Meistens wird von mehreren Leuten erkannt, dass es sich um Person X handelt. Es entsteht eine intime und positive Atmosphäre. Person X weiß nach der Übung, dass seine Stärken von allen wertgeschätzt werden und gewinnt an Selbstvertrauen. Der Teamspirit wächst, weil sich alle darauf fokussieren, dass jeder wertvoll ist. **Für Fortgeschrittene:** In Teams, bei denen großes Vertrauen untereinander besteht, kann die Übung auch mit kritischen Aussagen durchgeführt werden. Erfahrungsgemäß ist folgende Fragestellung förderlich: Was kann Teammitglied X noch verbessern?

Übung: Wertvolles Teammitglied

Übung Digitalkonsum: Handyfasten und digitale Balance

Mitten im Spektrum zwischen Digital Detox und Digitalsucht liegt die digitale Balance. Sie ist das Idealmaß deiner Bildschirmnutzung. Diese Übung unterstützt dich dabei sie zu finden. Sollte nach deiner Auffassung dein Digitalkonsum zu niedrig sein, ist diese Übung eher nichts für dich. Wir befassen uns hier mit dem Reduzieren unnötiger Bildschirmzeit. Wähle zwischen den beiden folgenden Varianten.

1. **Handyfasten:** Nimm dir vor, für einen selbst gewählten Zeitraum auf das Smartphone zu verzichten (das kannst du auf alle beliebigen Bildschirme ausweiten). Um diese Digitaldiät durchzuführen, helfen folgende Tipps:

   - Das Umfeld über das Fasten/die Digitalkultur informieren.
   - Die Bedingungen festlegen, bei denen gefastet werden soll.
   - Für häufig genutzte Funktionen rechtzeitig Ersatz besorgen (z. B. Wecker, Kalender, Fahrplan).
   - Mit anderen zusammen das Fastenprojekt bestreiten.
   - Das Endgerät komplett ausschalten und wegschließen.
   - Ein Tagebuch führen: Wann fehlt das Smartphone? Welche Zeit gewinnt man für welche Aktivitäten?
   - Sich eine Belohnung für das Fasten in Aussicht stellen.

   Rechne beim Fasten mit möglichen Entzugserscheinungen:
   - Die Hand greift ins Leere/es fehlt etwas.
   - Einsamkeit/Leeregefühl durch Dopaminentzug entsteht.
   - Angst, etwas zu verpassen.
   - Langeweile und Orientierungslosigkeit wachsen.
   - Müdigkeit, die bisher verdrängt wurde.

   Diese Entzugssymptome beobachten Menschen bei sich während des Handyfastens etwa 5-14 Tage lang. Dann setzen sich mehr positive Effekte durch (z. B. weniger Stress, mehr Zeit, Kontakte mit Tiefgang, Steigerung von Kreativität, mehr Produktivität, mehr Geduld, verbesserte Konzentration, Fehlerreduktion).

   Achtung: Fasten ist für manche Menschen negativ besetzt. Es hat zudem immer mit Verzicht zu tun. Ein Gefühl von *da fehlt etwas*. Außerdem ist Fasten nicht das reguläre Verhalten. Fasten ist eine zeitlich begrenzte Ausnahme. Ein bewusster Digitalkonsum soll aber die Regel sein. Eine radikale Digitalentgiftung durch das Fasten kann durchaus eine positive Wirkung haben. Noch wichtiger ist aber ein langfristig gesundes Digitalverhalten (*Digital Wellbeing*; siehe nachfolgende Variante).

2. **Digitale Balance:** Diese Übung setzt sich aus vielen kleinen achtsamen/bewussten Verhaltensweisen und Methoden zusammen. Jede einzelne kann ein Baustein für deine Digital-Life-Balance sein:

- **Ausmisten:** Zeitfresser-Apps entfernen, störende Mitteilungen und Töne ausstellen, Trackingeinstellungen anpassen, bewusste Entscheidung für/gegen bestimmte Kommunikationskanäle, Organisationstools synchronisieren oder ökonomischer verwalten).
- **Zeitzonen:** Digitalzeiten (feste Zeiten für den Bildschirmkonsum festlegen), Fokuszeiten (ablenkungsfrei arbeiten im Flow bzw. Deep-Work-Modus), Pausenzeiten (OFF-Pausen, Pausentimer stellen, Pausen als feste Termine im Kalender notieren).
- **Digitalfreie Räume/Zonen:** Physische Orte vor Endgeräten schützen und damit Ruhe und Fokus ermöglichen. Das Handy in einen anderen Raum oder in den Rucksack legen.
- **Morgen- und Abendgestaltung:** Bildschirmfrei starten und enden, das Schlafzimmer ist ohne Bildschirme, keinen Handywecker nutzen.
- **Abwesenheitsnotizen:** Das Umfeld über digitalfreie Zeitfenster informieren.
- **Kommunikation über Digitalkultur:** Über das digitale Wohlbefinden in allen Lebensbereichen mit dem Umfeld sprechen. Gemeinsame Lösungen und digitale Werte finden. Analoge Kontakte ausweiten.
- **Bewegung:** Stresshormone von digitaler Dauerpräsenz durch Bewegung und sportliche Aktivitäten abbauen.

Tipp: Fange mit Aktivitäten an, die dir leichtfallen. Beobachte und reflektiere gewohnheitsmäßig deinen Digitalkonsum. Erlaube dir, einen bewussten Umgang ohne schlechtes Gewissen. Akzeptiere, dass übermäßiger Konsum nicht immer mit persönlicher Schwäche oder fehlender Willenskraft zu tun hat, sondern er gezielt von Firmen durch Ausnutzung der menschlichen und psychologischen Schwächen eingesetzt wird (Stichwort: Aufmerksamkeitsökonomie). Viel Erfolg dabei, die Kontrolle über deine Geräte und damit über dein Leben zurückzuerobern.

Übung: Handyfasten und digitale Balance

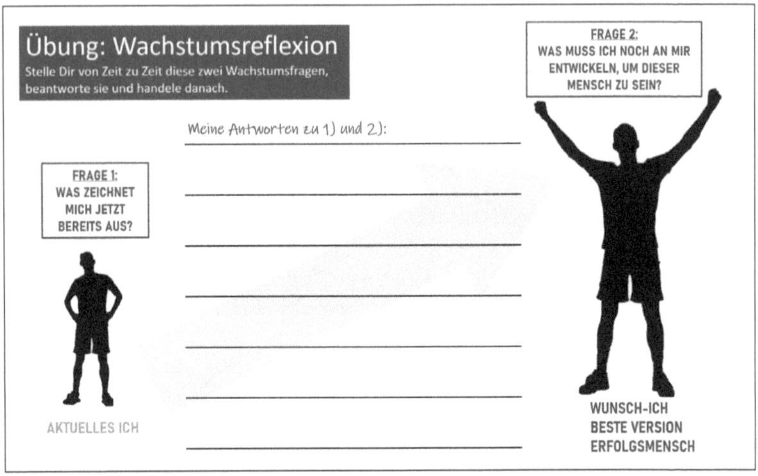

Übung: Wachstumsreflexion

3 ÜBERSICHT ENTWICKLUNGSFELDER/ ERFOLGSUPDATES

Diese unvollständige Aufzählung listet Begriffe auf, die ich als Entwicklungsfelder oder Erfolgsupdates bezeichnen würde. Es kann sich dabei auch um einen Wert oder um eine Fähigkeit handeln. Manchmal ist sogar für einen Begriff alles zutreffend. Teamspirit kann beispielsweise ein Wert, eine Fähigkeit und ein Entwicklungsfeld sein. Hauptsache, du denkst in Kategorien, die sich für dich gut oder richtig anfühlen. Die Begriffe können einen Überblick für die Arbeit an der eigenen Persönlichkeitsentwicklung bieten (z. B. beim Zielesetzen).

Abenteuer	Gewinnerdenken	Prioritätensetzung
Achtung	Glaube	Pünktlichkeit
Anerkennung	Gleichheit	Regenerationsfähigkeit
Aufmerksamkeit	Glück	Reichtum
Ausgeglichenheit	Gute Laune	Respekt
Begeisterung	Harmonie	Ruhm
Behaglichkeit	Hilfsbereitschaft	Schönheit
Bildung	Hingabe	Sexualität
Charisma	Höflichkeit	Sicherheit
Dankbarkeit	Individualität	Sparsamkeit
Distanz	Integrität	Spaß
Effektivität	Intimsphäre	Spiritualität
Ehrlichkeit	Intuition	Status
Entschlossenheit	Karriere	Toleranz
Ernährung	Kommunikation	Treue
Ethik	Kontrolle	Umweltbewusstsein
Familie	Körperliche Fitness	Verständnis
Finanzkompetenz	Körpersprache	Vertrauen
Fleiß	Kreativität	Vielfalt
Flexibilität	Kultiviertheit	Wachstum
Fokus	Lebensfreude	Wahrheit
Freiheit	Lebenskraft	Weisheit
Freundschaft	Leistung	Wettbewerb
Frieden	Liebe	Willenskraft
Führung	Loyalität	Wissen
Geborgenheit	Mentale Stärke	Zärtlichkeit
Gelassenheit	Mitgefühl	Zeitliche Freiheit
Genuss	Motivation	Zielbewusstsein
Gerechtigkeit	Mut	Zufriedenheit
Geselligkeit	Optimismus	Zuverlässigkeit
Gesundheit	Ordnung	

4 BEISPIELE FÜR SMARTE ZIELFORMULIERUNGEN

Du kannst dich gerne von den folgenden Beispielen inspirieren lassen. Sie beziehen sich auf die behandelten Erfolgsupdates in diesem Buch und auf weitere Ziel- sowie Lebensbereiche.

Ich werde in den vier Entwicklungsfeldern mentale Stärke, Körpersprache, Motivation und Willenskraft sowie Teamfähigkeit täglich Übungen durchführen (spezifisch), um meine beste Version zu entwickeln. Im ersten Monat werde ich eine Visualisierungstechnik durchführen, im zweiten Monat kommt Power Posing dazu, im dritten Monat eine sportliche Willenschallenge, im vierten Monat bezahle ich auf Beziehungskonten ein (aktiv und ausführbar). Nach vier Monaten führe ich täglich alle vier Übungen durch (terminiert). Es ist machbar für mich, in jede Übung täglich zwei Minuten zu investieren (realistisch). Ich trage jede durchgeführte Übung in eine Strichliste ein (messbar).

Ich werde mentale Stärke durch positive Glaubenssätze verbessern (spezifisch). Zunächst erkenne ich negative Glaubenssätze, ersetze sie dann durch positive, die zu mir passen und dann spreche ich sie als Affirmationen (aktiv und ausführbar). Ich stelle mich jeden Morgen (terminiert) vor den Spiegel und wiederhole meine Affirmationen mindestens 10-mal (messbar). Pro Woche nehme ich mir einen neuen Glaubenssatz vor (realistisch).

Ich werde jeden Morgen (terminiert) die Erreichung meiner Ziele visualisieren (spezifisch). Ich markiere in meinem Kalender jeden Tag, an dem ich visualisiert habe (messbar). Ich male mir herausfordernde, aber machbare Szenarien aus (realistisch). Ich starte mit einer Minute Visualisierungstraining und erhöhe die Zeit sukzessive (aktiv und ausführbar).

Ich arbeite gezielt an meiner Körpersprache, um charismatischer und selbstbewusster zu werden und zu wirken (spezifisch). Ich stelle mich vor den Spiegel und nehme bewusst Power Posing ein. Dieses setze ich nachfolgend in Gesprächen ein und wenn ich vor einer Gruppe referiere (aktiv und ausführbar). Ich lasse mir von anderen Menschen und meinem Spiegelbild Körpersprachenfeedback geben (messbar). In drei Monaten (terminiert) möchte ich ein spürbar positiveres Feedback bekommen und mich sicherer fühlen als heute (realistisch).

Ich möchte meinen Smartphonekonsum um 50 Prozent verringern (spezifisch). Ich werde dazu das Handy morgens und abends im Bett nicht mehr benutzen, OFF-Pausen über den Tag einhalten und Textnachrichten auf dem Sperrbildschirm ausstellen (aktiv und ausführbar). Ich werde im ersten Monat 20 Prozent weniger Nutzung erreichen, nach zwei Monaten 50 Prozent und setzte mir dann ein neues Ziel mit weiteren Digital-Detox-Maßnahmen (realistisch). Jede Woche checke ich durch eine Tracking-App meine Nutzungszeit (messbar).

Wenn ich Sport treibe, werde ich im Training und in Wettkampfsituationen positive Körpersprache zeigen (spezifisch). Ich balle die Faust bei gelungenen Aktionen und auch, um mich aus schwierigen Situationen zu befreien (aktiv und ausführbar). Ich mache die positive Körpersprache für mich, meine Mitspieler, Trainer und Gegner bewusst sichtbar (messbar). Ich fange heute damit an und will in einem Jahr (terminiert) von jedem meiner Teammitglieder als jemand mit Gewinnerkörpersprache wahrgenommen werden (realistisch).

Ich mache fünfmal in der Woche (terminiert) einen Liegestützworkout, bis ich nicht mehr kann, um meine Willenskraft zu schulen und körperlich fitter zu werden (spezifisch). Ich wärme mich etwas auf, mache ein Workout mit Kräftigungsübungen und baue die Liegestütze dort mit ein (aktiv und ausführbar). Ich notiere mir die erreichten Wiederholungen, um mich zusätzlich zu motivieren (messbar). Ich orientiere mich immer an meinem bisherigen Rekord (realistisch).

Ich will in einem Jahr (terminiert) einen Marathon laufen (spezifisch). Dazu erhöhe ich mein Laufpensum von dreimal auf fünfmal die Woche, laufe vorbereitend ein 10.000-Meter-Rennen und einen Halbmarathon (aktiv und ausführbar). Ich hole mir Feedback von meinem Coach ein, um den Trainingsumfang anzupassen (realistisch). Meine Pulsuhr überwacht dabei wichtige Fitnessdaten (messbar).

Wir wollen das erfolgreichste Team entwickeln, das wir sein können (spezifisch). In zwei Jahren haben alle Teammitglieder einen hervorragenden Teamspirit (terminiert). Wir machen Übungen zum Teambuilding, etablieren eine Win-win-Kultur, setzen uns persönliche und gemeinsame Ziele und legen höchste Priorität auf den Zusammenhalt (aktiv und ausführbar). Wir setzen jeden Monat einen Schwerpunkt mit einem neuen Teamthema (realistisch). Wir messen die einzelnen Teamparameter anhand von Frage- und Feedbackbögen alle sechs Monate (messbar).

Um ein guter Mannschaftskapitän zu sein, werde ich in die Beziehung mit den anderen Teammitgliedern investieren (spezifisch). Nächstes Jahr (terminiert) möchte ich von 80 Prozent des Teams wiedergewählt werden, um das Team zum Erfolg führen zu dürfen (messbar). Ich werde vorbildliches Sozialverhalten vorleben, loben, konstruktiv kritisieren, Konflikte im persönlichen Gespräch klären, motivieren und ermutigen (aktiv und ausführbar). Ich verdiene mir das Vertrauen meiner Teammitglieder, indem ich für sie da bin (realistisch).

Ich werde meinen Schulabschluss (terminiert) mit einem Notendurchschnitt von 1,9 schaffen (spezifisch). Ich arbeite im Unterricht mündlich mit, erledige schriftliche Arbeitsaufträge, um nicht zu viel nacharbeiten zu müssen, verpflichte mich, rechtzeitig mit dem Lernen für Prüfungen zu beginnen (aktiv und ausführbar). Ich fange Lernsessions immer mit fünf Minuten Vokabelnlernen an, damit ich mich in den Arbeitsmodus bringe (realistisch). Neben der Notenrückmeldung kann ich die Lehrkräfte fragen, was ich verbessern kann, um meine Wunschnoten zu erreichen (messbar).

Um mich weiterzubilden, lese ich Sachbücher zu wichtigen Erfolgsthemen (spezifisch). Ich lege mir immer ein Buch neben mein Bett und auf meinen Schreibtisch, damit es mir ins Auge fällt und ich mich automatisch ans Lesen erinnere (aktiv und ausführbar). Ich schaffe mindestens 15 Minuten durchschnittliche Lesezeit am Tag (realistisch). Ich will 10 Sachbücher (messbar) in einem Jahr gelesen haben (terminiert).

Ich möchte ein Leben in finanzieller Freiheit genießen (spezifisch) und nehme mir vor, in 25 Jahren ein entsprechendes Vermögen aufgebaut zu haben (terminiert). Um dieses Ziel zu erreichen, schule ich meine finanziellen Kompetenzen mit Fortbildungen und Coaching im Bereich Geldanlage, Immobilien, passive Einnahmequellen etc. (aktiv und ausführbar). Für mein Aktienportfolio bekomme ich von meinem Berater einen Quartalsbericht (messbar) und anhand dessen leiten wir weitere Spar- und Investitionsziele ab (realistisch).

Mit unserem Unternehmen wollen wir innerhalb von 15 Jahren (terminiert) 30 Prozent Marktanteil besitzen, ein durchschnittliches Gewinnwachstum von 15 Prozent per annum erzielen und zu den besten drei Anbietern der Branche gehören (spezifisch). Dazu setzen wir unseren erarbeiteten Sieben-Schritte-Plan um (aktiv und ausführbar). Unsere Quartalsbilanzen analysieren Gewinne, Marktposition, Kunden- und Mitarbeiterzufriedenheit usw. (messbar). Wir vergleichen die Bilanzen immer mit denen aus dem Vorjahr und bewerten auch die aktuelle Marktlage (realistisch).

5 BONUS: VERMITTLUNGSEMPFEHLUNGEN

Falls du in einer erziehenden, lehrenden, beratenden, coachenden oder führenden Rolle bist, kannst du die Erfolgsthemen in diesem Buch weitergeben. Dazu habe ich hier einige Gedanken zusammengestellt, die sich vor allem auf persönliche Beobachtungen und Erfahrungen sowie Feedback stützen.

Es ist ein paar Mal in diesem Buch angeklungen: Diese Erfolgsfaktoren lassen sich auf fast alle Lebensbereiche übertragen. Ein Transfer in Sport-, Bildungs- und Arbeitswelten ist ebenso häufig möglich wie in die Bereiche Familie oder Freizeit. Mentale Stärke ist nicht nur in der Bundesliga bedeutsam, sondern auch im Büro, am Schreibtisch oder in familiären Beziehungen. Ähnlich verhält es sich mit Körpersprache, Motivation und Willenskraft sowie Teamfähigkeit.

Wenn du diese Erfolgsfaktoren also vermitteln willst, gibt es viele Menschen und Organisationen, die davon profitieren können. Gib die Inhalte gerne weiter. Das bringt nicht nur deinem Gegenüber etwas. Du wirst in der Coaching- oder Vermittlungsrolle die Dinge noch viel tiefgründiger verstehen lernen und weiterentwickeln.

In Sportwelten geht es oft um *höher, schneller, weiter.* Es geht um Ergebnisse. Die Handball-Bundesliga beispielsweise ist ein Haifischbecken. Lieferst du nicht, wirst du ganz schnell aufgefressen. Der Leistungs- und Ergebnisdruck ist also enorm hoch. Noch höher kann er bei internationalen Wettkämpfen wie Weltmeisterschaften und Olympischen Spielen sein.

Umso wichtiger ist neben den körperlichen, technischen und taktischen Skills auch die Fähigkeit, diese in stressigen Situationen auf höchstem Niveau dauerhaft abrufen zu können. Dazu braucht man stabiles Selbstvertrauen. Das kannst du bei Sportlern mit Input zu Persönlichkeitskompetenzen und mentaler Stärke unterstützen.

Mentaltraining ist im Spitzensport nicht mehr wegzudenken. In der Arbeit mit Sportlern solltest du Wissen zu Mentaltechniken und Erfolgsstrategien vermitteln. Das Kennenlernen von ideomotorischem Training (Visualisierung) und subvokalem Training (Affirmationen) sollte schon in Kindheit und Jugend beginnen.

Solltest du mit Kindern arbeiten, ist eine kindgerechte Sprache natürlich wichtig. Ein Gedankenexperiment wie *Denke an einen Apfel* entspricht der kindlichen Neugier und wird schon im Grundschulalter verstanden. Fachbegriffe kann man da allerdings noch weglassen. Von *Affirmationen* braucht man vor dem Jugendalter nicht zu sprechen. Wohl aber von *Glaubenssätzen* oder *Sätzen, die Selbstvertrauen geben.*

Meine Erfahrungen mit Power Posing sind auch durchweg positiv. Im Vertretungsunterricht oder Schulprojekten spreche ich mit Kindern manchmal über Körpersprache. Wir probieren dann einiges aus und ich kann immer wieder feststellen: Kinder stellen sich liebend gerne in Superheldenpose hin. „Das fühlt sich ja auch super an, Herr Breuer. Als könnte man alles schaffen." *Genau. Mache das mal häufiger.*

Die öffentlichen Bildungseinrichtungen tun sich mit dem Bereich Motivation und Willenskraft bei den Kindern schwer, die weniger das Schulrecht als Geschenk, sondern die Schulpflicht als nervig empfinden. Ich habe die Erfahrung gemacht, dass Erfolgsgeschichten von Sportlern oder anderen Vorbildern viele Heranwachsende motivieren können. Wenn Lehrkräfte sofortige Belohnungen einbauen, konkret Fortschritte rückmelden und soziale Anreize geben, steigt in der Regel die Motivation.

Es liegt in der Natur der Sache, dass Bildung nicht immer an den Interessen des Einzelnen ansetzt, aber es wäre häufiger möglich. Denn nichts ist demotivierender, als keinen Sinn in dem zu sehen, was man da lernen soll. Dann braucht es ja Durchhaltevermögen, wie wir wissen. Die dazu notwendige Willenskraft kann sich besser entwickeln, wenn nach Misserfolgen auch zeitig ein Erfolg eintritt.

Gute Trainer und Lehrkräfte steuern mit Geschick, dass dies gelingt. So entsteht das Gefühl, dass sich mehrere Anläufe lohnen. Denn die Erfahrung lehrt in dem Fall, dass man mit wiederholter Übung Erfolgserlebnisse erntet.

Die Teamfähigkeit kann wunderbar in inklusiven Settings geübt werden. Dazu braucht es natürlich räumlich-sächliche sowie personelle Ressourcen. Teilhabe kostet Geld. Diese Investition lohnt sich, denn: Bei Bildung zu sparen, kostet uns mehr, als in sie zu investieren.

Vor allem braucht es jedoch eine entsprechende Geistes- und Menschenhaltung, die Vielfalt als Chance begreift. Dann können in Partner- und Gruppenarbeiten soziale Kompetenzen und Kooperationsfähigkeit wachsen. Diesen Leitgedanken dürfen sich alle Schulformen gerne verschreiben.

- **WIESO SCHREIBEN SO WENIGE ÜBRIGENS IHRE ZIELE AUF?**

Weil sie es in der Schule nicht gelernt haben!

- **SPRICHT ETWAS DAGEGEN, DAS IN DER SCHULE ZU VERMITTELN?**

Unsere öffentlichen Bildungseinrichtungen können den Kindern und Jugendlichen mehr über die genannten Erfolgsfaktoren vermitteln. Das wäre ein noch wichtigeres Erfolgsupdate, als die ebenso notwendigen Rahmenbedingungen für digitales Lernen.

Die Nutzung von Bildschirmmedien in der Jugend ist mit äußerster Vorsicht zu genießen, bei Kindern unter drei Jahren gar nicht zu empfehlen, denn es schadet unter anderem der Gehirnentwicklung und fördert Suchtverhalten. Ein Internet-Führerschein für Kinder ist genauso wenig sinnvoll wie ein Autoführerschein.

Der Autor Bert te Wildt spricht in seinem Buch *Digitale Junkies* von einem Spannungsfeld zwischen Medienabstinenz und Medienkompetenz, in dem sich die Pädagogik befinde. Bezüglich der Medienerziehung in der Schule findet der Oberarzt für Psychosomatik und Psychotherapie klare Worte: „Bis Kinder nicht mit der Hand schreiben und mit dem Kopf rechnen können, tun es auch eine echte Tafel und Kreide."[89] Und auch Stift und Papier.

Die wertvollen haptischen und motorischen Erfahrungen für den Körper und die Gehirnentwicklung sind zudem weitaus höher als beim Wischen über Displays, was von Experten als sogenanntes *Nicht-Erlebnis* bezeichnet wird. Nur im Falle von moderatem Nutzungsverhalten sinken all jene Nebenwirkungen, die wir in diesem Buch behandelt haben. Nur dann könnten auch positive Effekte eintreten.

Bei einer Überdosierung kommt es irgendwann auch nicht mehr darauf an, *was* man mit den Endgeräten macht. Es ist einfach zu viel. Die Nebenwirkungen fressen die positiven Wirkungen einfach erbarmungslos auf. Das kann man sich so vorstellen wie mit gesunder Ernährung. Man könnte sich ausschließlich mit gesunden Speisen und Getränken ernähren. Wenn die Menge deutlich überdosiert wird, kommt es nicht mehr darauf an, was gegessen wird. Es wäre schlicht und einfach zu viel.

Darauf deutet auch der OECD-Bericht *Students, computers and learning: Making the connection* hin. Dieser sollte eigentlich den positiven Nutzen von Digitaltechnik auf das Lernen belegen.

Heraus kam aber das Gegenteil, wie der Chef des OECD-PISA-Programms konstatiert: „Schüler mit moderater Computernutzung in der Schule tendieren zu besseren Lernergebnissen als Schüler, die Computer selten verwenden. Aber Schüler, die Computer sehr häufig in der Schule verwenden, haben sehr viel schlechtere Lernergebnisse, auch nach der Berücksichtigung von sozialem Hintergrund und der Demographie. Die Ergebnisse zeigen auch keine nennenswerten Verbesserungen in der Schülerleistung in Lesen, Mathematik oder Wissenschaft in den Ländern, die stark in IKT (Informations- und Kommunikationstechnologie) für Bildung investiert hatten. Und vielleicht die enttäuschendste Feststellung des Berichts ist, dass die Technologie wenig hilfreich beim Ausgleich der Fähigkeiten zwischen fortgeschrittenen und zurückgebliebenen Schülern ist."[90]

Mit anderen Worten: Wenn man digitale Endgeräte ausgibt, werden die Leistungen schlechter. Vor allem von *schwachen* Schulkindern werden die Leistungen noch schlechter. Je mehr Bildschirmmedien von Lernenden zum Zwecke des schulischen Lernens verwendet werden, desto wahrscheinlicher wird Schulversagen. Nur eine moderate Nutzung ist nachweislich Erfolg versprechender als gar keine.

• UND DIE LEHRKRÄFTE?

Was die digitalen Updates angeht: Erwachsene nutzen zu häufig das Smartphone und andere Bildschirmmedien. Lehrende werden so nicht nur zu schlechten Vorbildern für Lernende. Je mehr das Handy benutzt wird, desto wahrscheinlicher sind die beschriebenen Nebenwirkungen (unter anderem Bewegungsmangel, Übergewicht, Diabetes, Haltungsschäden, Aufmerksamkeitsstörungen, Schlafstörungen, Angst, Depression).

Eine der bekanntesten Lehrerkrankheiten wird provoziert: Burn-out. Im Umkehrschluss: Je besser Erwachsene mit digitalem Nutzungsverhalten umgehen, desto gesünder und erfolgreicher sind sie und desto wahrscheinlicher sind es auch die Kinder und Jugendlichen in ihrem Umfeld.

Was die Erfolgsupdates angeht: Für Lehrpersonal gilt das Gleiche wie für Vereine und Unternehmen: Es lohnt sich, in Fortbildungen und Weiterentwicklung zu investieren. Wenn ich ein Unternehmen voller Mitarbeiter habe, die in mentaler Stärke geschult sind, wie wird sich das wohl auf das Unternehmen auswirken? Meine bescheidene Analyse lautet: phänomenal.

Die Unternehmenserfolge zeigen sich dann nicht nur an monetären Umsätzen. Mitarbeitende schätzen es, wenn man in sie persönlich investiert. Sie wollen in einem Unternehmen bleiben, das an ihrem persönlichen Wachstum interessiert ist. In einem solch förderlichen Umfeld haben Menschen auch den Mut, Persönlichkeitsentwicklung nicht nur persönlich mit sich selbst auszumachen, sondern gemeinsam anzugehen.

Wenn du die Buchinhalte beruflich nutzen willst, gibt es viele Ansatzpunkte. Eine gute Körpersprache ist nicht nur im Sport nützlich, sondern auch im Vorstellungsgespräch. Auch wenn der Siegesjubel im Job anders aussehen mag als bei sportlichen Triumphen, so folgt die Körpersprache den immer gleichen Gesetzmäßigkeiten. Selbstvertrauen kann man beispielsweise in den verschiedensten Kontexten sehr ähnlich ausstrahlen.

Bei motivierenden Geschichten aus dem Sport brauche ich oft nicht zu übersetzen, wie man die Einstellung eines Marathonläufers auf ein Unternehmensszenario überträgt. Der Transfer gelingt den Leuten meist selbst.

Teams können sich die Erfolgsprinzipien der besten Teams der Welt abschauen. Auch ihr könnt negative Gruppenphänomene reduzieren, vom Nebeneinander über ein Miteinander zum Füreinander gelangen. Heraus kommt Team Flow.

Meine Erfahrung zeigt, dass sich die Buchinhalte sehr gewinnbringend in Arbeits- und Unternehmenswelten vermitteln lassen.

Teile dein Erfolgswissen unbedingt im Familien- und Freundeskreis.

- **WIESO SOLLTE NUR EINER ERFOLGREICH SEIN, ANSTATT DAS GANZE TEAM?**
- **WIESO SOLLTE EINER DAS BESTE FÜR SICH BEHALTEN UND DADURCH EINE VERVIELFACHUNG DES ERFOLGS VERHINDERN?**

Macht keinen Sinn. Sinn macht es, sich über diese Themen auszutauschen. Gemeinsam an einem Webinar teilzunehmen, einen Workshop zu besuchen oder sich coachen zu lassen. Wieso nicht dieselben Bücher lesen? So haben alle das gleiche Wissen und sprechen eine (Erfolgs-)Sprache.

Zu meiner Erfolgssprache gehört, dass die Update-Analogie als Augenöffner und Denkanstoß für die Persönlichkeitsentwicklung dient. Die Gegenüberstellung von Technologieupdates und Erfolgsupdates soll verdeutlichen, wie viel Potenzial wir an einigen Stellen verschwenden.

Es wird dadurch bewusst, dass zum Beispiel unreflektierter Displaykonsum zu schlechter Körperhaltung und damit zu schwächerem Selbstvertrauen führen kann. Es wird deutlich, dass hoher Smartphonekonsum eine Überflutung an Reizen und Möglichkeiten mit sich bringen kann und dadurch Entscheidungsunlust entsteht, was wiederum Motivation und Willenskraft schwächt.

Andersherum wird aus einem Kind, dessen Eltern die Nutzung von Bildschirmmedien reglementieren, ein Teenager, der ausdauernd seine unliebsamen Hausaufgaben macht. Die Effekte bei Erwachsenen sind ähnlich. Wenn sie weniger abgelenkt ihre *Hausaufgaben* machen, kommen auch sie zu besseren Ergebnissen.

Bringe auch du dein Umfeld gerne mit dem Erfolgsupdates-Ansatz ins (Um-)Denken. Besser digital detox, als digitale Demenz. Besser als Smartphones sind *Smartpeople*. Besser als richtig eingestellte Technologie ist die richtige Einstellung von uns Menschen. Meine Erfahrung ist, dass sich dies anhand eines Ladebalkens anschaulich, verständlich und inspirierend in nahezu allen Alters- und Personengruppen vermitteln lässt.

Ich hoffe, dass diese Gedanken dir weiterhelfen in der Arbeit mit anderen Menschen. Ich wünsche dir ein glückliches Händchen bei der Vermittlung von Erfolgsthemen für persönliches Wachstum in unserem digitalen Zeitalter.

6 DANKSAGUNGEN

Danke an die unzähligen Begleiter und Vorreiter. Ich durfte und darf von den Menschen um uns und von den Generationen vor uns lernen. Mein Beitrag zu den zeitlos gültigen Prinzipien und Erfolgsweisheiten ist verhältnismäßig gering.

Danke an meine Frau Katja und meine Tochter Marie. Ihr seid mein Licht und meine Reise. Jeder Tag mit euch ist ein Gewinn.

Ich danke meinen Eltern Veronika und Karl-Werner. Ihr seid für mich die ersten Vorbilder meines Lebens. Wenn ich nur die Hälfte von eurer Erziehung umsetze, darf ich mich einen glücklichen Mann nennen.

Ich danke meinen Geschwistern Eva und Simon. Es ist mir eine Ehre, euer großer Bruder zu sein. Ich setze alles daran, dass ihr euch auf mich verlassen könnt, so, wie ich mich auf euch verlassen kann.

Danke an meine Großeltern Marliese und Hubert. Eure Unterstützung und Lebenserfahrung sind für mich unersetzlich. Danke an meine gesamte Familie. Das wichtigste Team, in dem ich je spielen durfte.

An alle anderen Teams: Ich bin stolz, ein Teil von uns (gewesen) zu sein. Unsere Erfolgsgeschichten waren immer so groß wie das Herz und der Verstand, den wir reingesteckt haben. Manchmal führte das zu außergewöhnlichen Ergebnissen. Besonders in den Handballmannschaften, in denen ich als Spieler oder Coach mitmischen durfte: BTB Aachen (mein Stolz und meine Liebe), TSV Bayer Dormagen, TV Korschenbroich, DHC Rheinland, TuSEM Essen, TuS Ferndorf, HSG Krefeld, Wölfe Nordrhein, OSC Rheinhausen, Projekt Winners Performance Training (WPT), Vamos à la Playa Beachteam, WG Köln, HV Mittelrhein, DHB-Jugendnationalmannschaft.

Ich danke meinen Trainern, Coaches, Lehrern und Mentoren. Eure Lektionen waren sehr lehrreich. Manchmal habe ich sie erst Jahre später verstanden. Ich hoffe, ich konnte euch ein guter Schüler sein und etwas von dem zurückgeben, was ich erhalten habe. Einen sehr wesentlichen Teil davon gebe ich selbst weiter.

Bildung gehört zu den nachhaltigsten Zielen für Weiterentwicklung. Ich danke allen Bildungseinrichtungen, in denen ich als Schüler oder Lehrer an Lern- und Persönlichkeitsentwicklung beteiligt war. Der Bildungserfolg steht und fällt mit den Menschen in diesen Institutionen. Euer Einsatz hat meine Einstellung zum Lernen mitgeprägt sowie den Zusammenhang mit Erfolg und Gewinnen erkennen lassen.

Danke GGS Richterich, David-Hansemann-Realschule, Einhard-Gymnasium, Rheinische Schule für Körperbehinderte Kalverbenden, Universität zu Köln, Deutsche Sporthochschule Köln, ZfSL Duisburg, Helen-Keller-Schule, Lise-Meitner-Gesamtschule, Deutsche Trainer Akademie.

Vielen Dank an unser DBE-Team von *Erfolgsupdates.de*. Gemeinsam schaffen wir mehr Wert. Gemeinsam erschaffen wir Mehrwert. Danke auch an unsere DBE-Partner für das Teilen unserer Erfolgs- und Bildungsvision sowie die wertvollsten Synergien, die es gibt: Win-win-Kooperationen.

Den Testimonials danke ich für ihre Fürsprache, die hilft, mehr Menschen mit relevanten Botschaften zu erreichen.

Ich danke euch akribischen Testlesern. Ihr habt mehr zum Feinschliff dieses Buchs beigetragen, als ihr glaubt: Burkhard Heesen, Jamal Naji, Dr. Alexander Koke, Golnessa Rommelfanger, Mirka Herzog, André Meisner, Christopher Janowski, Felix Ehren, Dr. Holger Fietz, Monique Preuß, Dr. Jan Boggrefe, Olya Chirkova, Andreas Löser, Anna Kordes, Murat Oruc, Andreas Roderburg, Jan Hintzen, Janine Benzel, Altin Ramabaja.

Im richtigen Licht stehe ich dank des Autorenfotos und der Grafiken von Aryan Mirfendereski.

Allen Mitarbeitenden des Meyer & Meyer Verlags ein herzliches Dankeschön. Danke an Robert Meyer, der von Anfang an Vertrauen in dieses Buchprojekt und mich als Autor hatte. Mit Projektleiter Riccardo Rip hatte ich einen bereichernden Austausch und bin beeindruckt wie viele kleine Entscheidungen wir gemeinsam getroffen haben und unterschiedliche Sichtweisen entspannt auf Augenhöhe diskutieren konnten. Danke.

Weiterer Dank gebührt René Kirchhoff (Marketing), Isabella Frangenberg (Grafikerin) für das tolle Buchcover und Dr. Irmgard Jaeger (Lektorat). Der Name des Autors prangt auf dem Cover. Was drinsteckt, ist eine großartige Teamleistung.

Coachees, Vortrags-, Workshop- und Webinarteilnehmer haben mich zu diesem Buch ermutigt und inspiriert. Die Arbeit mit euch war und ist bereichernd. Das vermittelte Wissen wird von euch immer wieder auf Tauglichkeit in der Praxis überprüft. Das unnütze Zeug wird so aussortiert und die besten Impulse optimiert. In meinen Zeilen steckt dank euch reflektierte Erfahrung und diese kommt den Lesenden dieses Buchs zugute, an die ich die abschließenden Worte richte: allen Lesenden einen großen Dank. Danke dir.

7 ÜBER DEN AUTOR

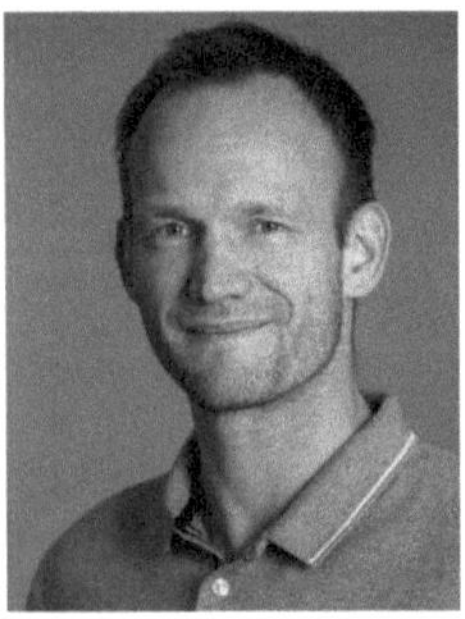

David Breuer

David Breuer arbeitet als Experte und Coach. Der ehemalige Profisportler und Rekord-Bundesliga-Torschütze ist Gründer der Weiterbildungs-Webseite *Erfolgsupdates.de*.

Als ausgebildeter Mental Coach, Sonderpädagoge und Handballtrainer begleitet er Transformationen von Menschen und Organisationen mit Impulsen aus den Bereichen Spitzensport, Persönlichkeits- und Teamentwicklung.

Für Leader, Teams und Organisationen entwickelt der Autor mit *Erfolgsupdates.de* und Partnern hochwertige Lösungen für High Performance Leadership und gesunde Erfolgskulturen.

DU BIST NUR EINEN KLICK ODER SCAN VON EINER MÖGLICHEN ZUSAMMENARBEIT ENTFERNT. NIMM JETZT KONTAKT AUF: HTTPS://WWW.ERFOLGSUPDATES.DE/

8 LITERATURVERZEICHNIS

Albrecht, A., & Droste, S. (2022). *Mentaltraining für Sportler. Mit neurowissenschaftlichen Strategien Emotionen steuern, Motivation und Konzentration fördern und Bestleistung erreichen.* München: Riva.

Ankersen, R. (2016). *Der Goldminen-Effekt. Vom Talent zum Star: 8 Prinzipien für nachhaltigen Erfolg.* Kulmbach: Börsenmedien AG.

Arnold, C., & Lochmann, E. (2011). *Erwartungseffekte im Klassenzimmer - mit besonderer Betrachtung des Pygmalion-Effekts.* Abgerufen am 22.02.2021 von der Technischen Universität Dresden: https://tu-dresden.de/mn/psychologie/ipep/lehrlern/ressourcen/dateien/lehre/lehramt/lehrveranstaltungen/Lehrer_Schueler_Interaktion_SS_2011/Handout_Pygmalioneffekt_20110623.pdf?lang=de

Bannister, R. (2014). *Twin tracks: The autobiography.* London: Robson Press.

Baumann, S. (2012). *Mannschaftspsychologie: Methoden und Techniken* (3. Ausg.). Aachen: Meyer & Meyer Verlag.

Baumann, S. (2018). *Psychologie im Sport. Psychische Belastungen meistern, Mentale Wettkampfvorbereitung, Konzentration und Motivation* (7. überarbeitete Auflage). Aachen: Meyer & Meyer.

Bibliographisches Institut GmbH, Dudenverlag. (o. D.). *Gewinnen.* Abgerufen am 20.02.2022 von Duden: https://www.duden.de/rechtschreibung/gewinnen

Breuer, D. (2021). *Über DBE - Was sind Erfolgsupdates für Deinen Kopf?* Abgerufen am 22.02.2021 von Erfolgsupdates.de: https://www.erfolgsupdates.de/%C3%BCber-dbe/

Breuer, D. (2022). *Viele Menschen updaten ihre Technologie. Erfolgsmenschen updaten vor allem sich selbst.* Abgerufen am 13.01.2022 von Erfolgsupdates.de: https://www.erfolgsupdates.de/

Carstens, P. (o. D.). *Kognitive Dissonanz - Warum wir uns so leicht selbst betrügen.* Abgerufen am 22.02.2021 von GEO: https://www.geo.de/wissen/gesundheit/18160-rtkl-kognitive-dissonanz-warum-wir-uns-so-leicht-selbst-betruegen

Ciardi, M., Gray, G. (Produzenten), & O'Connor, G. (Regisseur). (2004). *Miracle - Das Wunder von Lake Placid* [Kinofilm].

Covey, S. (2018). *Die 7 Wege zur Effektivität: Prinzipien für persönlichen und beruflichen Erfolg* (51. Ausg.). Offenbach: GABAL.

Cuddy, A. (01. 0.2012). *Amy Cuddy: Ihre Körpersprache beeinflusst, wer Sie sind.* Abgerufen am 23.02.2021 von YouTube.com: https://www.youtube.com/watch?v=Ks-_Mh1QhMc

Die Fantastischen Vier. (23.03.2018). *Die Fantastischen Vier - Zusammen feat. Clueso* (offizielles Video). Abgerufen am 09.03.2021 von YouTube.com: https://www.youtube.com/watch?v=H-RrCQQAdK4

Die fantastischen Vier feat. Clueso (2018). *Zusammen* [Aufgezeichnet von M. Beck, A. Rieke, Smudo, T. D, Curse, & S. Deluxe]. Auf *Captain Fantastic.*

Die Torschützenkönige der Bundesliga. (22. 05. 2021). Abgerufen am 03. 01. 2022 von Deutscher Fußball-Bund: https://www.dfb.de/bundesliga/statistik/torschuetzenkoenige/

Dispenza, J. (2020). *Schöpfer der Wirklichkeit: Der Mensch und sein Gehirn – Wunderwerk der Evolution* (8. Ausg.). Burgrain: Koha.

dpa. (14.07.2019). *Kreide und Schultafel statt Computer im Silicon Valley.* Abgerufen am 29.12.2021 von t3n digital pioneers: https://t3n.de/news/kreide-schultafel-statt-computer-1177593/

Duckworth, A. (2017). *GRIT: Die neue Formel zum Erfolg: mit Begeisterung und Ausdauer zum Ziel.* München: C. Bertelsmann.

Eggler, A. (2020). *Das Digital Detox Buch* (2. Ausg.). Wien: Like Publishing.

Ehlers, M. (2019). *Rhetorik: Die Kunst der Rede im digitalen Zeitalter* (2. Ausg.). Kulmbach: books4success.

FloridaKeysTV. (02.09.2013). *Diana Nyad arrives in Key West after 111-mile swim from Cuba.* Abgerufen am 22.07.2021 von YouTube.com: https://www.youtube.com/watch?v=mcvjiw582G0

Großmann, J. (o. D.). *Schwimmend von Kuba nach Florida.* Abgerufen am 22.07.2021 von GEO: https://www.geo.de/reisen/reise-inspiration/297-rtkl-diana-nyad-schwimmend-von-kuba-nach-florida

Guise, S. (2015). *Viel besser als gute Vorsätze: Wie Sie mit Mini-Gewohnheiten Maxi-Erfolge erleben.* Kirchzarten bei Freiburg: VAK.

Guldenschuh-Fessler, B., & Fessler, R. (2020). *Glaubenssätze: Ihre persönliche Formel für mehr Glück & Erfolg* (2. überarbeitete Auflage). Bregenz, Österreich: Verlag Mensch.

Hackstock86. (09.08.2017). *WM 2009 BERLIN: Bolt Rekorde + deutsche Medaillen Originalkommentar Eurosport+ÖR*. Abgerufen am 27.02.2021 von YouTube.com: https://www.youtube.com/watch?v=UL3-apzlw10

Hagger, M., Wood, C., Stiff, C., & Chatzisarantis, N. (07. 2010). *Ego depletion and the strength model of self-control: A meta-analysis*. Abgerufen am 23.02.2021 von PubMed: https://pubmed.ncbi.nlm.nih.gov/20565167/

Hammel, S. (10.07.2007). *Der Entdecker der Autosuggestion: Émile Coué*. Abgerufen am 22.02.2021 von HYPS: https://www.stefanhammel.de/blog/2007/06/10/199/

Harmon, J., Jackson, J., Furmann, S., & Trout, S. (Regisseure). (2016). *All or nothing: A season with the Arizona Cardinals* [Kinofilm].

Heimsoeth, A. (2018). *Sportmentaltraining* (2. erw. Ausg.). Stuttgart: Pietsch.

Hensinger, P. (21. 06. 2017). *Trojanisches Pferd „Digitale Bildung". Auf dem Weg zur Konditionsnierungsanstalt in einer Schule ohne Lehrer?* Abgerufen am 01. 03. 2022 von diagnose:media: https://www.diagnose-media.org/publikationen/detail?id=63

Herzog, C. (06.12.2019). *Mit der SMART-Formel Ziele richtig definieren*. Abgerufen am 14.03.2021 von umantis.com: https://www.umantis.com/zielvereinbarung/smart-ziele

John Isner vs Nicolas Mahut | Wimbledon 2010 | The longest match in full. (26.03.2020). Abgerufen am 25.03.2021 von YouTube.com: https://www.youtube.com/watch?v=TyGO0RU7aVk

Kater, M.-J., Werner, A., Lohaus, A., & Schlarb, A. (2020). *Schlaf und Handykonsum im Jugendalter – Das Handy als Bettnachbar*. Abgerufen am 05.01.2022 von Kleanthes: https://www.kleanthes.de/wp-content/uploads/2020/03/kater_aksm2020.pdf

Kerr, J. (2018). *Das Geheimnis der All Blacks: Was wir von der neuseeländischen Rugby-Nationalmannschaft über Leadership lernen können*. Grünwald: Copress Verlag.

Krakauer, J. (2001). *In eisige Höhen das Drama am Mount Everest* (Sonderausgabe). München: Piper.

Krause, K. (29.11.2017). *Mit einem Lächeln älter werden?* Abgerufen am 10.03.2021 von Universität Zürich: https://www.psychologie.uzh.ch/de/bereiche/dev/lifespan/erleben/berichte/laecheln.html

Lang, C. (02.11.2020). Schadet Medien-Multitasking dem Gedächtnis? Abgerufen am 05.01.2022 von *Pharmazeutische Zeitung*: https://www.pharmazeutische-zeitung.de/schadet-medien-multitasking-dem-gedaechtnis-121497/

Linz, L. (2014). *Erfolgreiches Teamcoaching. Ein Team bilden | Ziele definieren | Konflikte lösen* (4. überarbeitete Auflage). Aachen: Meyer & Meyer.

Löhr, J. (2020). *Inspire your Life – Dein Weg zu mehr Erfolg* (2. Ausg.). Remscheid: Edition Erfolg Verlag.

Löhr, J., & Pramann, U. (2015). *30 Minuten Erfolg* (12. Ausg.). Offenbach: GABAL.

Mahika. (21.09.2017). 17 times Coco Chanel was an absolute queen. Abgerufen am 23. 02. 2021 von *The Pastry Poet*: https://thepastrypoet.wordpress.com/2017/09/21/17-times-coco-chanel-was-an-absolute-queen/

Mahr, B. (21.08.2019). Deutschland hat die stärkste Liga der Welt. Abgerufen am 3.01.2022 von *Frankfurter Rundschau*: https://www.fr.de/sport/sport-mix/deutschland-staerkste-liga-welt-12932528.html

Mai, J. (12.01.2021). Halo-Effekt: Wie mächtig er wirkt. Abgerufen am 22.02.2021 von *Karrierebibel*.de: https://karrierebibel.de/halo-effekt/

Markowetz, A. (2015). *Digitaler Burnout. Warum unsere permanente Smartphone-Nutzung gefährlich ist.* München: Droemer.

Marx, S. (2019). *Das große Buch der Affirmationen* (5. Ausg.). Kirchzarten bei Freiburg: VAK.

Matschnig, M. (2019). *Körpersprache. Macht. Erfolg: Wie Sie andere im Beruf überzeugen und begeistern.* Offenbach: GABAL.

Miller, B. (04.01.2011). Harvard-Studie beweist: Ziele sollten Sie unbedingt schriftlich fixieren. Abgerufen am 11. 03. 2021 von *business-netz – Das Portal für Manager, Fach- und Führungskräfte*: https://www.business-netz.com/Selbstmanagement/Ziele-schriftlich-fixieren

MONDAY.ROCKS. (2022). Software für Teamführung. Erfolgreiche Veränderung ist eine Frage der Teamführung. Abgerufen am 20.04.2022 von *MONDAY.ROCKS*: https://www.monday.rocks/

Newport, C. (2020). *Konzentriert arbeiten. Regeln für eine Welt voller Ablenkungen.* (4. Ausg.). München: Redline Verlag.

Oettingen, G. (2017). *Die Psychologie des Gelingens.* München: Droemer.

Olympia 2021 - Wasserspringen - Hongchan Quan gelingt vom 10-m-Turm der perfekte Sprung: 10,0! (05.08.2021). Abgerufen am 03.01.2021 von Eurosport: https://www.eurosport.de/wasserspringen/olympia-wasserspringen/2021/olympia-2021-wasserspringen-hongchan-quan-gelingt-vom-10-m-turm-der-perfekte-sprung-100_vid1522165/video.shtml

Olympic Channel. (27.09.2014). *The true story of Eric „The Eel" Moussambani at Sydney 2000 | Olympic Rewind.* Abgerufen am 22.02.2021 von YouTube.com: https://www.youtube.com/watch?v=YDqwYUe_U7I

Pels, F., & Kleinert, J. (04. 10. 2022). *Neue Group-Flow-Theorie: Wie Gruppen perfekt zusammenarbeiten.* Abgerufen am 06.01.2023 von Deutsche Sporthochschule Köln: https://www.dshs-koeln.de/aktuelles/meldungen-pressemitteilungen/detail/meldung/neue-group-flow-theorie-wie-gruppen-perfekt-zusammenarbeiten/

Pelz, W. (o. D.). *Willenskraft (Volition) = Umsetzungskompetenz wirksam stärken.* Abgerufen am 23.02.2021 von Institut für Management-Innovation: https://www.willenskraft.net/

Peters, B., Hermann, H.-D., & Müller-Wirth, M. (2008). *Führungsspiel: Menschen begeistern, Teams formen, Siegen lernen - nutzen Sie die Erfolgsgeheimnisse des Spitzensports* (3. Ausg.). München: Heyne.

Pletzinger, T. (2019). *The Great Nowitzki: Das außergewöhnliche Leben des großen deutschen Sportlers* (5. Ausg.). Köln: Kiepenheuer & Witsch.

Reis, M., & Kermas, S. (2020). *Erfolgsfaktor Teamarchitektur.* Freiburg: Haufe.

Roos, R. (22.11.2017). *Team-Psychologie: Soziales Faulenzen und andere Gruppenphänomene - Chancen und Risiken der Teamarbeit.* Abgerufen am 03.03.2021 von prosoft: https://www.prosoft.net/blog/team-psychologie

Schmid-Egger, C., & Krüll, C. (2014). *Körpersprache - das Trainingsbuch: Überzeugend auftreten, die unbewussten Signale deuten können* (2. Ausg.). München: Beck.

Schöne, L. (06.03.2012). Wer lacht, lebt länger. Abgerufen am 10.03.2021 von *WELT*, Axel Springer SE: https://www.welt.de/print/die_welt/wissen/article13905479/Wer-lacht-lebt-laenger.html

Schweizer, A. (31.05.2017). *Körpersprache - 7 Gesten, die du unbedingt vermeiden solltest.* Abgerufen am 03.01.2023 von SevDesk: https://sevdesk.de/blog/koerpersprache/

Singh, P. (14.10.2020). *Quote on inspire me to do better by Selena Gomez.* Abgerufen am 05.01.2022 von Dontgiveupworld.com: https://dontgiveupworld.com/quote-on-inspire-me-to-do-better-by-selena-gomez/

So beeinflusst das Smartphone deine Produktivität. (28.01.2019). Abgerufen am 05.01.2022 von Quarks: https://www.quarks.de/technik/digitalisierung/so-beeinflusst-das-smartphone-unsere-produktivitaet/

Sonner, A. (o. D.). *Superkompensation.* Abgerufen am 23.02.2021 von Akademie für Gesundheit und Sport: https://www.akademie-sport-gesundheit.de/lexikon/superkompensation.html

Spitzer, M. (2017). *Cyberkrank. Wie das digitalisierte Leben unsere Gesundheit ruiniert.* München: Droemer.

Spitzer, M. (2021). *Die Smartphone-Epidemie: Gefahren für Gesundheit, Bildung und Gesellschaft* (4. Ausg.). Stuttgart: Klett-Cotta.

Stallone, S. (Produzent), & Stallone, S. (Regisseur). (2006). *Rocky Balboa* [Kinofilm].

Starker, V., Roos, K., Bracht, E., & Graudenz, D. (2022). *Kosten von Arbeitsunterbrechungen für deutsche Unternehmen. Auswirkungen von Fragmentierung auf Produktivität und Stressentwicklung.*

Storch, M., Cantieni, B., Hüther, G., & Tschacher, W. (2017). *Embodiment: Die Wechselwirkung von Körper und Psyche verstehen und nutzen* (3. Ausg.). Bern: Hogrefe.

Strunz, U. (2018). *Das Schlaf-gut-Buch: Besser schlafen – optimal regenerieren – hellwach durch den Tag: Extra: Geheimnis Tiefschlaf, Urquell der Energie.* München: Heyne.

Talent alleine reicht nicht: Bayern-Star Robert Lewandowski verrät sein Erfolgsgeheimnis. (26.10.2020). Abgerufen am 03.01.2022 von Business Insider: https://www.businessinsider.de/wirtschaft/bayern-star-robert-lewandowski-verraet-sein-erfolgsgeheimnis/

te Wildt, B. (2015). *Digitale Junkies. Internetabhängigkeit und ihre Folgen für uns und unsere Kinder.* München: Droemer.

Tennant, A. (Regisseur). (2005). *Hitch – Der Date Doktor* [Kinofilm].

Thiele, C. (05.08.2021). *Alle im Fluss: Was ist eigentlich mit „Team Flow" gemeint?* Abgerufen am 02.01.2023 von Personalwirtschaft.de: https://www.personalwirtschaft.de/news/hr-organisation/was-ist-team-flow-jeff-van-den-hout-96434/

Thomas Tuchel - Der Ausbruch aus den Routinen. (26.03.2018). Abgerufen am 05.01.2022 von YouTube.com: https://www.youtube.com/watch?v=yt8UOkC8nVc

Thomas, E. (22.07.2015). *Eric Thomas | Motivational speech | How bad do you.* Abgerufen am 23.02.2021 von YouTube.com: https://www.youtube.com/watch?v=6vuetQSwFW8

Tracy, B. (2018). *Ziele: Setzen - Verfolgen - Erreichen.* Frankfurt am Main: Campus.

Ufer, M. (2016). *Mentaltraining für Läufer. Weil Laufen auch Kopfsache ist.* Aachen: Meyer & Meyer.

Van den Hout, J., & Davis, O. (2019). *Team flow: The psychology of optimal collaboration.* Berlin: Springer International Publishing.

Verra, S. (2015). *Hey, dein Körper spricht! Worum es bei Körpersprache wirklich geht.* Hamburg: Edel Books, Edel Germany.

Verra, S. (8.12.2017). *Selbstbewusst wirken: Mit diesen 3 Tipps klappt's.* Abgerufen am 23.02.2021 von YouTube.com: https://www.youtube.com/watch?v=9Teucl2x7Vw

Verra, S. (09.09.2020). *Körpersprache Analyse: Wie unterscheiden sich Männer & Frauen in der Kommunikation? //* Stefan Verra. Abgerufen am 23.02.2021 von YouTube.com: https://www.youtube.com/watch?v=EgmJtVzAzHw

Weber, M. (20.03.2017). *Millennials-Studie: Smartphones führen zu Narzissmus.* Abgerufen am 01.11.2021 von WuV: https://www.wuv.de/marketing/millennials_studie_smartphones_fuehren_zu_narzissmus

Wudtke, E. (1.12.2020). *DBE-Zielgruppeninterview mit Trainer Erik Wudtke.* (D. Breuer, Interviewer)

9 FUSSNOTEN

Jeder Autor schreibt aus seiner Sicht. Doch dank verschiedener Quellen gelingt eine gewisse Multiperspektivität. Auch ich konnte dankenswerterweise auf viele Quellen zurückgreifen, um nicht nur eindimensional auf einen Themenbereich zu schauen. Ich nutzte unter anderem Bücher, Zeitschriften, Workshops und Fortbildungen. Weblinks zu informativen Internetseiten oder Vorträgen sind ebenso hilfreich. Nicht zuletzt ist der Austausch mit Menschen bedeutsam.

Die verwendeten Quellen sind nur ein Auszug aus der Literatur, die mich inspiriert hat. Ich habe mir erlaubt, bei manchen Fußnoten eine persönliche Notiz anzufügen, wenn ich diese als weitere wertvolle Informationen empfunden habe. Doch auch ohne meine Worte sind die folgenden Quellen lohnenswert und damit gleichzeitig meine wärmste Empfehlung. Bei der Zusammenstellung der Quellen habe ich trotz sorgfältiger Bearbeitung bestimmt Fehler gemacht. Entweder habe ich einen Gedanken einer falschen Person zugeordnet oder die gebührende Anerkennung vorenthalten. Sollte dies der Fall sein, bin ich dankbar für einen Hinweis, damit ich den Fehler korrigieren kann.

1 Bibliographisches Institut GmbH, Dudenverlag, o. D.

2 Olympic Channel, 2014. | Ich durfte dieses Spektakel damals live im TV verfolgen. Den zunächst belächelten Eric Moussambani begriffen noch während des Rennens viele Zuschauer als Botschafter des olympischen Gedankens. Du kannst dir die Story vom Olympic Channel über „The Eel" unter dem Link ansehen.

3 Pletzinger, 2019.

4 Mahr, 2019.

5 Breuer, 2021.

6 Spitzer, 2017.

7 Spitzer, 2021. | Eine repräsentative Untersuchung 2015 aus den USA zeigt das Ausmaß der Vielnutzung, dass einer Überdosierung gleichkommt. Bei 8-12-jährigen Kindern lag die Nutzung digitaler Bildschirmmedien bei sechs Stunden und bei 13-18-Jährigen bei neun Stunden am Tag. Kinder scheinen das von ihren Eltern zu lernen. In einer anderen repräsentativen Studie kamen Eltern von Kindern auf eine tägliche Nutzungszeit von neun Stunden und 22 Minuten.

8 dpa, 2019.

9 Markowetz, 2015.

10 Starker, Roos, Bracht, & Graudenz, 2022. | Das Team von *Next Work Innovation* hat die erste digitale branchen- und hierarchieübergreifende Tagebuchstudie zur Konzentration und Produktivität im Unternehmensalltag von Wissensarbeitern durchgeführt. Auf Basis der Studienergebnisse wurden betriebswirtschaftliche Ableitungen getroffen, um den Produktivitätsausfall durch Multitasking und Fragmentierung zu beziffern. Hier die ebenso aufschlussreiche wie erschreckende Zusammenfassung der Ergebnisse: Beschäftigte werden alle vier Minuten in ihrer Tätigkeit unterbrochen. Das Gehirn braucht nach jeder Unterbrechung Zeit zum Re-Fokussieren, was deutsche Unternehmen rund 58 Milliarden. Euro pro Jahr und den Menschen Flow bzw. Deep Work kostet. Zweimal pro Stunde versuchen Beschäftigte, konzentrationsbedürftige Aufgaben parallel zu bearbeiten (Multitasking). Diese Ergebnisse dienen *Next Work Innovation* als Basis für die Weiterentwicklung eines *Focused Company Modells* für konzentriertes Arbeiten in Unternehmen.

11 Eggler, 2020. | Die Autorin bringt wortgewandt auf den Punkt, wie mit der Abhängigkeit des Kunden gespielt wird: „Apps, die helfen, den Social-Media-Konsum einzuschränken, sind wie Wodka, bei dem sich der Flaschenhals automatisch schließt, sobald der Mensch den Hals nicht vollkriegt. [. . .] Ein journalistisches Armutszeugnis ist, wie unkritisch diese Funktionen von Qualitätsmedien als ‚Digital Detox'-Hilfe gefeiert werden." An anderer Stelle in ihrem Buch heißt es: „Wenn Apple dir jede Woche deine Bildschirmzeit schickt, ist das gegen Apples Geschäftsinteressen. Das ist, als würde Heineken dich darauf hinweisen, dass du jede Woche 12,7 Liter Bier trinkst und vor 12 Uhr mittags damit beginnst."

12 Breuer, 2022. | Obwohl deutlich mehr Menschen spanisch als englisch sprechen und mandarin-chinesisch die mit weitem Abstand meisten Muttersprachler aufzuweisen hat, gilt englisch hierzulande als Weltsprache. Für die wichtige Botschaft: „Viele Menschen updaten ihre Technologie. Erfolgsmenschen updaten vor allem sich selbst", wollte ich eine einfache, global nutzbare Formulierung, die dies ähnlich ausdrückt. Ich hoffe, der Vierzeiler ist in deinen Augen gelungen und bietet dir eine Unterstützung, um deine smarten Erfolgsentscheidungen zu treffen. Hier noch einmal zum Verinnerlichen: Update your device can be nice. Update your mind is to update your life.

13 Ehlers, 2019.

14 Dispenza, 2020. | Der Begriff „Gedanken-Gefühls-Schleife" fiel mir ein, als ich den hier zuvor beschriebenen Ablauf von Dispenza zusammengefasst habe. Wir haben es hier mit einer ständigen Rückkopplung zu tun, wie er ausführlich in seinem Buch beschreibt.

15 Arnold & Lochmann, 2011. | Erwartungseffekte wie *Golem*- und *Pygmalion-Effekte* wurden vielfach in schulischen Settings untersucht und festgestellt. Die hier verwendete Quelle hebt auch kritisch hervor, dass sich immer wieder Zweifler zu Wort melden, die nachträglich Forschungsmethoden und Versuchsreihen kritisieren. Das geht sogar bis ins Jahr 1968 zurück. Meine Erfahrungen sind in der Praxis folgende: Diese Effekte existieren und entfalten mitunter erstaunliche Wirkung. Auch in der Praxis stoße ich immer auf diese Zweifler. Meistens wirkt bei ihnen selten der positive Pygmalion-Effekt, weil meiner Meinung nach der Glaube daran fehlt. Ob das wohl für einen vorherrschenden Golem-Effekt spricht? Denn dieser findet sich sowohl amüsanter- als auch traurigerweise häufig in ihren Klassenzimmern.

16 Mai, 2021.

17 Carstens, o. D.

18 Newport, 2020. | Die Originalausgabe *Deep Work* von Cal Newport wurde ins Deutsche mit *Konzentriert arbeiten* übersetzt. Der Autor beschreibt diese Art des Arbeitens als „berufliche Aktivitäten, die in einem Zustand ablenkungsfreier Konzentration ausgeübt werden und Ihre geistigen Kapazitäten an Ihre Grenzen bringen". *Deep Work* sei nötig, um intellektuelle Kapazität bis auf den letzten Tropfen auszuwringen.

Dies gelinge unter anderem, wenn man die digitalen sozialen Netzwerke verlasse. Hinter einer Kosten-Nutzen-Rechnung stünde ein dickes Minus. *Deep Work* werde verhindert und damit auch das Glücklichsein durch Tiefgang.

19 Wudtke, 2020. | Als ich meinen ehemaligen Handballtrainer, Mentor und Freund Erik Wudtke interviewte, kamen wir auf das Thema „mentale Stärke" zu sprechen. In seiner Rolle als Bundestrainer der männlichen Jugend und Co-Trainer der Herren-Nationalmannschaft hat er einen Überblick bis in die höchsten Leistungsebenen. Selbst dort herrscht bei einigen Athleten große Skepsis gegenüber mentalem Input. Eriks Vermutung: „Manche verwechseln Psychologie wohl mit Psychiatrie", fand ich irgendwie sehr passend. Keiner möchte als kognitiv schwach gelten oder „im Kopf nicht ganz richtig" und deswegen besteht eine eher abwehrende Haltung. Eine emotionale Öffnung hin zu den Themen Mentaltraining und (Sport-)Psychologie halten wir für entscheidend. Und es ist eine Stärke, seine mentalen Potenziale entwickeln zu wollen. Um sie nicht im schlechten Licht dastehen zu lassen: Auch die Psychiatrie leistet wertvolle Mentalarbeit bei vielen Menschen.

20 Bannister, 2014.

21 Heimsoeth, 2018. | Ich verweise hier gerne auf Antje Heimsoeth, die sehr fundiert über diese Technik geschrieben hat. Zum Visualisieren gibt es jedoch unzählige Quellen in allen möglichen Lebensbereichen. Es ist eine Technik, die sofort ausgeübt werden kann und jeder Mensch nutzen sollte. Wenn du das hier liest und noch immer nicht visualisiert hast, nimm dir jetzt die Zeit.

22 Baumann, 2018. | Einen guten Überblick über Methoden des Visualisierens bekommt man hier. Baumann unterscheidet das Visualisieren von Bewegungsabläufen, des idealen Leistungszustandes, von Informationen sowie emotionalen Zuständen. Er nennt weitere Visualisierungsstrategien wie die subjektive und objektive Visualisierung, Visualisieren ohne Erwartung, Visualisierung von Symbolen, Als-ob-Visualisierung. Der Autor empfiehlt, alle Sinne einzubeziehen und regelmäßig zu visualisieren: „Häufiges und tägliches Visualisieren (3-5 Minuten) ist wirksamer als eine oder zwei lange Sitzungen. Tägliches Visualisieren kann negative und selbstzerstörerische Selbstbilder im positiven und konstruktiven Sinn umwandeln."

23 Oettingen, 2017. | Laut Oettingen sollten wir unser Leben WOOPen. Mit dem Vier-Schritte-Plan Wish, Outcome, Obstacle, Plan (WOOP). Mit dieser Technik lassen sich erstaunliche Ergebnisse erzielen. Ein wesentlicher Teil davon ist das Visualisieren.

24 Marx, 2019. | Jeder Mensch hat Glaubenssätze als feste Anker. Sie sind Gedankenmuster, die einen vertrauten Grundzustand von Emotionen liefern. Die Autorin Dr. Susanne Marx betont, dass bei jedem eine einzigartige homöostatische (selbstregulierende) Balance besteht. Diese werde direkt vom genetischen Programm, seiner Reaktion auf Umgebungsumstände und seinen eigenen unterbewussten Gedanken beeinflusst.

25 Hammel, 2007.

26 Guldenschuh-Fessler & Fessler, 2020. | Für die Autoren sollten Affirmationen neben der Verknüpfung mit intensiven Emotionen folgende Merkmale aufweisen: positiv formuliert, so kurz wie möglich, in der Gegenwart. Zudem sollten sie deinen Authentizitätscheck bestehen. Feile so lange an der Formulierung, bis sie sich für dich glaubwürdig anfühlt. Nur dann programmierst du dein Unterbewusstsein auf Erfolg.

27 Singh, 2020.

28 Tennant, 2005. | Du wirst dich vielleicht fragen: „Der Ton kommt doch aus meinem Mund?!" Doch der Tonfall wird nicht dort gebildet. Der entsteht mithilfe der Stimmlippenmuskeln und die sitzen etwa in der Mitte unseres Kehlkopfs.

29 Schöne, 2012.

30 Krause, 2017.

31 Matschnig, 2019. | Wenn wir unsere Körpersprache ändern oder anpassen wollen, ist es wichtig, dass es zu uns passt und wir uns wohl damit fühlen. Sonst wirkt das nicht glaubwürdig. Wie Matschnig es in ihrem Buch ausdrückt: „Wenn Sie eine fremde Körpersprache adaptieren oder kopieren, ändert das nichts an Ihrer Wirkung und schon gar nichts an Ihrer Persönlichkeit. Es hat nur eines zur Folge: Sie werden vermutlich nicht authentisch wirken, und das ist alles andere als vertrauenswürdig. Im Grunde geht es darum, die neuen Verhaltensweisen zu internalisieren, und das bedeutet: üben, üben und nochmals üben."

32 Verra, 2017.

33 Cuddy, 2012. | In einem *TedTalk*, der viral ging, präsentierte Cuddy ihre Forschungsergebnisse zum Power Posing. Am Ende des Vortrags appelliert sie an das Publikum, es solle die Wissenschaft teilen. Sie solle auch die Leute erreichen, die keine Ressourcen oder Technologie, keine hohe Stellung oder keine Macht haben. Genau das möchte ich auch dir weitergeben. Nimm Cuddys Wissen zu Power Posing und teile es mit Menschen, die es am meisten brauchen. Danke.

34 Storch, Cantieni, Hüther, & Tschacher, 2017.

35 Albrecht & Droste, 2022. |

36 Schweizer, 2017.

37 Verra, 2015.

38 Schmid-Egger & Krüll, 2014. | Die angesprochenen Typen finden sich zum Beispiel in diesem Werk wieder. Hier geht es hauptsächlich um die Körpersprache im beruflichen Kontext. Von der Fußstellung über den Gang bis hin zum Händedruck und der Mundmimik kann Körpersprache gelesen und trainiert werden. Und das funktioniert nicht nur für beruflichen Erfolg.

39 Verra, 2020.

40 Mahika, 2017.

41 Thomas, 2015.

42 Duckworth, 2017.

43 Guise, 2015.

44 Pelz, o. D.

45 Hagger, Wood, Stiff, & Chatzisarantis, 2010.

46 Sonner, o. D.

47 Guise, 2015.

48 *So beeinflusst das Smartphone deine Produktivität*, 2019.

49 Lang, 2020. | Eine Studie der Stanford University in Kalifornien, USA, fand heraus, dass die gleichzeitige Beschäftigung mit mehreren Medienformen, das sogenannte *Medien-Multitasking*, negative Auswirkungen auf die Gedächtnisleistung und die Aufmerksamkeit junger Erwachsener haben kann. Die Forscher Wagner und Madore postulieren, dass ihre Arbeit eine Korrelation, aber keine Kausalität aufzeigt. Wer möchte, kann gerne einen praktischen Selbsttest ausprobieren: Lese gleichzeitig eine Mail auf deinem Smartphone und ein Buch. Ich überlasse es deiner Bewertung, ob ein kausaler Zusammenhang von Ablenkung durch Multitasking entsteht.

50 Duckworth, 2017.

51 Ankersen, 2016. | Bei Willenskraft denken wir oft an enorme Anstrengung. Der zitierte Tim Noakes betont, dass wir die Ermüdung aufschieben können, aber es darf auch nicht vergessen werden, dass wir dann auch mehr Regeneration brauchen. So, wie man ein Auto auftanken muss, sollten auch Menschen ihre Energie tanken. Mit anderen Worten: Wir brauchen eine hohe Qualität des Trainings, aber auch eine hohe Qualität der Erholung.

52 Strunz, 2018.

53 Kater, Werner, Lohaus, & Schlarb, 2020.

54 FloridaKeysTV, 2013.

55 Großmann, o. D.

56 Ankersen, 2016.

57 Roos, 2017. | Negative Gruppenphänomene wie *Social Loafing, Ringelmann-Effekt* oder *Sucker-Effekt* treten vermehrt in „schlechten Teams" auf. Auch „gute" Teams sind davon betroffen. Doch sie gehen besser damit um, entwickeln unbewusste oder bewusste Strategien, um dem entgegenzuwirken und setzen gezielt auf positive Gruppenphänomene. Teams sind also nicht per se gut oder schlecht. Sie sind das, was wir daraus machen.

58 Kerr, 2018.

59 Ciardi, Gray & O'Connor, 2004. | Bis heute gilt das „Miracle on Ice" als eines der größten Sportwunder unserer Zeit. Selbst Underdogs können den großen Favoriten bezwingen. Der Film macht unter anderem deutlich, was Teamspirit ausmacht.

60 Weber, 2017. | Die *Egotech-Studie* kommt zu alarmierenden Ergebnissen. Digital Natives sind 13 Prozent narzisstischer als andere Bevölkerungsgruppen. Etwa die Hälfte der Millennials (Jahrgang 1981-1998) würde einen Monat aufs Frühstück verzichten, anstatt auf das Smartphone. Wundert es bei diesen Ergebnissen noch, dass viele während der Mahlzeiten mehr mit dem Handy als mit dem Essen und den anderen Menschen am Tisch beschäftigt sind? Das sind Suchtzustände. Digitale Abhängigkeit fördert Narzissmus und dafür gibt es viele weitere Anzeichen. Es besteht ein klarer Zusammenhang zwischen häufiger Nutzung digitaler Technologien und Narzissmusausprägung. Das wirkt sich nicht nur auf Teams, sondern auf die ganze Gesellschaft aus.

61 Thomas Tuchel, 2018.

62 Reis & Kermas, 2020.

63 MONDAY.ROCKS, 2022.

64 Baumann, 2012.

65 Linz, 2014. | Erfolgreiche Teams brauchen die Bereitschaft jedes Einzelnen, etwas Eigenes zugunsten der Gruppe zu opfern. Dieses Opfer, so Linz, bildet die Grundlage für den Erfolg eines Teams. Auch betont der Autor, dass eine gegenseitige Abhängigkeit bewusst sein sollte: „Diese Abhängigkeit ist etwas Positives. Ich brauche dich und du brauchst mich. Das macht uns beide gleichberechtigt. Jeder Spieler bringt etwas ein. [. . .] Wenn ich anerkennen kann, dass ich die anderen brauche, schätze ich ihren Wert. Und ich kann sicher sein, dass die anderen meinen Wert schätzen. So entsteht ein wirkliches Team."

66 Covey, 2018.

67 Peters, Hermann, & Müller-Wirth, 2008.

68 Die fantastischen Vier feat. Clueso, 2018.

69 Die Fantastischen Vier, 2018.

70 Thiele, 2021. | Der Autor des Artikels, Christian Thiele, spricht mit Team-Flow-Experte Jef van den Hout in einer Folge seines Podcasts *Positiv führen* über das Phänomen Team Flow. Die hörenswerte Episode heißt: „Was ist, was bringt, wie geht Team Flow? Mit Jef van den Hout". Sehr empfehlenswert, um einen Einblick in Voraussetzungen für und Effekte von Team Flow zu erlangen.

71 Van den Hout & Davis, 2019.

72 Pels & Kleinert, 2022.

73 Löhr & Pramann, 2015.

74 Miller, 2011.

75 Ufer, 2016. | Die Wirksamkeit von Zielsetzungsstrategien ist gut erforscht. Michele Ufer, international gefragter Experte für Sport- und Managementpsychologie, gibt einen Überblick über die eindeutigen Ergebnisse von Metaanalysen: „Mehr als 90 % aller allgemeinpsychologischen Studien (weit über 500) mit mehr als 40.000 Teilnehmern in über 10 Ländern zeigen auf, dass bei unterschiedlichsten Tätigkeiten Zielsetzungstechniken durchgehend einen sehr starken Einfluss auf das Verhalten haben, ganz gleichgültig, ob es sich um Kinder, Forscher, Manager, Lagerarbeiter, Ärzte oder welche Personengruppen auch immer handelt."

76 Herzog, 2019. | Die SMART-Formel wurde das erste Mal 1981 von George T. Doran in einem wirtschaftswissenschaftlichen Aufsatz erwähnt. Seine Methode unterscheidet sich im Detail von der heutigen SMART-Methode, aber damals folgte dieses Akronym dem gleichen Ansatz. Es gibt verschiedene Varianten der Formel. Das A steht für „Aktiv" oder „Ausführbar", andernorts wird es für „Attraktiv" oder „Akzeptiert" verwendet. Manche ergänzen die Formel um ein I. Das steht für „Integriert". Das Ziel soll in den Alltag integriert oder implementiert werden oder auch übergeordneten Zielen dienen.

77 Tracy, 2018. | Brian Tracy spricht mir aus der Seele, wenn er unterstreicht, dass jeder es schaffen kann, sein Potenzial zu entfesseln. Es spielt keine Rolle, ob du dir noch nie Ziele gesetzt hast. Du kannst jederzeit damit anfangen. Mit den Worten des Autors: „Es kommt nicht darauf an, wo Sie am Anfang stehen – sondern am Ende."

78 *Die Torschützenkönige der Bundesliga*, 2021.

79 *Talent alleine reicht nicht: Bayern-Star Robert Lewandowski verrät sein Erfolgsgeheimnis*, 2020.

80 *Olympia 2021 – Wasserspringen – Hongchan Quan gelingt vom 10-m-Turm der perfekte Sprung: 10,0!*, 2021.

81 *John Isner vs Nicolas Mahut | Wimbledon 2010 | The longest match in full*, 2020.

82 Hackstock86, 2017.

83 Krakauer, 2001.

84 Stallone, 2006.

85 Spitzer, 2021.

86 Harmon, Jackson, Furmann, & Trout, 2016.

87 Kerr, 2018.

88 Löhr, 2020.

89 te Wildt, 2015. | Durch die immer neuen Herausforderungen, die die digitale Revolution an uns stelle, werde das Thema Medienerziehung ein Fass ohne Boden. Te Wildt betont, dass den Schulen dabei eine sehr schwierige Rolle zukomme. Keine Lehrkraft könne es sich heutzutage leisten, sich nicht mit Medienerziehung auseinanderzusetzen. Bei einem gleichnamigen Unterrichtsfach sei zu bedenken, dass es auf die eine oder andere Weise mit Medien zu tun hat.

90 Hensinger, 2017.

10 LESERSTIMMEN

„Jeder möchte sich selbst vertrauen und mental stark sein. Ich hätte mir mit diesem Buch von David Breuer viele Try-and-Error-Situationen in meiner Karriere ersparen können. David gibt dir Werkzeuge und mentale Erfolgsstrategien an die Hand, die du schnell lernen und sofort für dich einsetzen kannst."

Anna Loerper | Deutsche Meisterin, EHF Cup Siegerin, WM-Bronze, 2x Handballerin des Jahres

„Was macht das mit deinem Kopf? Diese Frage stelle ich als Handball-Reporter oft - im Erfolgsfall wie in der Niederlage. Was banal klingt, hat aber so viel Inhalt. Dieses Buch ist der Beweis. Das Spiel hat auf den Kopf einen großen Einfluss - und, wie David Breuer hier eindrücklich beschreibt, auch umgekehrt.

Finn-Ole Martins | Sportmoderator, Handballkommentator bei Dyn

„Ein äußerst wertvoller Leitfaden, der uns auf dem Weg zu persönlichem Wachstum und Erfolg im Sport und darüber hinaus begleitet. In einer Zeit, in der die digitale Revolution unseren Alltag dominiert, ist es von entscheidender Bedeutung, dass wir unsere mentalen Fähigkeiten stärken und uns mit den richtigen Werkzeugen ausstatten, um unsere Potenziale voll auszuschöpfen und in Balance zu bleiben."

Dr. Stefanie Raaf | Sportpsychologin M. Sc., Resilienz- und Businesscoach, embodisports.de

„David spricht mir aus der Seele. Zwei wichtige Botschaften für jeden Menschen: Glaube an dich und löse deine digitalen Fesseln. Lerne mit David Gewinner zu sein und die Kontrolle über dein Leben zurückzugewinnen."

Matthias Flohr | Handball-Champions-League-Sieger, Deutscher Meister, Bundesligacoach

„Davids private und sportliche Geschichte hat mich inspiriert seitdem ich ihn kenne. Er geht wie kein Zweiter mit Rückschlägen um und war immer in der Lage, stärker zurückzukommen. Ausschlaggebend hierfür ist sein positives Mindset, das sich jeder Sportler zum Vorbild nehmen kann. Wir alle sollten vermutlich unsere Bildschirmzeit reduzieren und dafür mehr in die persönliche und mentale Weiterentwicklung investieren – ein deutlich nachhaltigeres zeitliches Investment. Dieses Buch bietet einen perfekten Leitfaden und konkrete Tools, um seine mentale Hardware zu trainieren und neu zu programmieren."

Nicola Geuer | Tennisprofi, TV-Expertin bei Eurosport

„Ein motivierender Erfolgsratgeber mit nützlichen Updates, um im Sport und Leben fokussiert an seinen Zielen zu arbeiten und sich weiterzuentwickeln."

Matthias Schiffers | Athletiktrainer Fußball-Bundesliga

„David Breuer fesselt bereits mit den ersten Sätzen in seinem Buch. Seine persönliche Geschichte ist so faszinierend, dass man unbedingt wissen will, wie der vermeintlich zu kleine Mann im Handball bester Torschütze wurde. Gewinnen lernen ist für mich als selbstständige Rechtsanwältin in Zeiten von digitaler Ablenkung und fehlendem Fokus auf das Wesentliche von enormer Bedeutung. So sind Davids Herangehensweisen und Tipps mit seinen Erfolgsupdates wichtige und praktisch sehr gut umsetzbare Ansätze, um über meine persönliche Körpergröße von 1,58 Metern hinauszuwachsen.

Hülya Oruç Aslan, LL.M. | Rechtsanwältin & Gründerin O.Law – International Law Firm

„David zeigt uns in diesem Buch ein differenziertes Bild einer Gewinner:in, welches weit über die üblichen Stereotypen hinausblickt. Es wird schnell klar, dass du und ich auch eine Gewinner:in sein können. Dazu gibt er uns die nötigen mentalen Updates an die Hand und macht uns eindrücklich die Auswirkungen unseres überdosierten Digitalkonsums bewusst. Dieses Buch macht uns Mut und motiviert uns, ins Tun zu kommen um auf ganzer Linie eine Gewinner:in zu werden, egal ob als Führungskraft oder Mitarbeiter:in. Wir werden von David durch persönliche und bemerkenswerte Beispiele an die Hand genommen und auf unserem Weg begleitet."

André Motzkus | Führungskräfteentwickler, Wirtschaftspsychologe, www.andremotzkus.de

„Erfolg im Sport und in Schulprüfungen hängt zu einem erheblichen Teil davon ab, was sich zwischen den Ohren abspielt. Die Buchinhalte sind von mir in verschiedenen Kontexten erfolgreich eingesetzt worden, daher kann ich ihre Praxistauglichkeit bestätigen. Im Unihandball-EM-Halbfinale 2019 lagen wir drei Minuten vor Abpfiff mit vier Toren zurück. In der letzten Auszeit hat uns die Rückbesinnung an die trainierten Methoden von David Breuer maßgeblich geholfen unser Potenzial auch in dieser kritischen Situation abzurufen und letztendlich das Spiel noch zu gewinnen. In der Schule zeigt sich in den letzten Jahren, dass viele Schüler:innen in der Entfaltung ihres Potenzials durch Ängste und Sorgen gehemmt werden und teilweise komplett blockieren. Mit den mentalen Tools kann ich Schüler:innen erfolgreich unterstützen mentale Stärke zu entwickeln, um ihr Leistungspotenzial häufiger abrufen zu können."

Pascal Gras | Lehrer, Handball-, SportsVision- und Life-Kinetik-Coach

„David Breuer beschreibt in diesem Buch, was er in Präsenzveranstaltungen eindrücklich mit Leben füllt. Seine mentalen Updates gehen weit über den sportlichen Bereich hinaus und können auch auf andere Lebensbereiche übertragen werden. Dem Autor gelingt es, ausgehend von seiner Lebensgeschichte in Theorie und Praxis die grundlegende Erkenntnis zu vermitteln, dass Erfolg und persönliche Größe ein Resultat von Persönlichkeits- und Teamentwicklung ist. Nicht umsonst ist einer seiner Leitgedanken: Teamwork makes the dream work. Jede einzelne Person hat in jedem Kontext – sei es im Sport, in der Schule, im Arbeits- oder Freizeitbereich die Möglichkeit, ihr Potenzial zu entfalten und über sich hinauszuwachsen. Die theoretischen Grundlagen dazu befinden sich mit praktischen Tipps in diesem Buch, das – wie David Breuers großartigen Workshops zum Teambuilding auch – eine kraftvolle Einladung beinhaltet, direkt in die Umsetzung zu kommen."

Manuela Bonnekamp | Konrektorin Franz-Dinnendahl-Realschule in Essen

„Ein sehr positiv gestimmtes Buch mit vielen praktischen Tipps, Wissenschaft und tollem spannenden Storytelling. Es spannt ein, man hat Lust weiter zu lesen. Das Buch transportiert für mich eine Botschaft, die auch in meiner Medicine Music eine große Rolle spielt: Take care of yourself."

Olga Chirkova | Olya | Sängerin

„Um unbeirrt, zielorientiert und beharrlich seinen Weg zu gehen und ein Ziel zu erreichen bedarf es einer Grundmotivation sowie eines klaren Kopfes. Persönlichkeitskompetenz heißt vor allem ehrlich zu sich selbst zu sein und - egal wie gut und erfolgreich man bereits ist - sich zu hinterfragen und die eigene Performance stetig verbessern und updaten zu wollen. Als Arzt erlebe ich täglich, wie wichtig mentale Fitness und Gesundheit für unseren Körper und unsere Leistungsfähigkeit ist. Dieses Erstlingswerk von David ist ein wirklich toller Guide, um bei der Entwicklung und Optimierung der eigenen Performance zu unterstützen."

Dr. med. Guido Laps | Sportorthopäde, Gründer & Inhaber Orthopädie am Gürzenich

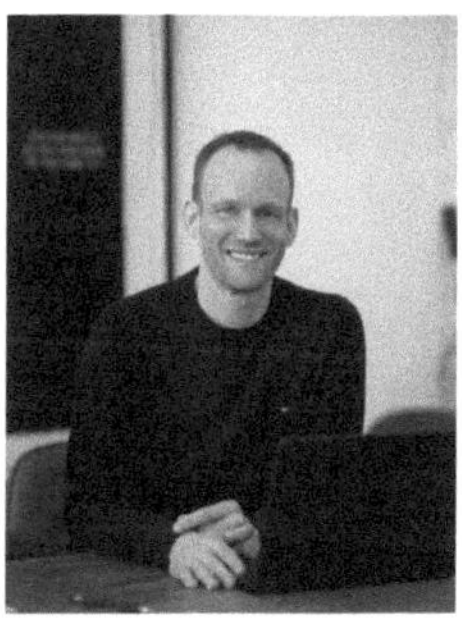

Wir ermöglichen Transformationen zu High Performance Leadership und gesunden Erfolgskulturen in hybriden Arbeitswelten sowie im Spitzensport.

Wenn du dich im digitalen Zeitalter auf Erfolg programmieren willst, sind wir dein nächstes Update.

Dein David Breuer

SICHERE DIR JETZT EINEN TERMIN, UM HERAUSZUFINDEN, WIE WIR DIR HELFEN KÖNNEN: HTTPS://ERFOLGSUPDATES.DE/

11 BILDNACHWEIS

Covergrafik: © AdobeStock

Cover- und Umschlaggestaltung: Isabella Frangenberg

Autorenfoto: © Aryan Mirfendereski

Icons: S. 17, 25, 32, 42, 60, 83, 96, 121, 146, 160, 176, 196: © Aryan Mirfendereski; S. 14, 56, 144: © AdobeStock; 255: © Mahsun Yilmaz

Grafiken: © Autor

Innenlayout: Isabella Frangenberg

Satz: info@satzstudio-hilger.de

Lektorat: Dr. Irmgard Jaeger

Projektleitung: Riccardo Rip